모션 그래픽 디자인을 위한

애프터 이펙트
실무 강의

이수정 지음

한빛미디어
Hanbit Media, Inc.

지은이 이수정

- 이화여자대학교 생활미술학과 전공
- Parsons School of Design, Design&Technology, MFA, New York
- KBS 한국방송 영상디자이너/프로젝트 아트디렉터
- JTBC 브랜드디자인팀 팀장
- 이화여자대학교, 한국예술종합학교 외 다수 대학 강의
- 현 인하대학교 강의
- 현 미토리 스튜디오 대표

《맛있는 디자인 프리미어 프로 & 애프터 이펙트 CC 2022》
《맛있는 디자인 애프터 이펙트 CC 2022》

E-Mail   fundesignlee@gmail.com

모션 그래픽 디자인을 위한

애프터 이펙트 실무 강의

초판 1쇄 발행 2022년 9월 16일

지은이 이수정 / **펴낸이** 김태헌
펴낸곳 한빛미디어(주) / **주소** 서울시 서대문구 연희로2길 62 한빛미디어(주) IT출판부
전화 02-325-5544 / **팩스** 02-336-7124
등록 1999년 6월 24일 제25100-2017-000058호 / **ISBN** 979-11-6921-015-7 13000

총괄 전정아 / **책임편집** 배윤미 / **기획** 장용희 / **교정** 박서연
디자인 내지 이아란 표지 박정우 / **전산편집** 김희정
영업 김형진, 김진불, 조유미 / **마케팅** 박상용, 송경석, 한종진, 이행은, 고광일, 성화정 / **제작** 박성우, 김정우

이 책에 대한 의견이나 오탈자 및 잘못된 내용에 대한 수정 정보는 한빛미디어(주)의 홈페이지나 아래 이메일로 알려주십시오.
잘못된 책은 구입하신 서점에서 교환해 드립니다. 책값은 뒤표지에 표시되어 있습니다.
한빛미디어 홈페이지 www.hanbit.co.kr / 이메일 ask@hanbit.co.kr / 자료실 www.hanbit.co.kr/src/11015

지금 하지 않으면 할 수 없는 일이 있습니다.
책으로 펴내고 싶은 아이디어나 원고를 이메일(writer@hanbit.co.kr)로 보내주세요.
한빛미디어(주)는 여러분의 소중한 경험과 지식을 기다리고 있습니다.

새로운 미래를 생각하며…

이 책은 2016년에 출간한 《(10년차 디자이너에게 1:1로 배우는)모션 그래픽 디자인 강의+애프터 이펙트》의 개정판으로 기획되었었습니다. 그러나 팬데믹이라는 새로운 시대를 겪으며 첫 장부터 마지막 장까지 새로운 기획으로 변화를 거쳤습니다. TV 콘텐츠가 주를 이루었던 모션 그래픽 분야는 다양한 플랫폼 콘텐츠로 변화했고, 모바일 퍼스트 디자인이 모션 그래픽에도 중요한 요소로 대두되었습니다. 이 책은 이러한 변화와 트렌드를 적용하여 SNS 플랫폼에서의 모션 그래픽 디자인, 캐릭터 애니메이션, TV 광고 콘텐츠 등 다양한 실무 프로젝트 예제로 구성하였습니다.

모션 그래픽 디자인은 어렵다?

다수의 학생이 '모션 그래픽 디자인은 어렵다'고 말합니다. 반은 맞고 반은 틀립니다. 과거에는 모션 그래픽 디자이너가 되기 어려웠습니다. 모션 그래픽 디자인은 소수의 영상 디자이너만 할 수 있는 전문 분야였으며, 학습이 어렵고 취업의 문도 좁았습니다. 그도 그럴 것이 국내에는 방송국이 몇 개 없었으니까요. 물론 지금도 전문적인 이론을 익히고 고도의 숙련된 기술과 노하우, 그리고 감각까지 갖춘 모션 그래픽 전문가가 되는 것은 쉽지 않습니다. 하지만 일이 다양해지고 작업의 난이도가 다양해졌습니다. 영화와 같은 고퀄리티의 영상만 가치를 인정해주는 시대도 아닙니다. 얼마든지 나만의 개성을 담아 즐겁게 일하고 성취감과 소득을 얻을 수 있는 시대입니다.

이 책으로 공부하는 여러분들의 목표는 다양할 수 있습니다. 전문가를 꿈꿀 수도, 나의 SNS를 꾸미거나 유튜브 콘텐츠를 돋보이게 할 수도 있습니다. 우리는 어느 때보다 불확실성이 큰 시대를 살며 불안감을 느끼며 살아가고 있습니다. 이러한 시기에 '모션 그래픽 디자인'이라는 무기를 하나쯤 가지는 것도 좋지 않을까요?

독자님께 알립니다

이 책은 애프터 이펙트 입문 단계를 마친 초급자, 또는 툴은 어느 정도 사용하지만 실력을 한 단계 업그레이드하고 싶은 초급 디자이너를 대상으로 기획되었습니다. 따라서 기초 입문자에게는 적합하지 않습니다. 대부분의 예제는 호흡이 길어 집중력을 요구합니다. 서두르지 않고 천천히, 차근차근 학습하길 권합니다. 그 어떤 책보다 집필 과정이 어렵고 힘들었던 작업의 끝에서, 집필을 마무리했다는 기쁨보다 '독자님께 좋은 길라잡이가 될 수 있을까?' 하는 걱정이 앞섭니다.

집필할 때 더 날카로워지는 예민 보스 때문에 이어폰을 끼고 TV를 볼 수밖에 없던 짝꿍, 미안하고 고마워요. 이 책이 출판되기까지 함께 고민하고 고생해준 한빛미디어 장용희 과장님께 깊은 감사 인사드립니다.

2022년 8월 이수정

이 책의 구성

LESSON

모션 그래픽 디자인 이론과 실무 프로젝트 실습으로 구성했습니다. 실무 디자인을 따라 하며 모션 그래픽 디자인과 애프터 이펙트 테크닉을 쉽게 익힐 수 있습니다.

핵심 기능, 준비/완성 파일

해당 실습에서 사용하는 애프터 이펙트 핵심 기능을 소개합니다. 준비/완성 파일을 열어 실습을 따라 하거나 완성된 파일을 프리뷰해볼 수 있습니다.

LESSON 03

디자인 실무 실습 _Training

핵심 기능 Wave warp, Simple Choker, Turbulent Displace, Grow Bounds, CC Bend it, Transform
준비 파일 PART 05\알로하광고_시작.aep
완성 파일 PART 05\알로하광고_완성.aep

리퀴드 애니메이션 만들기

01 aep 파일 열고 프로젝트 시작하기 ① Ctrl + O 를 눌러 **알로하광고_시작.aep** 파일을 엽니다. ②[Project] 패널에서 [1.알로하]를 더블클릭하여 컴포지션을 엽니다. ③ [Timeline] 패널을 보면 여러 개의 셰이프 레이어, ai 그래픽 레이어, 하나의 컴포지션 레이어가 삽입되어 있습니다. 레이어의 구성을 살펴보고 애니메이션을 재생해봅니다. 움직임은 없습니다.

LESSON 00

PREVIEW

애프터 이펙트에서 캐릭터의 다양한 동작을 제어하는 것은 쉽지 않습니다. 제작 과정이 매우 복잡하고 자연스러운 연출을 완성도 있게 만드는 것이 어렵습니다. 이때 캐릭터 제작 스크립트(Scripts)를 사용하면 훨씬 편리하고 완성도 있게 캐릭터 애니메이션을 제작할 수 있습니다. 이번 프로젝트 예제에서는 Deekay Tool 스크립트를 활용하여 워크 사이클 (Walk Cycle) 애니메이션을 제작해봅니다.

PREVIEW

실무 프로젝트를 어떤 방식으로 만들어가 는지 알아보고 완성된 결과물을 미리 확인 합니다.

트램펄린

워크 사이클

유튜브 영상 강의

애프터 이펙트 필수 기능 예제는 유튜브 영상 강의를 제공합니다. QR코드를 찍어 쉽고 빠르게 접속한 후 저자의 유튜브 영 상 강의를 확인합니다.

Design 실력 향상

효율적인 디자인 작업을 위해 실무에 꼭 필요한 노하우와 모션 그래픽 디자인의 활용 지식을 담았습니다.

Self Training

실무 프로젝트 예제 실습을 마친 후 모션 그래픽 디자인 실력을 업그레이드할 수 있는 과제 예시를 제시합니다. 연습 파일을 활용해 다양한 결과물을 만들어볼 수 있습니다.

선배 디자이너의 한마디

실무에 잔뼈가 굵은 선배 디자이너의 알짜 노하우를 알려줍니다. 디자이너를 꿈꾸는 취준생이나 신입 디자이너에게 필요한 동기부여, 모션 그래픽을 좀 더 잘할 수 있는 다양한 조언을 담았습니다.

실습 예제와 eBook 다운로드하기

이 책의 모든 예제 파일은 한빛출판네트워크 홈페이지에서 다운로드할 수 있습니다. 검색 사이트에서 한빛출판네트워크로 검색하거나 www.hanbit.co.kr로 접속합니다. 실력 향상에 필요한 추가 활용 예제 eBook까지 다운로드할 수 있습니다.

01 한빛출판네트워크 홈페이지에 접속한 후 오른쪽 아래의 [자료실]을 클릭합니다.

02 ①검색란에 **애프터 이펙트 실무 강의**를 입력한 후 ②[검색]을 클릭합니다. ③도서가 나타나면 [예제소스]를 클릭해 예제소스를 다운로드합니다.

03 기하학 도형으로 만드는 패턴 애니메이션과 로고가 그려지듯 나타나는 로고 리빌 애니메이션 프로젝트 예제는 **추가 활용 예제 eBook**(412쪽)에서 확인할 수 있습니다. 예제 파일의 압축을 푼 후 확인합니다.

다운로드한 예제 파일은 일반적으로 [다운로드] 폴더에 저장되며, 사용하는 웹 브라우저 설정에 따라 다를 수 있습니다.

모션 그래픽 디자인 미리 보기

프로젝트 예제를 따라 하며 만들 수 있는 다양한 모션 그래픽 디자인을 소개합니다. 디자인 저작권은 저자 이수정과 한빛미디어에 있으므로 무단 복사, 전재, 배포를 금지합니다.

트램펄린 애니메이션

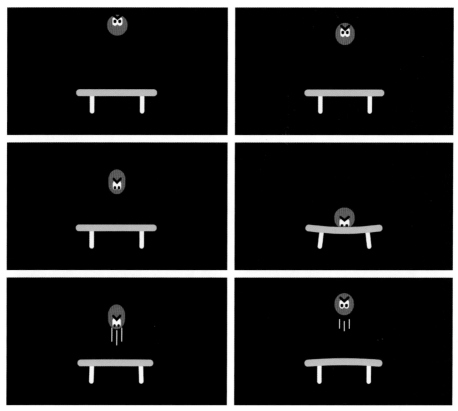

▲ 모션 그래픽의 기본인 공 튀기기 예제입니다. 스쿼시 및 스트레치(Squash and stretch), 앤티시페이션(Anticipation), 팔로우 스루와 오버래핑 액션(Follow through and overlapping action), 이지 인/이지 아웃(Ease in/Ease out)이 모션 그래픽에 어떻게 적용되는지 실습해봅니다.

갤러리

반응형 애니메이션

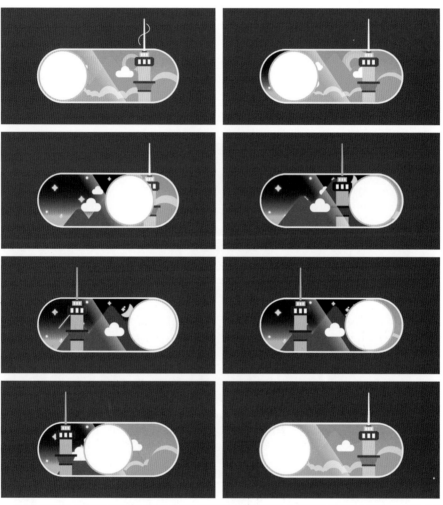

▲ 반응형 디자인을 차용하여 모바일에 익숙한 형태로 디자인하면 기획 의도를 효과적으로 전달할 수 있습니다. 짧은 소셜
미디어 콘텐츠를 제작해봅니다.

글리치 로고 애니메이션

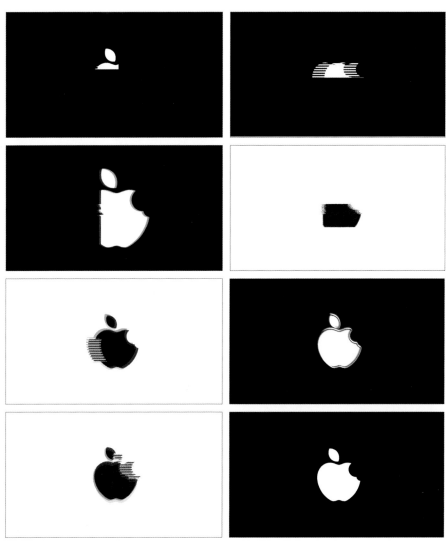

▲ 글리치(Glitch)를 표현하는 여러 개의 효과를 사용해 애플 로고를 만들어봅니다. 글리치 효과의 설계 원칙을 고려해 시간
이나 값 등을 적절히 가감합니다.

갤러리

페이스 리깅 애니메이션

◀ 대회 수상자가 플래시가 터지는 방향을 따라서 시선을 위아래로 움직이는 페이스 리깅(Face Rigging) 애니메이션을 제작해봅니다.

퍼펫 핀 캐릭터 리깅 애니메이션

▲ 반복 동작을 손쉽게 만들기 위한 Expression을 활용해 퍼펫 핀 애니메이션을 만들어봅니다.

리퀴드 애니메이션

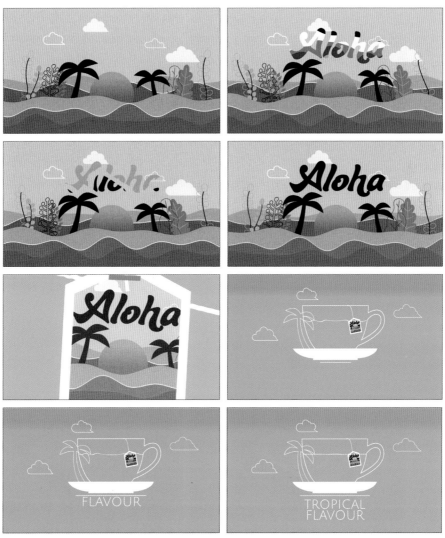

▲ Displacement map 효과를 적용하여 액체를 표현할 수 있습니다. Wave Warp, Ripples, Turbulent Displace 효과를 활용하여 다양한 리퀴드(Liquid) 표현을 해봅니다.

갤러리

Deekay Tool 워크 사이클 애니메이션

▲ Deekay Tool 스크립트를 활용하여 워크 사이클(Walk Cycle) 애니메이션을 제작해봅니다.

아이소메트릭 플랫 애니메이션

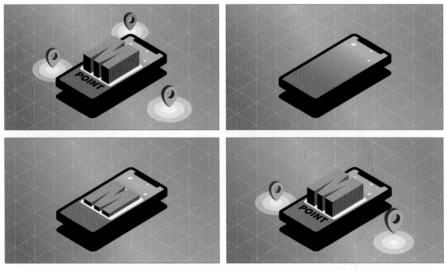

▲ 모바일 폰에서 쇼핑 앱이 열리면서 다양한 장소에서 포인트가 적립된다는 메시지의 아이소메트릭 영상을 제작해봅니다.

기하학 패턴 디자인 [추가 활용 예제 eBook]

▲ 원형, 사각형과 같은 도형에 Transform 애니메이션과 CC Split 효과 등을 활용하여 동작을 만들고, 다양한 이징을 적용
해 다이내믹한 패턴 애니메이션을 제작해봅니다.

로고 리빌 애니메이션 [추가 활용 예제 eBook]

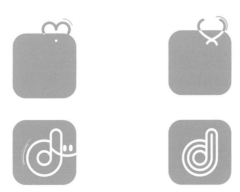

▲ 로고 애니메이션은 마케팅 및 브랜드 아이덴티티를 구현하는 중요한 요소가 되었습니다. 화려하거나 예쁘고 재미있기만 해서
는 잘 만들어진 로고 애니메이션이 될 수 없습니다. 로고 설계 원칙을 참고하여 올바른 로고 애니메이션을 디자인해봅니다.

목차

PART 01 모션 그래픽 시작하기

CHAPTER 01 **모션 그래픽 디자인**

PART 02 모션 그래픽의 핵심, 모션 디자인의 모든 것

CHAPTER 01 모션 그래픽과 애니메이션의 12가지 원칙

목차

애프터 이펙트 실무 강의

CHAPTER 04

모션의 기본기, 트램펄린 애니메이션

PART 03

소셜 미디어 디자인 프로젝트

CHAPTER 01

모바일 퍼스트 디자인과 모션 그래픽

목차

반응형 애니메이션으로 만드는 서울타워의 낮과 밤

CHAPTER 03 글리치(Glitch)를 활용한 로고 애니메이션

PART 04 캐릭터 리깅과 애니메이션 with Expression

CHAPTER 01 Parent로 만드는 페이스 리깅

목차

CHAPTER 02

퍼펫 핀 도구로 캐릭터 리깅하기

CHAPTER 03

Deekay Tool로 만드는 캐릭터 워크 사이클

목차

에프터 이펙트 실무 강의

PART 05 스타일리시 모션 그래픽

CHAPTER 01

플랫 디자인 with 아이소메트릭

모션 그래픽 시작하기

GOAL

PART 01에서는 모션 그래픽의 역사와 모션 그래픽 실무 제작 과정, 2022년 모션 그래픽 디자인 트렌드를 함께 알아보겠습니다.

모션 그래픽(Motion Graphic)은 '움직이는 그림'이라는 의미지만 단순히 움직이는 그림을 모두 모션 그래픽이라 부를 수는 없습니다. 모션 그래픽 디자인이란 컴퓨터 제너레이트(Generate) 이미지를 포함하여 다양한 방식으로 제작한 그림, 사진, 비디오, 음악 등의 미디어 콘텐츠로 원하는 주제를 창의적으로 표현하는 작업을 말합니다. 이 작업은 실험적이거나 추상적인 모든 형태의 애니메이션도 포함하지만, 대부분 TV, 영화, 비디오와 같은 상업 응용 분야에서 더 많이 찾아볼 수 있습니다. 모션 그래픽은 초 단위의 짧은 시간으로도 시청자와 소통할 수 있는 탁월한 솔루션을 제공하며 창의적인 디자인으로 TV나 모바일 플랫폼 등의 광고 제작과 영화나 TV, 광고 외에도 홍보, 뮤직비디오, 전시 영상, 웹, 애니메이션 등 다양한 분야에서 활용되고 있습니다.

모션 그래픽 디자인

LESSON 01

모션 그래픽 디자인의 역사

모션 그래픽의 시작

모션 그래픽의 역사는 컴퓨터 그래픽의 발전과 밀접한 관련이 있습니다. 모션 그래픽이라는 용어가 보편화된 지는 그리 오래되지 않았습니다. 1900년대 중후반까지만 해도 텔레비전용 그래픽은 '방송 디자인'으로, 영화용 그래픽은 '영화 오프닝 시퀀스' 등으로 불렸습니다. 모션 그래픽이라는 용어는 1960년에 존 휘트니(John Whitney)가 Motion Graphics Inc. 회사를 설립하며 처음으로 사용한 데서 유래를 찾아볼 수 있습니다. 존 휘트니는 솔 바스(Saul Bass)와 함께 알프레도 히치콕(Alfred Hitchcock)의 영화 〈현기증(Vertigo)〉의 애니메이션 타이틀 시퀀스를 제작한 애니메이션 작가이며, 컴퓨터 애니메이션의 아버지 중 한 명으로 널리 알려져 있습니다.

컴퓨터가 널리 보급되기 전까지만 해도 모션 그래픽을 제작하려면 비용과 시간이 많이 필요하여 예산과 일정이 넉넉한 영화, 텔레비전 제작에만 부분적으로 활용되었습니다. 1960년대부터 모션 그래픽에 컴퓨터가 사용되기 시작하였으나 초기에는 활용 폭이 매우 좁았습니다. 본격적으로 컴퓨터가 보급되기 시작한 1980년대 후반에 이르러서야 모션 그래픽이 넓은 분야에서 활용되기 시작했으며, 어도비 포토샵, 애프터 이펙트 등이 등장한 1990년대에 이르러서는 접근성도 높아지게 되었습니다.

▲ 존 휘트니가 솔 바스와 협업한 알프레도 히치콕의 영화 〈현기증(Vertigo)〉 타이틀 시퀀스(1958년)

(출처 : https://www.artofthetitle.com/title/vertigo)

영상 디자인의 선구자 솔 바스

모션 그래픽 디자인 역사에서 가장 두드러진 업적을 낸 작가로는 솔 바스를 꼽을 수 있습니다. 그는 영상 디자인의 선구자이며 장편 영화 타이틀(오프닝) 시퀀스 분야의 개척자입니다. 뉴욕에서 그래픽 디자이너로 커리어를 시작하고 캘리포니아로 이주한 후 영화 홍보 그래픽 디자인을 시작하며 영화계와 인연을 맺었습니다. 솔 바스는 할리우드에서 오토 프레밍거(Otto Preminger) 감독을 만나 영화 시작 전에 상영할 타이틀 시퀀스를 제작하게 되는데, 지금까지도 명작으로 꼽히는 영화 〈황금 팔을 가진 사나이(The Man with the Golden Arm)〉입니다. 영화는 마약 중독을 극복하기 위한 재즈 뮤지션의 투쟁을 다룬 내용이며, 솔 바스는 뒤틀리고 왜곡되며 엉켜 있는 팔의 이미지를 통해 마약에 중독된 팔이 육체와 단절되는 모습을 형상화했습니다.

▲ 솔 바스의 첫 작품, 영화 〈황금 팔을 가진 사나이(The Man with the Golden Arm)〉 타이틀 시퀀스(1954년)

(출처 : https://www.artofthetitle.com/title/the-man-with-the-golden-arm)

솔 바스의 또 다른 대표작인 영화 〈살인자의 해부(Anatomy of a Murder)〉에서는 조각으로 분해된 신체를 보여주며 영화 제목을 직역하는 방식을 표현하기도 했습니다.

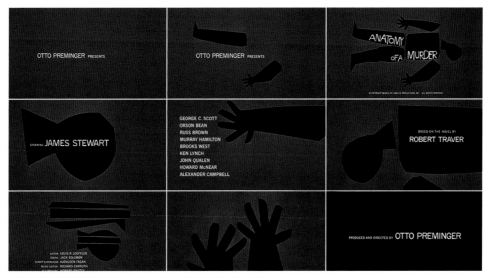

▲ 영화 〈살인자의 해부(Anatomy of a Murder)〉 타이틀 시퀀스(1959년)

(출처 : https://www.artofthetitle.com/title/anatomy-of-a-murder)

솔 바스는 알프레도 히치콕 감독의 대표작인 영화 〈사이코(Psycho)〉에서 새로운 형태의 키네틱 타이포그래피를 시도했습니다. 이는 매우 혁신적인 작업이었습니다. 그의 새롭고 혁신적이며 창조적인 작품들은 오늘날의 수많은 모션 그래픽 디자이너와 아티스트에게 큰 영감을 주며 많은 사랑을 받고 있습니다.

▲ 키네틱 타이포그래피를 선보인 영화 〈사이코(Psycho)〉 타이틀 시퀀스(1960년)

(출처 : https://www.artofthetitle.com/title/psycho)

선배 디자이너의 한마디

솔 바스는 한 인터뷰에서 다음과 같이 말했습니다.

"제 그래픽 작업의 의도는 관객이 언제나 사물을 첫눈에 보았을 때 받는 느낌 이상으로, 혹은 첫 눈에 본 것과 전혀 다른 시각을 발견할 수 있도록 하는 것이에요. 사실 영화는 타이틀 디자인에서 시작해요. 그러나 타이틀 디자인은 본 영화와는 다른 특이점을 갖고 있어야 한다고 봐요. 단순히 영화의 한 부분이거나 요약이라면 타이틀 디자인의 가치는 떨어지지요. 저는 항상 이러한 생각을 가지고 기억에 남는 타이틀을 디자인하려고 노력했어요."

이 인터뷰는 타이틀 디자이너에게 아주 중요한 메시지를 담고 있습니다. 초보 디자이너는 타이틀 디자인을 본편의 요약이나 예고의 개념에서 기획하는 경우가 많습니다. 때에 따라 타이틀 디자인이 본편의 스포일러가 되는 우를 범하기도 합니다.

프로젝트에 따라 기획 방향이 다양하겠지만 필자가 생각하는 타이틀 디자인의 방향은 '메시지의 전달'을 '분위기로 연출'하는 것입니다. 직접적인 시각 언어보다 간접적, 또는 추상적인 시각 언어를 통해 시청자들에게 상상의 영역을 남겨두는 것입니다. 본편에 대한 기대감과 함께 말이죠.

LESSON 02

모션 그래픽 실무 제작 과정

모션 그래픽 실무 제작 과정 한눈에 이해하기

개인 작업만 하는 작가주의적 모션 그래픽 디자이너도 있지만, 대부분의 모션 그래픽 디자이너는 방송국이나 포스트 프로덕션 등에서 팀 형태로 작업합니다. 다른 디자인 분야와 마찬가지로 클라이언트에게 작업을 의뢰받아 목적에 맞게 기획·제작하며, 이렇게 제작한 모션 그래픽 작품은 대부분 상업 예술입니다. 최근에는 영상 콘텐츠 수요가 증가하면서 모션 그래픽 분야도 다양화되고 있습니다. TV 콘텐츠나 영화의 일부분, 또는 TV 광고, 비디오 프로덕션이 주를 이루던 과거와 달리 요즘은 웹이나 모바일 등 다양한 플랫폼으로 적용 범위가 확대되고 있습니다. 프로젝트의 성격에 따라 제작 과정도 매우 다양한데, 1인 제작인지, 팀 프로젝트인지, 2D와 3D의 결합인지, 비디오 프로덕션과의 협업인지에 따라서 제작 과정이 달라집니다. 이번에는 뮤직비디오 제작에 따른 모션 그래픽 실무 제작 과정을 'Pre-Production(사전 제작)'과 'Production(제작)'으로 나누어 알아보겠습니다.

TIP 가수 필베이의 〈샴푸를 마시면〉 뮤직비디오 완성작은 https://vimeo.com/15995539에서 확인할 수 있습니다.

Pre-Production

제작 회의

제작 회의에는 클라이언트와 제작 감독, 실무 제작자 등이 참석합니다. 클라이언트와 제작자 단 두 명만 참석하기도 하고 클라이언트팀과 제작팀 등 여러 명이 참석하기도 합니다.

해당 프로젝트의 기본 자료를 조사하는 과정과 제안서 등이 있어야 회의를 원활하게 진행할 수 있습니다. 여기서 주의할 점은 클라이언트는 이미지를 만드는 디자이너가 아니라는 것입니다. 같은 제작자끼리는 전문 용어를 사용하거나 간단히 말해도 의사소통이 수월하지만 클라이언트는 용어 자체를 이해하지 못할 수도 있습니다. 이를 고려하여 시각적으로 바로 보여줄 수 있는 다양한 자료를 준비하는 것이 좋습니다.

프로젝트 분석

영상을 섹션으로 나누고 핵심 키워드, 개념, 아이덴티티(Identitiy)를 정리합니다. 이를 통해 중요 키워드와 메타포(Metaphor) 등을 단어로 도출합니다. 명사와 형용사 등을 이용해 구체적인 사물, 분위기, 감정을 단어로 도출하고 이 단어를 표현할 수 있는 방법도 기록하면 좋습니다. 이 프로젝트에서는 가사와 리듬을 기준으로 마커를 설정하여 섹션을 나누고 장면을 그룹으로 나눈 후 연상되는 이미지를 서술하는 방식으로 작업했습니다. 애프터 이펙트에서 [Audio]-[Waveform] 패널을 열고 오디오 레벨을 보면서 정확한 타이밍을 맞춰 마커를 설정합니다. 그런 다음 마커에 가사를 입력해 구간을 명확하게 나누었습니다.

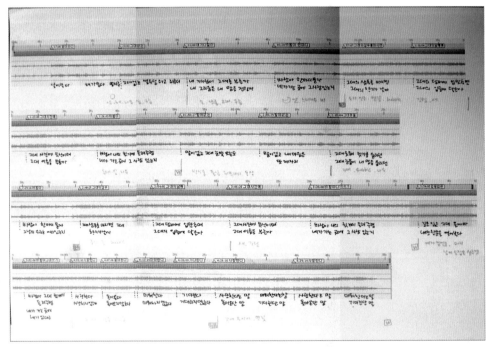

▲ 가사, 리듬, 오디오 레벨로 정확한 타이밍을 나눔

브레인스토밍(Brainstorming)

브레인스토밍 과정을 통하여 마인드 맵을 제작합니다. 이 과정은 키워드, 메타포 확산의 단계로 즉흥적으로 떠오르는 아이디어나 개념을 정리해 주제를 설정합니다. 브레인스토밍을 통해 프로젝트의 콘셉트를 설정할 수도 있습니다. 이 프로젝트에서는 가사와 리듬에 따라서 섹션을 나누고 노래에서 느껴지는 감성 등을 떠올리며 작업했습니다. 물체, 이미지, 색상, 감정, 장소를 다섯 가지 섹션으로 나누어 떠오르는 단어를 도출하고 그 단어를 시각적으로 표현할 수 있는 방식을 설정했습니다.

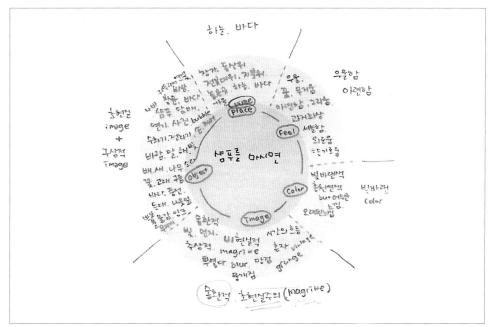

▲ 다섯 가지 섹션으로 나눈 후 떠오르는 키워드 정리

무드보드(Moodboard)

무드보드란 특정 스타일이나 개념을 한눈에 알아볼 수 있게 도와주는 시각적 자료 모음입니다. 디자이너, 일러스트레이터, 사진 작가, 영화 제작자 및 모든 유형의 크리에이티브 전문가는 아이디어의 '느낌'을 전달하기 위해 무드보드를 만듭니다. 무드보드를 활용하면 디자인 기획에서 감정과 의도를 설명하는 데 도움이 되고, 특히 클라이언트에게 디자인 콘셉트를 전달하는 데 효과적입니다. 무드보드를 만들면 생각, 아이디어, 폰트, 컬러 등을 한곳에 수집해 일관된 디자인 개념을 정의할 수 있습니다. 이 프로젝트에서는 브레인스토밍 과정에서 도출한 단어와 무드, 작업 방식 등으로 섹션을 나누어 이미지를 찾은 후 무드보드를 제작했습니다.

▲ 웹, 잡지에서 찾은 이미지 레퍼런스 무드보드

스케치(Sketch)

스케치 단계는 키워드, 콘셉트 아이디어, 무드보드를 통하여 시각화된 각종 이미지를 프로젝트에 맞게 스케치하는 단계로, 언어의 시각화 단계라고 할 수 있습니다. 모션 그래픽 프로젝트 제작에서 스케치가 필수는 아닙니다. 하지만 그래픽 이미지를 제작해야 하는 프로젝트라면 스케치 단계는 꼭 거쳐야 합니다. 완성 컷이 아니므로 연필이나 디지털 도구를 활용해 자유롭게 그립니다.

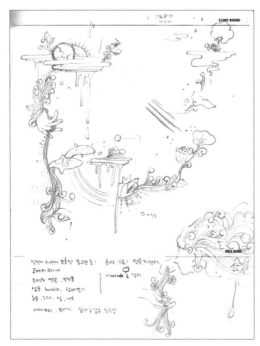

▲ 스케치 과정

스타일 프레임(Style Frame)

스타일 프레임이란 완성 영상의 스냅 샷을 말합니다. 완성된 비디오가 어떻게 시각화될지 스틸 이미지로 제작해보는 단계입니다. 이 단계는 러프 컷이 아닌 풀 컬러의 완성 수준으로 제작해야 합니다. 최소 한 장 이상을 제작하되 주요 장면이나 주제가 잘 표현되는 샷을 제작합니다. 스타일 프레임은 포토샵이나 일러스트레이터에서 제작한 일러스트일 수도 있고 애프터 이펙트에서 제작해 렌더링된 이미지일 수도 있습니다. 이 프로젝트에서는 먼저 포토샵에서 제작하고 애프터 이펙트에서 최종으로 완성했습니다.

▲ 포토샵에서 제작한 1차 스타일 프레임

▲ 애프터 이펙트에서 완성한 최종 스타일 프레임

스토리보드(Storyboard)

스토리보드는 정보를 시각적으로 표시하는 강력한 방법으로, 내러티브(Narrative)를 계획하는 그래픽 구성 단계입니다. 영화나 드라마, 애니메이션과 같은 장르의 스토리보드는 확실한 양식을 가지고 있지만 모션 그래픽에서의 스토리보드는 프로젝트의 성격에 따라서 비교적 자유롭게 그립니다. 장면 연출에 대한 기록으로 접근하여 그래픽, 레이아웃, 카메라 무빙, 카메라 샷, 시간, 트랜지션과 무빙 등 주요 정보를 글과 그림으로 기록합니다. 디테일한 비주얼 노트를 포함하면 더욱 좋습니다. 손으로 그리거나 컴퓨터 등에서 디지털 방식으로 제작할 수 있습니다.

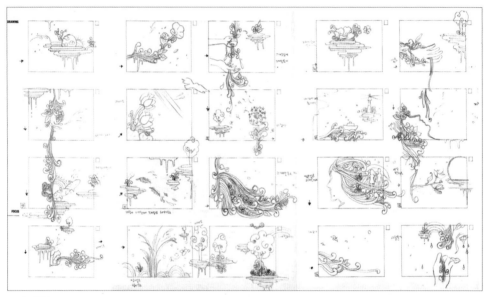

▲ 스토리보드

스토리 릴(Story Reel)

스토리 릴은 애니메이션 제작 용어입니다. 애니메이션에서의 스토리 릴이란 스토리보드의 그림을 순차적으로 연결하되 적절한 시간을 부여하여 전체 타이밍을 조절하고, 장면의 러프한 편집을 통해 완성 애니메이션의 흐름을 살펴보는 과정을 말합니다. 모션 그래픽 프로젝트에서도 애니메이션과 같이 스토리 릴을 제작해보면 각 장면에 대한 시간 배분의 힌트를 얻을 수 있습니다. 스토리보드의 장면, 스케치, 스타일 프레임 등을 시간의 흐름에 맞춰 연결하고 필요한 경우 러프한 트랜지션을 삽입하여 동영상으로 제작해보면서 영상의 맥락을 맞추어봅니다. 15초 이하의 짧은 영상보다는 긴 러닝 타임을 가진 프로젝트에서 유용한 단계입니다.

Production

소스 이미지 제작

프로젝트의 기획에 맞는 제작 방식을 채택해
그래픽 이미지를 제작합니다. 다양한 프로그
램을 활용할 수 있지만 애프터 이펙트와 호환
성이 좋은 일러스트레이터를 많이 사용합니
다. 이번 프로젝트에서는 수채화 물감으로 배
경을 그리고, 일러스트 작가와 협업하여 포토
샵에서 그래픽 소스를 제작했습니다. 카메라
가 연결되는 장면은 하나의 파일에 레이어를
분리하여 제작합니다.

▲ 수채화로 그린 배경 이미지

▲ 포토샵에서 그래픽 소스 제작

▲ 포토샵에서 이미지 제작

애니메이션 및 시각 효과 프로덕션

포토샵 등에서 제작한 소스 이미지를 불러와 애니메이션과 시각 효과 작업을 진행합니다. 스토리보드와 스타일 프레임을 수시로 확인하면서 제작 계획에 따라 순차적으로 작업합니다. 이 프로젝트에서는 카메라의 무빙이 끊김 없이 연결되는 구성이므로 소스 작업부터 애니메이션까지 다양한 방향의 카메라 무빙이 자연스럽게 연결되도록 하는 것이 중요했습니다. 몽환적인 무드를 살리기 위하여 다양한 Glow, Particle 효과 등을 활용했습니다.

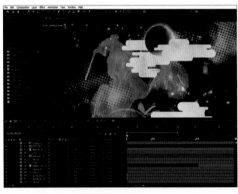 

▲ 애프터 이펙트에서 애니메이션 작업

완성 스틸 컷

모션 그래픽
디자인 트렌드

디자인 트렌드 읽기

디자인 트렌드는 문화, 예술, 미디어, 기술 발전 동향 등에 큰 영향을 받습니다. 디자인 트렌드의 수명은 기본적으로 1~2년 정도로 보지만 디테일만 변할 뿐 큰 흐름의 주기는 그보다 오래 지속됩니다. 디자인 트렌드는 모션 그래픽을 포함한 다양한 미디어 디자인에 많은 영향을 미칩니다. 현대의 모션 그래픽은 방송 영역 외에도 비디오 프로덕션, 웹디자인, 광고, 모바일에 이르기까지 다양한 분야에서 그래픽 동향을 이끌어가고 있습니다. 모션 그래픽은 미묘한 인앱 애니메이션부터 전체 프로모션 비디오에 이르기까지 모든 산업 및 비즈니스 유형에서 마케팅을 지배합니다. 모션 그래픽 분야의 트렌드는 계속 바뀌지만, 그 중심에는 언제나 창의성(Creativity)과 시각적 즐거움을 선사하는 디자인, 그리고 참신한 기술력이 있습니다. 2021년 모션 디자인 트렌드는 색상 팔레트와 전반적인 스타일에 약간의 복고적인 색조가 포함된 미니멀리즘으로 기울었습니다. 2022년을 대표하는 애니메이션과 모션 그래픽 디자인 트렌드는 어떤지 알아보겠습니다.

2D와 3D 모션 그래픽 디자인의 결합

2D와 3D 모션 그래픽의 결합은 자주 등장합니다. 오랜 시간 동안 2D 그래픽이 모션 그래픽을 표현하는 대표성을 띄고 있었지만 3D는 확실한 디자인 트렌드 중 하나이고, 2D와 3D의 결합을 통하여 더 흥미롭고 새로운 시각을 표현할 수 있습니다.

▲ 비핸스 @Kijek / Adamski(출처 : https://www.behance.net)

Mixed Media

일러스트레이션, 사진, 애니메이션 및 디지털 영상이 결합되어 콜라주 모양과 느낌을 만드는 작업 방식을 뜻합니다. 다양한 소스와 매체에서 받는 영감을 콜라주 형식을 통해 새로운 이미지로 재탄생시킬 수 있으며 매우 유니크한 스타일을 창출할 수 있습니다.

▲ 비핸스 @Andreea Robescu(출처 : https://www.behance.net)

웹, 앱 모션 그래픽

모션 그래픽은 더 이상 비디오 프로덕션에 제한받지 않습니다. TV나 영화와 같은 비디오 프로덕션의 범주였던 모션 그래픽은 웹이나 모바일 앱에서 더욱 활발하게 노출되고 있습니다. 웹사이트와 모바일 애플리케이션에서 모션 그래픽을 사용하는 것은 인터넷 사용자의 요구를 충족시키기 위한 표준이 되고 있습니다. 모바일 UI/UX에도 모션 그래픽이 폭넓게 활용되고 있습니다.

▲ 비핸스 @YULIIA MEI(출처 : https://www.behance.net)

아이소메트릭 디자인(Isometric Design)

아이소메트릭은 원래 기술 도면에 사용되었지만 2D 애니메이션에 3D 느낌을 잘 살릴 수 있어 일러스트레이터와 모션 디자이너가 자주 사용합니다. 아이소메트릭(Isometric)이라는 용어는 동일한 측정을 의미하는 그리스어에서 파생되었으며, 3D처럼 보이지만 실제의 3D 공간과 다르게 표시됩니다. 실제 3D 환경에서는 소실점이 있으므로 물체가 멀어질수록 작게 보이지만 아이소메트릭은 소실점이 없고 거리와 상관없이 그리드상에 동일하게 존재합니다.

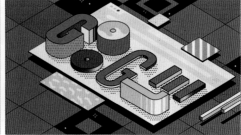

▲ 비핸스 @Brian Gossett(출처 : https://www.behance.net)

키네틱 타이포그래피(Kinetic Typography)

키네틱 타이포그래피는 수년에 걸쳐 확장된 트렌드입니다. 텍스트는 모션 그래픽의 주요 구성 요소 중 하나이며 뷰어의 관심을 끌고 이야기를 전달하는 훌륭한 요소입니다. 키네틱 타이포그래피는 광고, 웹사이트, 뮤직비디오 및 영화, TV 프로그램의 타이틀 시퀀스에서 많이 사용되는데, 타이포그래피 단독으로 활용하기보다 그래픽, 기하학적 패턴 등과 합성하여 더욱 개성 있는 스타일로 표현됩니다.

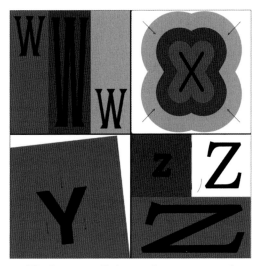

▲ 비핸스 @Mat Voyce(출처 : https://www.behance.net)

더 알아볼 트렌드

레트로, 빈티지 스타일은 꾸준히 유행하고 있으며 애프터 이펙트를 활용한 모션 그래픽 제작 기법 중 글리치, 그레인 이펙트 & 텍스쳐, 몰핑, 리퀴드 모션 등도 여전히 트렌드라고 할 수 있습니다. 글리치(Glitch)란 사소한 장애, 또는 오작동이라는 뜻으로 마치 고장난 아날로그 TV처럼 지지직대는 현상을 말합니다. 그래픽 디자인에서는 왜곡된 이미지를 뜻하며 다양한 장르에서 광범위하게 활용됩니다. 글리치 효과를 통해 표현할 수 있는 것은 오래된, 아날로그와 디지털, 감성, 역동성, 미래지향적 등의 메시지입니다. 그레인 이펙트 & 텍스쳐(Grain Effects & Texture)는 그레인 효과와 다양한 질감 표현으로 개성을 추가해 감성을 제대로 표현할 수 있습니다. 몰핑(Morphing)은 애니메이션에서 한 이미지에서 다른 개체나 이미지로 끊임 없이 변하는 특수 효과를 말합니다. 짧은 시간 안에 많은 정보를 담을 수 있으며 시각적인 흥미를 높일 수 있는 방법이므로 모바일 앱에서 많이 활용됩니다. 리퀴드 모션(Liquid Motion)은 액체와 같은 움직임을 말합니다. 이 애니메이션은

1960년대 스타일의 사이키델릭 예술과 비슷하며 레트로나 빈티지 그래픽을 표현하기에
좋습니다.

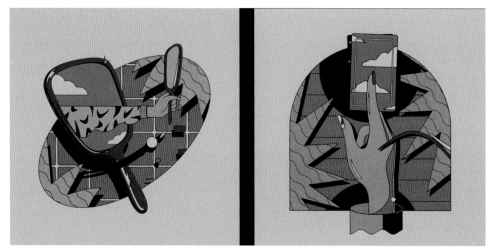

▲ 레트로 스타일 모션 그래픽, 비핸스 @Josep Prat Sorolla(출처 : https://www.behance.net)

▲ 글리치 기법 모션 그래픽, 비핸스 @Super Sila(출처 : https://www.behance.net)

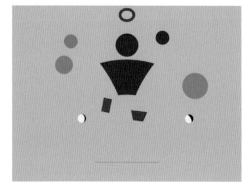

▲ 몰핑 기법 모션 그래픽, 비핸스 @Margo Varvarova(출처 : https://www.behance.net)

Design 실력 향상 모션 그래픽 디자인 참고 사이트

모션 그래픽 디자인 작업에 참고할 수 있는 다양한 사이트를 소개합니다. 디자인 트렌드를 확인하거나 참고할 레퍼런스가 많습니다.

세계적인 수준의 모션 그래픽 프로덕션 홈페이지

https://buck.co
http://www.blur.com
https://imaginaryforces.com
https://brandnewschool.com
https://www.jumbla.com
https://www.themill.com
https://www.troika.tv
https://blind.com
https://www.superestudio.tv
https://tonika.tv
https://www.cubstudio.com

모션 그래픽 커뮤니티, 정보를 확인할 수 있는 사이트

http://motionographer.com
https://vimeo.com/watch
https://www.behance.net
https://dribbble.com

캐릭터 애니메이션 대표 스크립트 관련 사이트

https://aescripts.com/limber
https://aescripts.com/deekay-tool
https://aescripts.com/joysticks-n-sliders
https://www.battleaxe.co/rubberhose
https://rxlaboratory.org/tools/duik

애프터 이펙트용 대표 플러그인과 스크립트 사이트

https://www.videocopilot.net/tutorials/fx_console_plugin
https://www.maxon.net/en/red-giant-complete/trapcode-suite
https://borisfx.com/products/sapphire/?collection=sapphire&product=sapphire
https://aescripts.com

일부 무료 이미지나 동영상을 제공하는 사이트

https://www.textures.com
https://www.pexels.com/ko-kr
https://pixabay.com
https://unsplash.com
https://travelcoffeebook.com
https://gratisography.com
https://stokpic.com
https://publicdomainarchive.com
https://coverr.co
https://www.videvo.net
https://www.videezy.com/

컬러 팔레트 만드는 데 도움이 되는 사이트

https://color.adobe.com/ko/create/color-wheel
https://coolors.co
https://uigradients.com/#Roseanna
https://colorhunt.co

02

모션 그래픽의 핵심,
모션 디자인의 모든 것

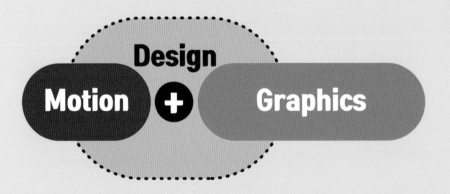

GOAL

PART 02에서는 '모션'에 초점을 맞춰 모션 디자인의 원리부터 제어 방식까지 학습해보겠습니다. '모션을 만드는' 것이 아니라 '모션을 디자인'한다는 개념으로 접근해보세요.

모션 그래픽은 모션(Motion)과 그래픽(Graphics)의 합성어입니다. 따라서 모션 그래픽에서는 '모션'과 '그래픽'이 핵심 키워드라고 할 수 있습니다. PART 01에서 살펴보았듯이 모션 그래픽 제작을 위해서는 영상, 애니메이션, 그래픽 디자인, 일러스트, 기술(Technology) 등 다양한 분야의 광범위한 지식이 필요합니다. 문화 예술 트렌드에 따라 새로운 기술이 대두되기도 하고, 창의적인 그래픽 이미지가 중요해지거나 정교한 모션 제어가 요구되기도 합니다.

모션 그래픽 아티스트는 트렌드에 민감하게 반응하여 트렌드를 반영한 작품을 선보이는 것보다 다양한 분야를 학습하고 자신만의 색을 찾아 작품을 만드는 것이 좋습니다. 단, 모션 그래픽 디자인은 상업 예술의 한 분야이므로 트렌드에 무관심해서는 안 됩니다. 새로운 부분은 받아들이면서 나만의 개성을 쌓아가는 것 이런 자세가 훗날 단단한 창작자의 미래를 만들 수 있는 것이 아닐까요?

모션 그래픽과
애니메이션의 12가지 원칙

LESSON

01

모션 그래픽에서의 움직임

모션 그래픽에서는 모션을 '움직이는 것' 이상의 의미로 해석합니다. 움직임은 역학과 운동학을 고려해야 합니다. 즉, 모션은 물체, 물질, 에너지, 시공간, 중력, 곡률 등 다양한 물리적 시스템에 영향을 받습니다. 모션 그래픽에서의 모션도 이러한 영향을 고려하여 동작을 디자인해야 합니다. 예를 들어 공이 위아래로 튀기는 애니메이션을 만든다면 우리는 '공이 튀는 동작이 왜, 어떻게 생성되는지' 생각해봐야 합니다. 실제 공이 아니더라도 공과 같은 탄성을 가진 물체의 동작을 표현한다면 공의 움직임을 관찰해보고 이러한 원리를 적용하여 애니메이션하면 정교한 모션을 연출할 수 있습니다.

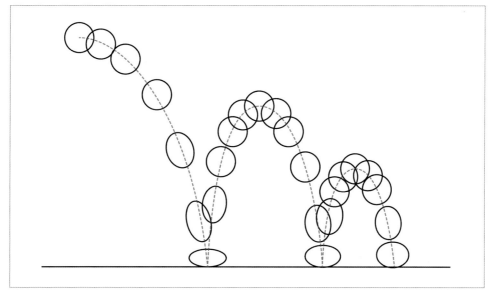

▲ 공의 움직임, 탄성 모션

모션 그래픽과
애니메이션의 차이

애니메이션(Animation)은 영혼, 정신을 뜻하는 라틴어 'Anima'에서 유래한 말로, 하나로 이어지는 정지 이미지들을 활용해 동영상 이미지의 효과를 만들어내는 영상 예술 형식을 말합니다. 애니메이션은 전통적인 셀(Cell) 애니메이션과 현대의 CGI 기술을 활용한 디지털 애니메이션으로 나눌 수 있습니다. 오늘날 대부분의 애니메이션은 디지털 방식으로 제작됩니다. 그렇다고 전통 방식의 애니메이션을 학습할 필요가 없다는 것은 아닙니다. 전통적인 셀 애니메이션의 기본 원리는 매우 중요하며 모션 그래픽에서 셀 애니메이션 방식에 디지털 기술을 활용하여 제작하는 사례도 늘고 있습니다. 그렇다면 애니메이션과 모션 그래픽은 무엇이 다를까요?

모션 그래픽은 애니메이션의 한 유형입니다. 애니메이션은 만화에서 스톱모션에 이르기까지 동영상 이미지의 효과를 만들어내는 것을 말합니다. 과거에는 스토리텔링 유무에 따라서 완전히 다른 장르로 분류되기도 했지만 요즘에는 두 분야의 경계가 모호해졌습니다.

Motion Graphics? Animation?

모션 그래픽은 복잡한 아이디어를 창의적인 방식으로 시각화하여 보여줄 수 있습니다. 복잡하고 세밀한 캐릭터나 배경 등의 요소가 없더라도 단순한 도형이나 표, 그래픽 이미지만으로도 충분히 메시지를 전달할 수 있습니다. 모션 그래픽 디자인은 메시지를 더욱 매력적이고 재미있게 만들 수 있습니다. 단순화된 그래픽 요소들로 복잡한 아이디어를 시각화하여 메시지를 전달하기 위해서는 정교한 애니메이션이 필요합니다. 화면의 요소들을 단순히 '움직이는 것'이 아니라 요소들에 '영혼'과 '생명', '성격'을 부여하는 것입니다. 예를 들어 같은 사각형이라도 무거운지 가벼운지, 쾌활한지 우울한지, 소심한지 대범한지 등의 성격을 동작으로 표현해야 합니다. 정교한 애니메이션은 어떻게 만들 수 있을까요? 먼저 애니메이션 역사에 매우 중요한 위치에 있는 디즈니의 애니메이션 12가지 원칙을 알아보도록 하겠습니다.

Design 실력향상

애니메이션에 관한 추가 학습을 원하면 이후 소개할 내용이 수록된 《The Illusion of Life : Disney Animation》(Ollie Johnston and Frank Thomas, Disney Editions, 1981년), 《The Animator's Survival Kit》(Richard Williams, Farrar, Straus and Giroux, 2012년)를 추천합니다. 두 권 모두 영어 원서이지만 《The Animator's Survival Kit》는 한국어 번역서 《애니메이터 서바이벌 키트》(한울, 2020년)로 출간되었습니다.

03

디즈니
애니메이션의
12가지 원칙

준비 파일 PART 02\애니메이션 원칙.aep

▲ 디즈니 로고(출처 : http://Disney.com)

디즈니의 12가지 애니메이션 기본 원칙은 디즈니 애니메이터인 올리 존스턴(Ollie Johnston)
과 프랭크 토머스(Frank Thomas)가 《The Illusion of Life : Disney Animation》(Ollie
Johnston and Frank Thomas, Disney Editions, 1981년)에서 소개했습니다. 이 원칙의
주된 목적은 만화 캐릭터의 동작이 물리학의 기본 법칙을 고수하고 있다는 환상을 불러일
으키고 정서적 타이밍, 캐릭터 호소와 같은 더 추상적인 문제를 다루는 것입니다. 이 원칙
은 원래 셀 애니메이션과 같은 전통 방식의 핸드 드로잉 애니메이션에 적용하기 위한 것이
었지만, 오늘날의 디지털 애니메이션에도 적용할 수 있습니다.

◀ 《The Illusion of Life : Disney Animation》
(출처 : http://Amazon.com)

이 책은 애니메이션의 바이블로 불리며 애니메이션 전공자는 물론이고 모션 그래픽 제작자에게도 필독서입니다. 여기서는 이 책에서 소개하는 12가지 애니메이션 기본 원칙을 간단하게 소개합니다. 모션 그래픽에서 동작을 디자인할 때 더 중요하게 여겨야 할 다섯 가지에는 ⚖요 표시를 하고 애프터 이펙트에서 어떻게 표현할 수 있는지 설명합니다.

Design 실력 향상

> 모션 그래픽에서 중요한 다섯 가지 원칙은 PART 03과 PART 06의 다양한 예제를 통해 학습할 수 있습니다. 먼저 이론을 학습하여 원리를 파악하고, 실습을 통해 실무에 활용하는 것이 이 책의 주요 목적입니다. 전통 방식의 애니메이션 원칙을 모션 그래픽에서, 특히 애프터 이펙트를 사용하여 제작할 때 어떻게 활용할 수 있는지 다루어보고자 합니다. 준비 파일(PART 02\애니메이션 원칙.aep)을 열고 여섯 개의 컴포지션을 통하여 중요 표시한 다섯 가지 원칙이 애프터 이펙트에서 어떻게 적용되는지 확인해보세요.

01. 스쿼시와 스트레치 : Squash and stretch ★★중요

스쿼시와 스트레치는 '찌그러지거나 늘어난다'는 뜻입니다. 이 원리를 가장 잘 설명할 수 있는 예제는 공 튀기기입니다. 애니메이션 전공자가 가장 먼저 공부하는 것도 '바운싱 어 볼(Bouncing a Ball)', 즉 공 튀기기 예제입니다. 공이 하강한 후 바닥에 닿을 때 스쿼시(납작하면서 펑퍼짐)되고 다시 튀어 오를 때 스트레치(늘어나면서 길쭉)됩니다. 공의 길이가 수직으로 늘어나면 폭이 수평으로 축소되어야 하고, 공은 시작과 끝에서 덜 움직입니다.

스쿼시와 스트레치를 표현하기 위해서는 물리력에 대한 이해가 필요합니다. 이 원리는 간단하거나 복잡한 오브젝트, 그리고 캐릭터에 적용되는 애니메이션의 대표 원리입니다. 이 원리를 통해 우리는 무게감과 물리력을 표현할 수 있으며, 오브젝트에 유연성을 부여하고 애니메이션의 스타일을 더 흥미롭게 만들 수 있습니다. 공과 같은 단순한 물체는 물론이고 사람 얼굴이나 신체 근육과 같은 복잡한 구조에도 적용할 수 있습니다.

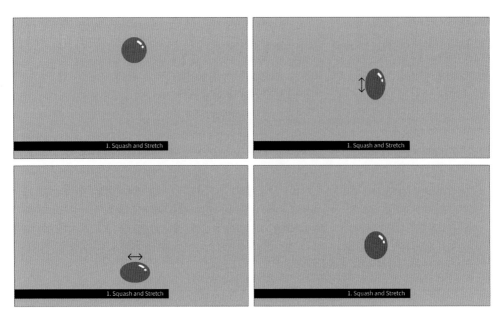

▲ 공이 위에서 아래로 튀기는 애니메이션 : 공이 하강할 때는 세로가 길어지고 바닥에 닿을 때는 가로가 길어지게 설정함

애프터 이펙트에서 스쿼시와 스트레치를 표현하려면 [Scale] 옵션의 가로, 세로 크기를 따로 조절하되, 총 부피는 유지되도록 키프레임을 설정해야 합니다.

▲ 캐릭터가 음식을 씹는 동작에 적용된 스쿼시와 스트레치(출처 :《The Illusion of Life : Disney Animation》)

02. 앤티시페이션 : Anticipation ★★ 중요

앤티시페이션은 '기대'라는 뜻으로, 주요 동작에 대한 사전 동작을 표현함으로써 긴장감을 조성하거나 주요 동작의 이해를 돕습니다. 동작은 앤티시페이션이 선행될 때 더욱 실감나고 다이내믹하게 표현됩니다. 예를 들어 야구 선수가 공을 던질 때 팔을 뒤로 감는 동작이 앤티시페이션입니다. 앤티시페이션을 잘 활용하면 뷰어가 동작자의 다음 행동을 예측하거나 준비할 수 있으므로 행동을 현실적으로 보이게 하거나 장면에 몰입하게 할 수 있습니다.

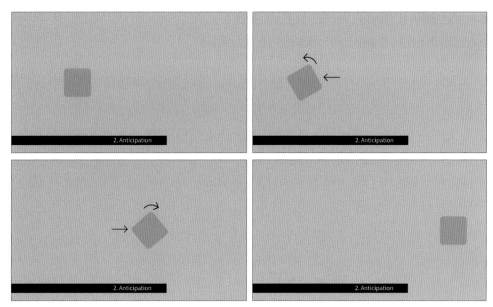

▲ 도형이 왼쪽에서 오른쪽으로 빠르게 이동할 때, 도형이 왼쪽으로 약간 움직인 후 오른쪽으로 이동함

애프터 이펙트에서 앤티시페이션을 표현하려면 원래의 [Position]이나 [Scale]에서 키프레임을 설정한 후 몇 프레임 뒤에서 메인 동작의 반대값으로 키프레임을 추가합니다. 예를 들어 물체가 왼쪽에서 오른쪽으로 빠르게 이동하는 애니메이션을 만들 때 왼쪽 시작 지점에 키프레임을 설정한 후 몇 프레임 뒤에서 물체를 왼쪽(이동 방향의 반대 방향)으로 약간 이동합니다. 그리고 끝 지점에서 오른쪽으로 키프레임을 설정하여 앤티시페이션을 표현할 수 있습니다.

03. 스테이징 : Staging

스테이징은 연극과 영화의 무대 연출과 유사합니다. 스테이징의 목적은 관객의 주의를 끌고 장면에서 가장 중요한 것이 무엇인지 명확하게 설정하는 것입니다. 카메라의 프레임에서 캐릭터의 위치, 빛과 그림자의 사용, 또는 각도, 위치와 같은 다양한 수단에 의해 이루어집니다. 이 원칙의 본질은 관련성에 초점을 맞추고 불필요한 세부 사항을 피하는 것입니다. 캐릭터와 장면 상황을 한눈에 이해할 수 있도록 구도를 결정하는 것도 중요합니다.

04. 스트레이트 어헤드 액션과 포즈 투 포즈 :
Straight ahead action and pose to pose

이 원칙은 전통적인 애니메이션 방식에서의 드로잉 프로세스에 대한 내용입니다. 스트레이트 어헤드 액션은 처음부터 끝까지 프레임별로 차례로 그려나가는 방식이며, 포즈 투 포즈는 몇 개의 중요한 키프레임을 그리고 그 사이를 인비트위닝(Inbetweening)으로 채우는 작업 방식입니다. 스트레이트 어헤드 액션 방식은 액체나 연기, 불과 같은 움직임을 표현하는 데 적합합니다. 포즈 투 포즈는 컴퓨터를 사용한 애니메이션에 사용하고 드라마틱하고 감정적 장면 연출에 적합합니다. 두 방식을 단독으로 적용하기보다는 조합하여 사용하는 경우가 많습니다.

▲ 스트레이트 어헤드 액션 방식으로 제작한 애니메이션

▲ 포즈 투 포즈 방식으로 제작한 애니메이션

Design 실력향상

인비트위닝(Inbetweening) 방식이란 전통적인 애니메이션에서 원화가가 원화를 그릴 때 시작 동작과 끝 동작을 먼저 그리고 그 사이의 중간 동작을 차례로 그리는 과정을 뜻합니다. 컴퓨터 애니메이션에서는 키 애니메이션 프레임들 사이의 변환값이 자동으로 계산되어 표시됩니다.

05. 팔로우 스루와 오버래핑 액션 :
Follow through and overlapping action ★★ 중요

팔로우 스루는 앤티시페이션의 반대 개념으로, 주 동작 후에 연결되는 마무리 반응 동작을 의미합니다. 예를 들어 야구에서 타자가 공을 치고 난 뒤에 팔을 쭉 뻗는 동작이나 캐릭터가 달리다가 갑자기 멈추었을 때의 반동 등을 말합니다. 오버래핑 액션은 관성과 같은 물리력의 법칙에 따라 출렁이는 동작을 의미합니다.

오버래핑 액션의 좋은 예로는 인체의 동작에서 관절의 움직임에 생기는 시차를 들 수 있습니다. 투수가 공을 던질 때 어깨, 팔꿈치, 손목, 손가락 순으로 관절이 움직이는 것을 말합니다. 우리는 이 테크닉을 통하여 동작을 더욱 현실감 있게 표현할 수 있습니다. 동작의 제어는 물리 법칙에 근거하여 만들어야 하므로 중력이나 관성, 진폭의 감속 등 물리적인 환경을 고려해 제어해야 합니다. 또한 물체의 무게, 크기, 위칫값 같은 것들도 고려해야 합니다.

▲ 도형이 오른쪽으로 빠르게 이동할 때 도착 지점에서 반동을 표현함

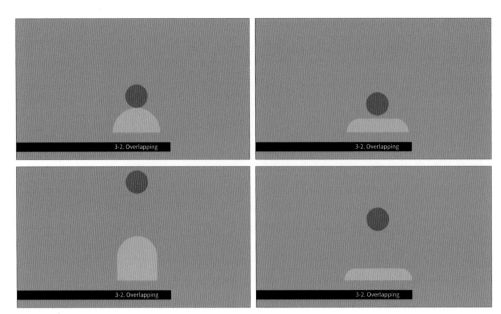

▲ 하나 이상의 물체가 연동되어 움직일 때 동작에 생기는 시차

애프터 이펙트에서 팔로우 스루와 오버래핑 액션을 표현할 때 여러 개의 키프레임을 추가하여 구현할 수 있습니다. 그러나 이 방법은 시간이 오래 걸리고 자연스러운 연출이 어렵습니다. 익스프레션(Expression)이나 스크립트(Scripts)를 활용하면 쉽고 빠르게 더 자연스러운 동작을 표현할 수 있습니다.

06. 슬로우 인, 슬로우 아웃 또는 이지 인, 이지 아웃 : Slow in, Slow out 또는 Ease in, Ease out ★★중요

동작의 시작에 가속(Acceleration)이 있고 마지막에 감속(Deceleration)이 있는 움직임을 말합니다. 진자 운동에서 추가 흔들리는 동작을 떠올려봅니다. 추가 가장 아래를 지날 때 속도가 가장 빠르고 높아질수록 느려집니다. 공 튀기기에서도 이 원리가 적용됩니다. 튀는 공의 속도는 가장 높은 곳에 이르렀을 때 가장 느리고, 튀어 올라갈 때 가장 빠릅니다. 인체, 동물, 차량 등과 같이 현실 세계의 물체가 이동할 때는 가속과 감속에 시간이 필요합니다. 컨베이어 벨트 위에서 움직이는 물체, 에스컬레이터를 타고 있는 사람 등의 기계적인 움직임을 제외하면 처음부터 끝까지 같은 속도로 움직이는 경우는 없습니다. 따라서 이징(Easing)을 사용하지 않는다면 어색한 동작으로 보이게 됩니다.

이징(Easing)은 좋은 애니메이션의 핵심이자 기본 원리입니다. 일정한 속도의 동작, 즉 리니어(Linear) 동작은 부자연스럽고 무성의해 보일 수 있습니다. 가장 자연스러운 이징은 동작의 시작은 부드럽고 빠르게 가속되고 동작의 끝부분에서 천천히 속도가 줄어드는 것입니다. 이 동작은 [Position] 옵션뿐 아니라 다른 속성에도 동일하게 적용됩니다. 로고를 등장시킬 때 이징을 활용해 전반적인 활동성을 조절함으로써 애니메이션의 퀄리티를 향상할 수 있습니다. 동시다발적 액션보다 순차적으로 발생하는 것이 뷰어의 시선을 유도하고 이해를 돕는 데 좋으며, 시간 오버랩을 두는 것이 자연스러운 시선의 흐름을 유도할 수 있습니다.

이징은 Keyframe Assistant에서 [Easy Ease] 등을 적용하거나, Keyframe Velocity에서 가속도를 설정하고 그래프 에디터로 조절하여 제어할 수 있습니다.

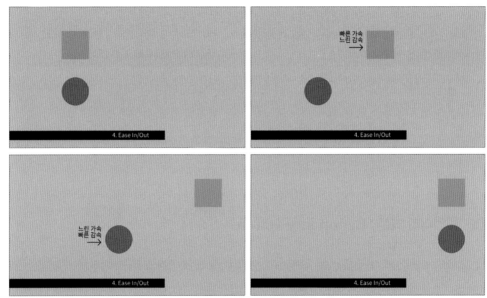

▲ 두 개의 도형 중 하나는 가속 운동, 나머지는 감속 운동으로 설정 : 두 도형의 출발 시간과 도착 시간은 동일하지만 중간 가속도가 다르게 나타남

07. 아크 : Arc ★★ 중요

대부분의 자연스러운 움직임은 아치형 궤적, 즉 호(Arc)를 그리는 궤적을 따릅니다. 공의 동작은 물론, 사람과 동물, 자연물의 모든 동작은 포물선 궤적을 따라 호를 그리며 움직입니다. 호의 곡률은 동작의 속도에 따라 달라지는데, 속도가 빠를수록 직선 운동과 가까워집니다. 예를 들어 탁구의 동작을 표현할 때 공이 빠를수록 공의 궤적은 직선에 가까운 호를 그리는 원리와 같습니다.

▲ 캐릭터가 걷는 동작에서 다리가 아닌 아크(Arc)를 그리며 움직임

애프터 이펙트에서는 모션 패스(Motion path)를 정교하게 조절하는 방식으로 아크를 표현합니다. 먼저 동작에 키프레임을 설정한 후 모션 패스의 궤적을 적절한 모양의 포물선으로 다듬습니다.

08. 세컨더리 액션 : Secondary action

주요 액션 외에 2차적인 액션을 추가하면 장면이 더 생생해지고 주요 액션의 디테일을 표현하는 데 도움이 됩니다. 예를 들어 걷거나 뛰는 동작, 혹은 고개나 몸을 회전할 때 흔들리는 머리카락이나 옷자락, 토끼의 귀, 강아지의 꼬리와 같은 유연성을 표현하는 물체의 동작을 세컨더리 액션으로 볼 수 있습니다.

▲ 토끼의 메인 동작과 시차를 두고 움직이는 귀

09. 타이밍 : Timing

타이밍은 특정 동작에 대한 프레임 수를 나타내며, 이는 애니메이션에서 동작의 속도로 표현됩니다. 예를 들어 오브젝트가 다른 오브젝트를 밀어내는 동작을 만들 때, 가벼운 물체는 무거운 물체보다 빠르게 반응합니다. 타이밍은 물리적 측면에서 자연스러움을 표현하는 것은 물론이고, 캐릭터의 기분, 감정, 반응을 설정하고 개성을 전달하는 장치로 쓰일 수도 있습니다. 같은 시간에 같은 동작이 일어나더라도 타이밍(=프레임 수와 배열)에 따라 움직임은 다르게 나타나며, 캐릭터의 동작을 실제 동작에 가깝게 표현할 수 있습니다.

10. 과장 : Exaggeration

과장은 애니메이션에서 매우 유용한 효과이며 재미있는 요소를 많이 표현할수록 좋습니다. 예를 들어 캐릭터가 놀랄 때 눈이 몸만큼 커지며 튀어나오거나 상어가 작은 새우를 먹을 때 입을 악어처럼 벌리는 연출입니다. 그러나 과장을 사용할 때는 일정 수준의 제한을 두고 사용해야 합니다. 장면에 여러 요소가 포함되었다면 시청자를 혼란스럽게 하거나 무시하지 않도록 각 요소가 서로 과장되는 방식에 균형이 있어야 합니다. 특히 모션 그래픽에서는 현실과 과장의 균형을 잘 조율하는 것이 좋습니다.

11. 솔리드 드로잉 : Solid drawing

솔리드 드로잉은 입체 공간의 형태를 고려하거나 부피와 무게를 부여하는 것을 의미합니다. 굵고 가는 선을 함께 사용하여 원근과 부피, 동작 등을 명확하게 전달하는 것을 말합니다. 즉, 2D 애니메이션을 3D 공간에 있는 것처럼 느껴지도록 하는 것입니다. 따라서 애니메이터는 3차원 형상, 해부학, 중량 밸런스, 빛과 그림자 등의 기본적인 이해가 필요합니다.

▲ 3차원 공간에서 입체감이 있는 캐릭터나 물체 그리기(출처 : 《The Illusion of Life : Disney Animation》)

12. 어필 : Appeal

우리는 '매력 어필'이라는 단어를 알고 있습니다. 어필은
그 자체로도 '매력'이라는 뜻과 '매력이나 흥미를 일으키
다'는 의미를 포함합니다. 사람들은 실제적이고 흥미로우
며 매력적인 캐릭터에 호감을 느낍니다. 애니메이션 캐릭
터는 즐겁고 카리스마가 있어야 합니다. 영화나 애니메이
션의 캐릭터가 시각적으로 꼭 예쁘고 아름다워야 하는 것
은 아닙니다. 그보다 관객이 캐릭터에 공감할 만한 매력을
불어넣어 공감대를 형성함으로써 흥미를 일으키는 것이
중요합니다. 오른쪽 그림은 디즈니 픽사의 영화 〈몬스터
주식회사〉의 포스터입니다. 두 주인공은 객관적으로 아름
답다고 볼 수 없지만 개성 있는 매력으로 많은 사랑을 받고
있습니다.

▲ 영화 〈몬스터 주식회사(Monsters,
Inc.)〉 포스터(출처 : Walt Disney
Pictuers, PIXAR Film)

선배 디자이너의 한마디

이 책에서 PART 02는 가장 지루한 부분일 수 있습니다. 다양한 예제를 실습해 빠르게 기능을 익
히길 원한다면 더욱 그럴 것입니다. 그리고 애니메이션 이론이 그다지 중요하지 않다고 느낄 수도
있습니다. 이 책을 선택한 대부분의 독자들은 키프레임을 설정하고 그래프를 조절하는 작업에 이
미 어느 정도 익숙할 것입니다. 그래서 더 PART 02를 넘겨버릴지도 모르겠습니다.

저는 오랜 경험을 가진 모션 그래픽 아티스트이지만 다른 작가의 작품에 감탄하며 '어떻게 이런
멋진 작업을 할까?'하는 궁금증을 가지기도 합니다. 지난해에 평소 팔로우하던 해외 유명 작가의
특강을 접할 기회가 있어 큰 기대를 안고 강의를 들었습니다. '뭔가 엄청나고 스페셜한 노하우가
있을 거야!'라는 기대와 달리 작가는 지속적으로 키프레임을 설정하고 그래프를 조절하고 다시 키
프레임을 앞뒤로 조정하고 그래프를 수정하는 작업을 긴 시간 동안 반복했습니다. 처음에는 다소
실망스럽기도 했지만 결국 큰 깨달음을 얻었습니다. 좋은 모션 그래픽은 화려한 이펙트로 사람들
의 눈을 현혹시키고 엄청난 노하우로 작업을 쉽고 빠르게 하는 것이 전부가 아니라는 것을요. 이
깨달음은 아이러니하게도 제가 학습자들에게 항상 하는 말이었습니다.

키프레임을 설정하고 그래프를 조절하는 그 쉬운 작업은 정말 쉬운 작업이 맞는 걸까요? 단 몇 초
의 짧은 모션 그래픽 영상도 높은 퀄리티로 완성하려면 많은 시간이 소요됩니다. 셀 수 없이 많은
키프레임과 그래프를 조절하고, 또 수도 없는 수정 작업이 켜켜이 쌓여 어느덧 좋은 애니메이션이
만들어진다는 점을 잊지 말길 바랍니다. 물론, 이런 많은 과정을 손쉽게 해결해주는 마법 같은 스
크립트와 익스프레션도 있습니다. 하지만 기초 지식이 없는 상태에서 처음부터 쉬운 길을 가기보
다는 기초를 탄탄히 다지고 원리를 이해하는 것이 선행되어야 실력 있는 모션 그래픽 아티스트로
성장할 수 있을 것입니다.

CHAPTER 02

키프레임(Keyframe)의 모든 것

애프터 이펙트의 키프레임

준비 파일 PART 02\키프레임.aep

아날로그 시대의 애니메이션은 모든 동작을 하나하나 손으로 그려야 했지만, 디지털 애니메이션은 키프레임을 사용해 다양한 그래픽 요소의 변화를 손쉽게 기록합니다. 디지털 애니메이션 시퀀스에서 동작을 만들 때 동작의 시작 지점과 종료 지점을 정하고 해당 프레임에 마커를 설정하면 중간 값들이 자동으로 계산되고 기록됩니다. 이 마커가 바로 키프레임입니다. 시간과 값이 다른 최소 두 개의 키프레임만 있으면 중간 과정은 자동으로 계산되어 만들어지면서 연속된 이미지가 생성되며 애니메이션됩니다.

키프레임은 애프터 이펙트에서 애니메이션 효과와 모션 그래픽을 만드는 데 필수적인 요소입니다. 시각 요소의 기본 속성인 [Transform] 속성 외에도 스톱워치가 표시된 모든 속성에 키프레임을 추가해 애니메이션을 기록할 수 있습니다.

키프레임 추가하기

01 ①애니메이트하려는 [사각형] 레이어를 클릭하고 ②[Transform] 속성에서 다섯 개의 옵션을 확인합니다.

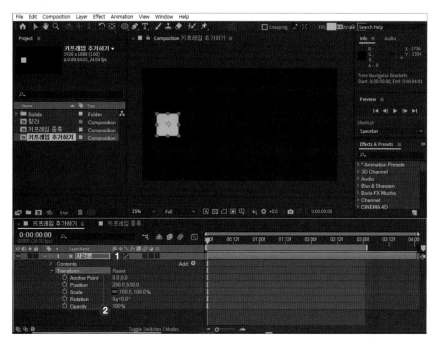

> **TIP** 시각 레이어 하위의 [Transform]을 클릭하면 변형 매개변수(Parameters)를 열 수 있습니다. 정확한 용어는 파라미터(Parameter)지만 용어의 편의상 이 책에서는 옵션으로 칭하겠습니다.

> **단축키** 레이어의 모든 옵션 한번에 열기 | Ctrl 을 누른 채 레이어 이름 앞의 ▶️을 클릭

02 동작을 기록하고 싶은 시간(0초)으로 이동합니다. ①[Timeline] 패널에서 플레이 헤드▮를 드래그하거나 ②현재 시간(Current Time)을 드래그합니다. 또는 직접 입력하여 시간을 이동할 수 있습니다. ③[Composition] 패널에서 [Preview Time]에 시간을 입력하여 이동할 수도 있습니다.

03 스톱워치 클릭하여 키프레임 추가하기 애니메이트하려는 옵션의 스톱워치◉를 클릭하면 키프레임이 생성됩니다. 여기서는 [Position]을 수정합니다. 스톱워치 모양이 회색◉에서 파란색◉으로 변경됩니다. 기록이 활성화되었다는 의미입니다.

단축키 [Transform]의 다섯 개 옵션은 단축키를 이용하여 새 키프레임을 설정할 수 있습니다.
Anchor Point | Shift + Alt + A   Position | Shift + Alt + P   Scale | Shift + Alt + S
Rotation | Shift + Alt + R   Opacity | Shift + Alt + T

04 옵션값 변경하여 키프레임 추가하기 ①다음 동작을 기록할 시간(1초)으로 이동합니다. ②[Timeline] 패널에서 해당 옵션의 값을 변경하거나 [Composition] 패널에서 오브젝트를 움직입니다. ③두 번째 키프레임은 스톱워치◉를 클릭하지 않아도 자동으로 생성됩니다.

05 메뉴로 키프레임 추가하기 다음 시간(1초 10F)으로 이동한 후 같은 값으로 한 번 더 키프레임을 추가할 수도 있습니다. ①옵션을 마우스 오른쪽 버튼으로 클릭하여 [Add Keyframe]을 클릭하거나 ②◉을 클릭하여 새로운 키프레임을 추가합니다.

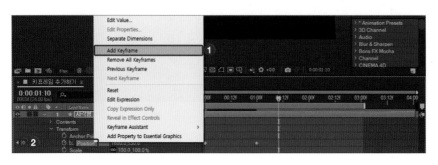

키프레임 다루기

06 키프레임 복사/붙여넣기 원래의 값으로 돌아가려면 처음 생성한 키프레임을 복사하여 붙여 넣습니다. ①복사하고 싶은 키프레임█을 클릭하고 Ctrl + C 를 눌러 복사합니다. ②붙여 넣으려는 시간으로 이동한 후 ③ Ctrl + V 를 눌러 키프레임을 붙여 넣습니다. 복사한 키프레임은 현재 시간에 등록되므로 시간을 먼저 설정하고 붙여 넣어야 합니다.

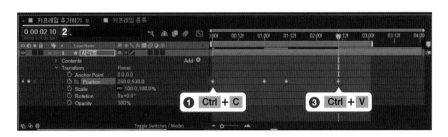

07 키프레임 위치 옮기기 Spacebar 를 눌러 애니메이션을 확인해봅니다. 동작의 시간이 적절하지 않다면 키프레임을 이동해 타이밍을 조절할 수 있습니다. 키프레임을 클릭하고 단축키를 누르거나 키프레임을 드래그하여 위치를 옮깁니다.

단축키 키프레임을 1F씩 앞/뒤로 이동 | Alt + > , Alt + <
키프레임을 10F씩 앞/뒤로 이동 | Shift + Alt + > , Shift + Alt + <

08 키프레임 간격 유지한 채 옮기기 모든 키프레임의 간격은 유지한 채 전체 속도를 조절할 수도 있습니다. ①모든 키프레임을 드래그하여 선택하고 ② Alt 를 누른 채 가장 앞, 또는 가장 뒤에 있는 키프레임을 드래그합니다. 키프레임 간격은 유지한 채 전체 속도를 조절할 수 있습니다.

단축키 모든 키프레임 한번에 선택하기 | ❶ Ctrl + Alt + A 를 누르면 현재 열려 있는 모든 키프레임이 선택됨
❷ [Position] 등 특정 옵션에 설정된 키프레임만 모두 선택하고 싶다면 옵션의 이름을 클릭함

09 키프레임 삭제하기 삭제하고 싶은 키프레임을 클릭하고 Delete 를 누릅니다. 모든 키프레임을 삭제하려면 동작이 멈추길 원하는 지점으로 시간을 이동한 후에 해당 옵션의 스톱워치 🕐를 클릭합니다. 해당 옵션의 모든 키프레임이 한번에 삭제됩니다.

TIP 모든 키프레임을 삭제하면 레이어의 기본값으로 돌아가는 것이 아니라 현재 시간의 값에서 멈추게 됩니다. 따라서 동작이 멈추길 원하는 지점에서 키프레임을 삭제해야 합니다.

LESSON 02

애니메이션의 구간 속도 조절하기

준비 파일 PART 02\키프레임.aep

애프터 이펙트에서 키프레임을 설정하면 일정한 속도로 움직이는 '등속 움직임'이 기본으로 기록됩니다. 그러나 컨베이어 벨트, 에스컬레이터 같은 기계가 아닌 이상 인간을 포함한 거의 모든 생명체(물체)는 등속 운동을 할 수 없으므로 등속 움직임이 부자연스러워 보일 수 있습니다. 동작에 가속도를 설정하면 더 자연스럽고 흥미로운 동작을 연출할 수 있습니다. 가속도를 조절하는 다섯 가지 방법을 알아보겠습니다.

키프레임의 종류와 Keyframe Assistant

애니메이션 작업을 하다 보면 다양한 종류의 키프레임을 사용하게 됩니다. 각 키프레임의 모양이 다른 만큼 동작의 제어 방식도 다릅니다. 키프레임의 종류와 상관없이 모든 키프레임은 선택한 상태일 때 아이콘이 파란색■으로 바뀝니다. 정교한 애니메이션 제작을 위해 꼭 알아두어야 할 키프레임의 종류에 대해 알아보겠습니다. 준비 파일(PART 02\키프레임.aep)을 열고 [키프레임 종류] 컴포지션을 프리뷰하면서 학습해봅니다.

❶ Linear■ : 기본형 키프레임. 두 동작(값) 사이의 속도가 일정하게 유지되는 등속 운동. Linear란 '선형의'라는 의미로 리니어 키프레임을 적용하면 구간 속도가 일정하게 유지되는 등속 애니메이션을 표현합니다.

[Position] 옵션에 움직임이 기록된 경우에는 아래 그림과 같이 선과 작은 점들이 표시되는데 이것을 모션 패스(Motion path)라고 합니다. 모션 패스는 모션의 궤적을 한눈에 보여주고 각 구간의 속도를 짐작할 수 있게 합니다. 모션 패스는 패스를 움직여서 동작을 다듬는 역할을 하는 등 동작을 제어할 때 매우 중요한 요소입니다. 모션 패스에 대한 자세한 내용은 083쪽을 참고합니다.

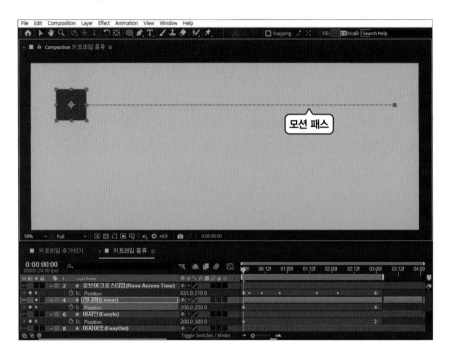

❷ Easy Ease In ▮ : 동작이 들어오면서 서서히 속도가 느려지는 감속 운동.

두 번째로 설정된 키프레임을 마우스 오른쪽 버튼으로 클릭하고 [Keyframe Assistant] - [Easy Ease In]을 선택합니다. 또는 메뉴바에서 [Animation]-[Keyframe Assistant] 메뉴를 클릭하고 하위 메뉴에서 선택할 수도 있습니다. [Keyframe Assistant] 하위 메뉴에는 [Easy Ease]와 [Easy Ease Out]도 포함되어 있습니다. 자주 사용하는 기능이므로 단축키를 외워두면 편리합니다. 모션 패스를 보면 마지막 키프레임이 있는 지점에서 점들의 간격이 서서히 조밀해지는 것을 확인할 수 있습니다. 이러한 모션 패스는 서서히 감속되는 것을 의미하며 동작의 끝에 가까워질수록 부드럽게 감속하다가 멈춥니다.

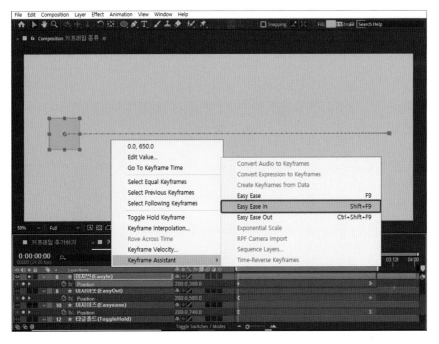

단축키 Easy Ease [아이콘] | F9
Easy Ease In [아이콘] | Shift + F9
Easy Ease Out [아이콘] | Ctrl + Shift + F9

❸ **Easy Ease Out** [아이콘] : 동작이 나가면서 서서히 속도가 빨라지는 가속 운동.
모션 패스를 보면 동작이 시작되는 지점에서 점들의 간격이 조밀했다가 서서히 벌어지는 것
을 확인할 수 있습니다. 이는 서서히 가속되는 것을 의미하며 동작이 부드럽게 시작됩니다.

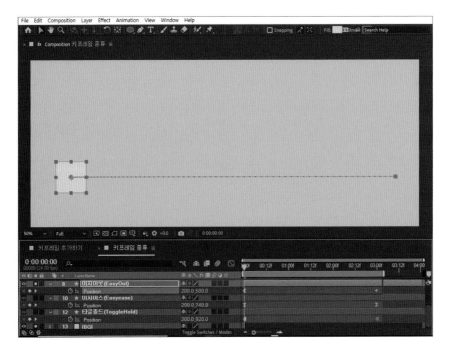

❹ Easy Ease 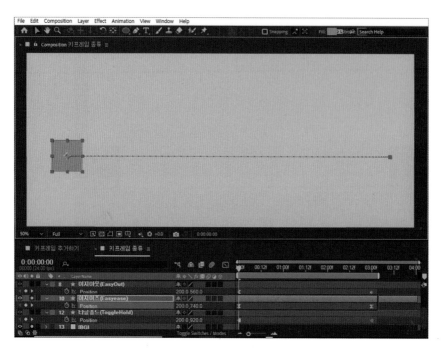 : 들어오는 동작과 나가는 동작에서 감속과 가속이 모두 일어나는 운동.

키프레임 설정 시 가장 많이 활용되며 동작이 부드럽게 시작되고 부드럽게 멈춥니다.

TIP [Keyframe Assistant] 메뉴로 수정한 키프레임(Easy Ease 등)을 기본형 키프레임 ◆ 으로 변경하려면 `Ctrl` 을 누른 채 해당 키프레임을 클릭합니다.

❺ Toggle Hold Keyframe ▯, ▮ : 두 키프레임 사이의 동작에 변화가 없이 바로 바뀌는 운동.

두 키프레임 사이의 인 비트윈(In-between)을 기록하지 않아 뚝뚝 끊기는 애니메이션에 적합합니다. 텍스트 레이어의 [Text] 옵션과 같이 모든 키프레임이 ▮ 으로 기록되는 옵션들도 있습니다.

단축키 [Toggle Hold Keyframe] 설정하기 | `Ctrl` + `Alt` + `H` , 또는 `Ctrl` + `Alt` 를 누른 채 키프레임 클릭

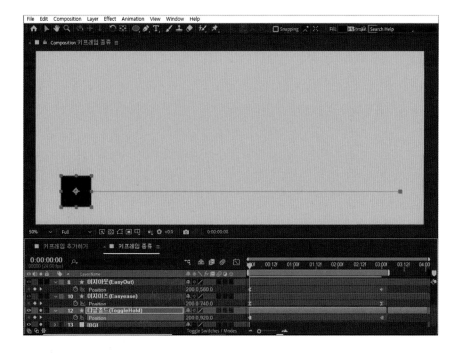

❻ **Rove Across Time** 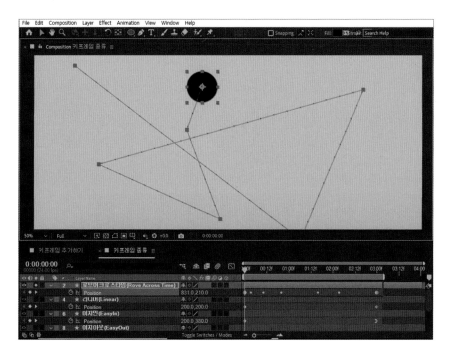 : [Position]에 세 개 이상의 키프레임을 생성하였을 때 모든 동작의 구간을 등속도로 변환.

등속 운동을 적용하려는 모든 키프레임을 선택하고 마우스 오른쪽 버튼을 클릭해 [Rove Across Time]을 선택합니다. 구간 속도가 균일하게 변경되며 첫 번째와 마지막 키프레임을 제외한 중간의 키프레임의 위치는 자동으로 변경됩니다. 모션 패스의 점들의 간격이 균등하게 변경됩니다.

키프레임 보간 방법(Keyframe Interpolation)

보간 방법은 수행할 동작 또는 움직임의 방식을 결정합니다. 베지어(Bezier) 또는 '가속/감속' 움직임은 자연스러운 움직임을 재현하므로 유용합니다. 준비 파일(PART 02\키프레임.aep)을 열고 [키프레임 어시스턴트] 컴포지션을 프리뷰하면서 학습해봅니다.

화면에 노란색 사각형이 가이드라인을 따라서 직사각형을 그리며 이동하다가 제자리로 돌아오는 애니메이션입니다. 총 다섯 개의 키프레임을 생성하였고 좌표는 직사각형 네 개의 꼭짓점에 키프레임이 설정되어 있습니다. 그런데 프리뷰를 해보면 사각형 도형이 직사각형이 아닌 둥근 모양을 그리며 이동합니다. 직선 운동을 하도록 키프레임◇을 설정하였는데 곡선 운동을 하는 이유는 무엇일까요? 세 개 이상의 키프레임을 생성한 경우 중간 키프레임들의 보간이 기본값인 베지어(Bezier), 즉 곡선 운동으로 설정되어 있기 때문입니다.

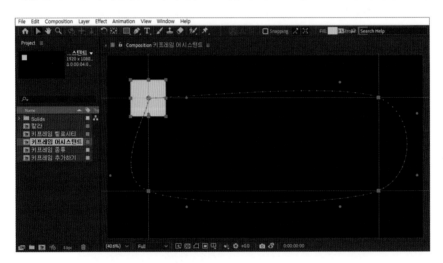

01 **환경 설정에서 보간법 변경하기** 메뉴바에서 [Edit]−[Preferences]−[General] 메뉴를 클릭하면 [Preferences] 대화상자가 나타나며 [Default Spatial to Linear]가 비활성화되어 있는 것을 확인할 수 있습니다. [Default Spatial to Linear]란 중간 키프레임의 보간 값을 리니어(Linear)로 설정한다는 의미입니다. ①체크한 후 ②[OK]를 클릭합니다.

02 다른 도형(원)을 그린 후 똑같은 동작을 만들어봅니다. 같은 좌푯값으로 정확한 직사각형 경로의 운동을 만들 수 있습니다. Spacebar 를 눌러 애니메이션을 확인해봅니다.

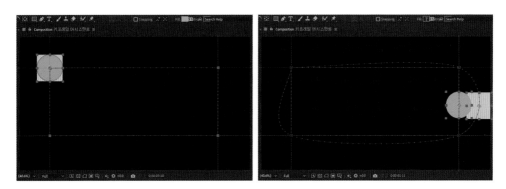

03 **원하는 부분만 보간 변경하기** 환경 설정을 변경하지 않더라도 원하는 부분만 보간을 변경할 수 있습니다. 보간을 변경하고자 하는 도형(사각형)의 키프레임을 선택하고 마우스 오른쪽 버튼을 클릭해 [Keyframe Interpolation]을 선택합니다.

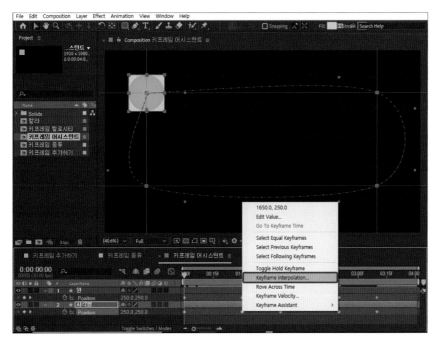

단축키 [Keyframe Interpolation] 대화상자 열기 | Ctrl + Alt + K

04 [Keyframe Interpolation] 대화상자의 [Spatial Interpolation]이 [Auto Bezier]로 설정되어 있는 것을 확인할 수 있습니다. ①[Linear]로 변경하고 ②[OK]를 클릭합니다. ③사각형도 직선 운동으로 변경됩니다.

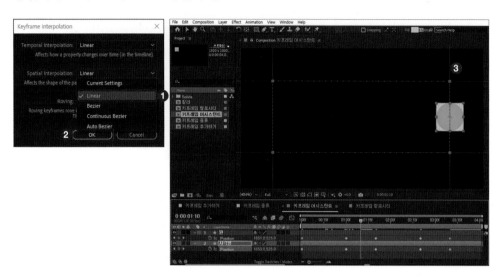

> **TIP** 리니어(Linear) 보간 : 균일하고 딱딱한 변화를 만듭니다.
> 베지어(Bezier) 보간 : 수동으로 조정할 수 있는 곡선을 만듭니다.

05 **펜 도구로 보간 변경하기** 펜 도구 ✒️로 보간을 조절하려는 키프레임을 클릭하여 보간을 조절할 수도 있습니다. [Composition] 패널에서 조절점(Vertex)에 마우스 포인터를 가져가면 마우스 포인터의 모양이 🖉로 바뀝니다. 이때 조절점을 클릭합니다. 선택한 모든 키프레임의 보간이 곡선(베지어)에서 직선(리니어)으로 변경됩니다.

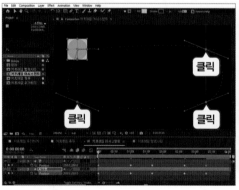

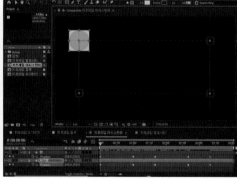

Design 실력 향상　보간법을 바꾸는 이유

중간 키프레임들의 보간 기본값은 왜 리니어(Linear)가 아닌 오토 베지어(Auto Bezier)로 설정되어 있을까요? 환경 설정에서 보간 기본값을 리니어로 변경하는 것이 좋은 방법일까요?

인간을 포함한 모든 생명체는 완벽한 직선 운동과 등속 운동을 할 수 없습니다. 완벽한 직선을 따라서 등속도로 움직이는 것은 에스컬레이터와 같은 기계입니다. 따라서 직선 운동은 부자연스러운 동작을 만들 수 있어서 기본값이 곡선(베지어)으로 설정되어 있는 것입니다. 그러나 만들려는 애니메이션에 기계적인 직선 운동이 많을 경우, 또는 프레임 바이 프레임(Frame by frame) 애니메이션처럼 거의 모든 프레임에 키프레임을 설정하는 경우, 스톱모션이나 아날로그 애니메이션처럼 뚝뚝 끊기는 연출이 필요한 경우에는 기본값을 리니어로 변경하는 것이 좋습니다.

Keyframe Velocity

Velocity는 '속도'라는 뜻으로 Keyframe Velocity는 키프레임의 구간 속도를 조절하는 방법입니다. 준비 파일(PART 02\키프레임.aep)을 열고 [키프레임 벨로시티] 컴포지션을 프리뷰해봅니다. 두 개의 사각형은 같은 X 좌표 위치에 두 개의 키프레임이 설정되어 있습니다. 두 개의 도형 모두 2초 동안 2000pixels 만큼 이동합니다. 위에 있는 사각형은 리니어 키프레임, 아래에 있는 사각형은 키프레임에 [Easy ease]가 설정되어 있습니다. 모션 패스를 보면 위의 사각형은 점들의 간격이 모두 동일하지만, 아래 사각형은 동작의 시작 부분과 끝부분의 간격이 조밀하고 중간 부분은 벌어져 있습니다. 간격이 조밀하면 속도가 느린 것이며, 간격이 벌어져 있다면 속도가 빠른 것을 의미합니다.

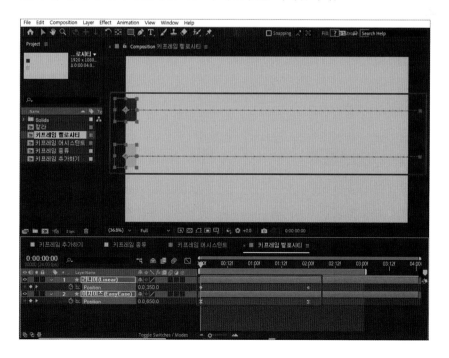

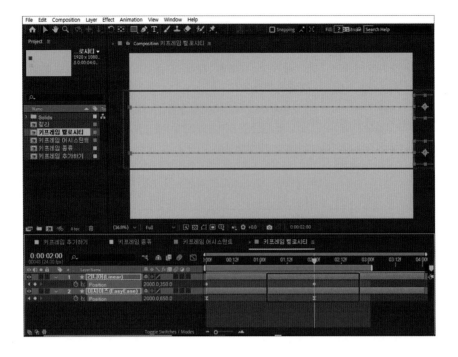

01 키프레임 속도 확인하기 [리니어(Linear)] 레이어의 첫 번째 키프레임을 마우스 오른쪽 버튼으로 클릭해 [Keyframe Velocity]를 선택합니다.

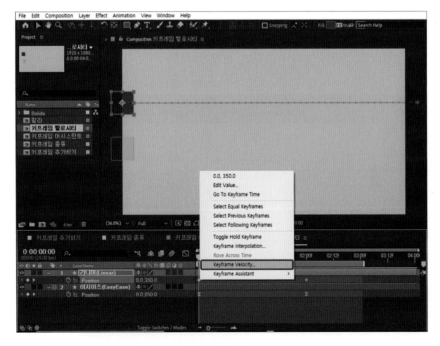

단축키 [Keyframe Velocity] 대화상자 열기 | Ctrl + Shift + K

02 ①[Keyframe Velocity] 대화상자의 [Incoming Velocity]는 들어오는 속도, [Outgoing Velocity]는 나가는 속도의 설정입니다. 등속 운동으로 2초 동안 2000pixels 만큼 이동하는 애니메이션이므로 초당 이동 속도는 1000pixels/sec로 표시됩니다. ②**01** 과 같은 방식으로 두 번째 키프레임의 [Keyframe Velocity]를 열어봅니다. 첫 번째 키프레임은 앞선 동작이 없으므로 [Incoming Velocity]의 [Speed]가 0입니다. 두 번째 키프레임도 뒤에 따라오는 동작이 없으므로 [Outgoing Velocity]의 [Speed]가 0으로 나타납니다.

◀ 첫 번째 키프레임 속도

◀ 두 번째 키프레임 속도

03 [이지이즈(EasyEase)] 레이어의 첫 번째 키프레임을 마우스 오른쪽 버튼으로 클릭해 [Keyframe Velocity]를 선택합니다.

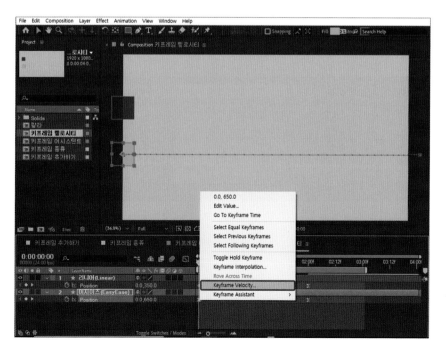

04 ①[Incoming Velocity]와 [Outgoing Velocity] 모두 [Speed]가 0이며, [Influence]는 모두 33.3333%로 나타납니다. 속도가 0인 것은 멈춰진 상태에서 출발하며, 33.3333%의 영향으로 가속한다는 뜻입니다. ②두 번째 키프레임의 [Keyframe Velocity]도 동일하게 나타납니다. 33.3333%의 영향으로 감속하다가 멈춘다는 의미입니다. 0의 속도로 시작해서 동작의 중앙에서 최고 속도가 되며 동작의 끝에서 다시 0의 속도로 멈춥니다.

▶ 첫 번째 키프레임 속도

▶ 두 번째 키프레임 속도

그래프 에디터(Graph Editor)

01 그래프 에디터 확인하기 ①[리니어(Linear)] 레이어의 [Position]을 클릭합니다. ② 그래프 에디터▣를 클릭해 그래프 에디터 창을 엽니다. ③▣를 클릭한 후 ④[Edit Speed Graph]를 선택하여 Speed 그래프를 표시합니다.

단축키 그래프 에디터 창 열기/닫기 | Shift + F3

02 1000pixels/sec(초당 1000pixels만큼 이동) 속도로 처음부터 끝까지 등속도를 유지하며 이동하는 것을 확인할 수 있습니다. 그래프는 일직선으로 표시됩니다.

03 ①[이지이즈(EasyEase)] 레이어의 [Position]을 클릭합니다. 그래프가 매우 완만한 곡선을 그리고 있습니다. ②처음과 끝의 속도는 0이며 정확히 중간 지점(1초)에서 속도가 가장 높습니다(1500pixels/sec). 동작이 부드럽게 시작해서 가속하다가 중간 지점에서 최고 속도를 올리고 다시 서서히 감속하다가 부드럽게 멈추는 애니메이션입니다.

04 키프레임 속도 변경하기 ①그래프 에디터를 닫고 ②[이지이즈(EasyEase)] 레이어의 [Position]에 설정된 두 개의 키프레임을 선택합니다. ③마우스 오른쪽 버튼을 클릭해 [Keyframe Velocity]를 선택합니다.

05 ①[Incoming Velocity]와 [Outgoing Velocity]의 [Influence]를 모두 **90%**로 변경하고 ②[OK]를 클릭합니다.

06 ①Spacebar를 눌러 애니메이션을 확인합니다. 가속과 감속이 훨씬 강하게 나타나는 것을 확인할 수 있습니다. ②그래프 에디터 창의 Speed 그래프를 확인합니다. 그래프가 매우 뾰족한 모양으로 바뀌며 1초 지점의 속도는 10000pixels/sec로 등속 운동할 때와 비교하여 무려 열 배 빨라졌습니다. 두 개의 도형이 동일한 시간 동안 동일한 구간을 이동하지만, 가속과 감속의 값을 높이면 훨씬 더 다이내믹하고 흥미로운 움직임을 연출할 수 있습니다.

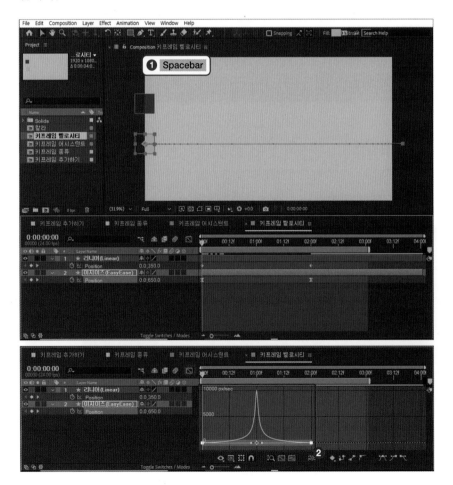

모션 패스(Motion path)

모션 패스는 [Position]에 두 개 이상의 다른 좌푯값을 가진 키프레임을 설정했을 때
[Composition] 패널에 표시되는 경로입니다. 아래 그림과 같이 선과 작은 점들이 표시되
며, 이를 통해 모션의 궤적과 각 구간의 속도를 확인할 수 있습니다. 구간 속도가 느리면
점들의 간격이 조밀하게, 빠르면 듬성듬성 표시됩니다. 모션 패스를 확인하며 애니메이션
을 짐작하고 동작을 다듬어서 디테일을 살립니다.

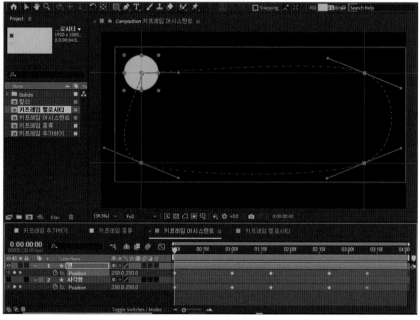

▲ 오브젝트의 이동 경로가 점과 선으로 표시됨

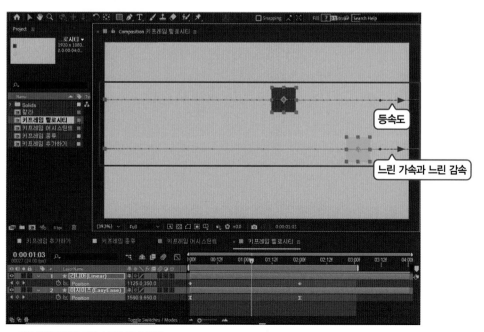

▲ 점의 간격에 따라 구간 속도를 알 수 있음

조절점 한 개를 클릭하거나 여러 개를 드래그하여 선택한 후 위치를 이동하거나 핸들을 옮겨 곡선을 다듬을 수 있습니다. Alt 를 누르고 핸들을 움직이면 곡선의 연속성(Continuity)이 끊어지며 두 개의 핸들을 따로 조절할 수 있게 됩니다.

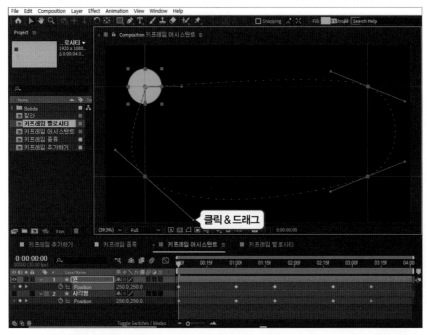

▲ 베지어 핸들을 드래그하여 곡선 조절

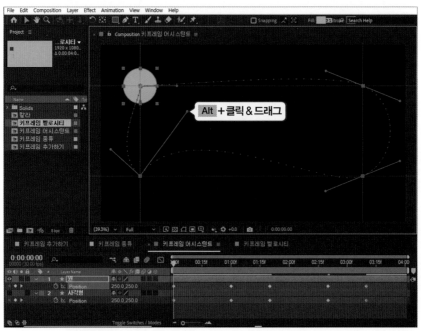

▲ Alt 누르고 베지어 핸들을 드래그하여 연속성 해제

SELF TRAINING | **키 감 익히기**

준비 파일에 설정된 모든 키프레임을 지웁니다. 그런 다음 앞서 학습한 다양한 방식으로 키프레임의 보간과 가속도, 모션 패스를 변경하면서 키프레임을 다뤄봅니다. 흔히 '키 감'이라고 하는 '애니메이션 키프레임 제작 감각'은 많은 경험을 통해 향상할 수 있습니다. '키 감'이 향상되어야 비로소 모션을 디자인할 수 있으므로 스스로 익혀봅니다.

선배 디자이너의 한마디

동작의 구간 속도를 자연스러우면서도 매력적으로 연출하는 일은 결코 쉬운 일이 아닙니다. 키프레임을 설정하고 구간 구간의 가속도를 조절하는 일은 애니메이션 과정에서 끊임없이 반복되는 작업입니다. 애니메이션 경험이 풍부한 경력자는 시간과 동작에 대한 경험이 풍부하므로 1초 동안의 움직임에 따라 어느 정도의 속도로 움직이는지를 예측할 수 있으며, 그래프의 모양을 보고 동작을 자연스럽게 머릿속에 그릴 수 있습니다. 따라서 키프레임을 설정하는 과정에서 프리뷰를 자주 하지 않습니다. 반면에 경험이 부족한 디자이너는 프리뷰가 잦아 작업 속도가 늦어집니다.

속도감을 익히려면 당연히 경험이 가장 중요합니다. 다양한 키프레임, 다양한 구간 속도의 조절, 서로 다른 모양의 스피드 그래프를 만들어보고 머릿속에 익히는 훈련을 해본다면 짧은 시간 안에 시간과 동작에 대한 기준을 스스로 만들 수 있을 것입니다. 앞서 소개한 다섯 가지 방법 중에서 디자이너마다 각각 선호하는 방식이 있습니다. 필자는 Keyframe Velocity를 가장 많이 사용합니다. 속도가 수치화되어 있어서 속도를 정확하게 표시할 수 있고 그래프를 드래그하면서 좌우로 움직이는 것보다 숫자를 입력하는 것이 편리하기 때문입니다. 강한 가속이나 감속을 원할 때는 [Influence]를 85~90%로, 중간 가속도의 경우에는 50%로 설정합니다. 이동 거리가 짧거나 약한 가속도를 연출할 때는 [Easy Ease]의 기본 [Influence]인 33.333%를 그대로 유지합니다. 다양한 방법을 활용하여 경험을 쌓고 나에게 가장 적합한 방식을 찾아가기를 바랍니다.

CHAPTER 03

이징(Easying)과
그래프 에디터

LESSON

01

이징이란?

이징(Easying)은 애니메이션 원칙에 따라서 동작에 가속과 감속 등을 조절하여 더 자연스럽고 흥미로운 연출을 할 수 있는 방법입니다. 'Take it easy'라는 말은 '편안히 해', '천천히해'라는 의미입니다. 애프터 이펙트에서의 이징도 동작이 부드럽고 편안하게 느껴지도록조절하는 것을 말합니다. 넓은 의미로는 기본값인 등속도를 다양한 환경에 잘 맞도록 편안하거나 다이내믹하게 조절함을 뜻합니다. 부드럽게 출발하고 부드럽게 멈추는 것만을 이징이라고 하지 않고 동작의 기획에 따라서 빠르게 움직이거나 급격하게 멈추는 것 등 동작을 다양하게 조절하는 모든 것을 포함해 이징이라고 합니다.

앞서 CHAPTER 02에서는 이징의 방법 중 Keyframe Assistant와 Keyframe Velocity를활용하는 방법을 알아봤습니다. 이징을 적용하는 가장 보편적인 방법으로는 KeyframeAssistant를 먼저 적용한 후 그래프 에디터(Graph Editor) 창을 열고 Speed 그래프를 조절하면서 동작을 세밀하게 다듬어 나가는 것입니다. 또한 Expression 표현식이나 전문 스크립트(Scripts) 등을 활용할 수도 있습니다.

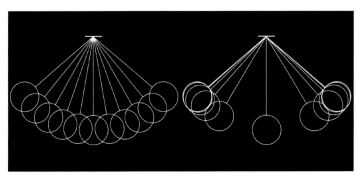

◀ 왼쪽은 기본 키프레임으로 작업한 리니어 키프레임. 오른쪽은 [Easy Ease]를 적용한 후 Speed 그래프를 조절하여 가속도를 설정한 이징 키프레임. 오른쪽이 진자(Pendulum) 운동에 적합함

그래프 에디터 이해하고 활용하기

준비 파일 PART 02\키프레임.aep

[Timeline] 패널에서 그래프 에디터🖾를 클릭하거나 Shift + F3 을 누르면 그래프 에디터 창을 열 수 있습니다. 그래프 에디터에서는 애니메이션에 대한 다양한 정보를 확인하거나 그래프를 직접 수정하여 애니메이션을 편집할 수 있습니다. 또한 키프레임이나 보간법을 설정하는 등 대부분의 애니메이션 작업을 수행할 수 있습니다.

> **TIP** 그래프 에디터는 앞서 080쪽에서 알아보았습니다. 그러나 그래프 에디터는 애니메이션 작업에 매우 중요한 역할을 하고 이 책에서도 지속적으로 다루기 때문에 좀 더 자세히 알아보겠습니다.

그래프 에디터 메뉴 알아보기

❶ 👁️ | 그래프 에디터에서 어떤 속성을 보여줄 것인지 선택할 수 있습니다. [Show Selected Properties]에 체크하면 선택한 속성만 나타나며, [Show Animated Properties]에 체크하면 애니메이션 속성을 모두 보여줍니다.

❷  ❘ [Edit Speed Graph] 또는 [Edit Value Graph]를 선택할 수 있습니다. 그래프를 확인하며 속도(Speed), 값(Value)을 편집할 수 있습니다.

❸ ❘ 두 개 이상의 키프레임을 선택했을 때 박스 형태로 확인할 수 있습니다.

❹ ❘ 키프레임을 이동할 때 스냅이 적용됩니다.

❺ ❘ 자동으로 길이가 확대됩니다.

❻ ❘ 선택한 속성의 그래프가 그래프 에디터 창에 가득차게 보입니다.

❼ ❘ 모든 그래프가 그래프 에디터 창에 가득차게 보입니다.

❽ ❘ 선택한 키프레임의 차원이 분리됩니다. 특히 [Position]의 좌표를 X, Y, Z로 분리하여 애니메이션할 때 많이 활용합니다.

❾ ❘ 선택한 키프레임을 편집할 수 있는 하위 메뉴를 확인할 수 있습니다.

❿ ❘ 선택한 키프레임을 Hold로 변경합니다.

⓫ ❘ 선택한 키프레임을 Linear로 변경합니다.

⓬ ❘ 선택한 키프레임을 Auto Bezier로 변경합니다.

⓭ ❘ 선택한 키프레임을 Easy Ease로 설정합니다.

⓮ ❘ 선택한 키프레임을 Easy Ease In으로 설정합니다.

⓯ ❘ 선택한 키프레임을 Easy Ease Out으로 설정합니다.

Speed 그래프와 Value 그래프 알아보기

그래프 에디터에서는 두 개의 그래프를 보면서 애니메이션을 편집할 수 있습니다. Speed 그래프는 속도를 보여주는 그래프로, 초당 변홧값을 그래프로 표시합니다. 예를 들어 [Position]은 00pixels/sec, [Rotation]은 00°/sec로 나타납니다.

다음 그림은 같은 시간 동안 같은 거리를 움직이는, 서로 다른 여섯 종류 키프레임의 스피드 그래프입니다. 등속 운동을 하는 Linear █는 어느 구간에서도 동일간 간격을 유지하며 처음부터 끝까지 같은 속도로 표시됩니다. 가장 빈번하게 활용되는 Easy Ease █는 완만한 곡선으로 표시됩니다. 원의 움직임을 보면 시작 부분과 끝부분에 많은 원이 분포되어 있고 중앙 부분의 원들 사이의 간격이 비교적 적게 나타납니다.

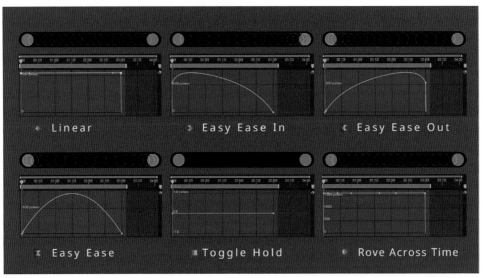

▲ 키프레임과 Speed 그래프

Value 그래프는 Value, 즉 '값'을 보여주는 그래프입니다. 다음 그림과 같은 [Position]은 위칫값의 단위인 px로 표시됩니다. [2D Position]은 두 가지 색상의 선으로 표시됩니다. 빨간색은 X축의 좌표를, 초록색은 Y축의 좌표를 뜻하며 3D 레이어의 경우에는 Z축을 의미하는 파란색 그래프가 추가됩니다.

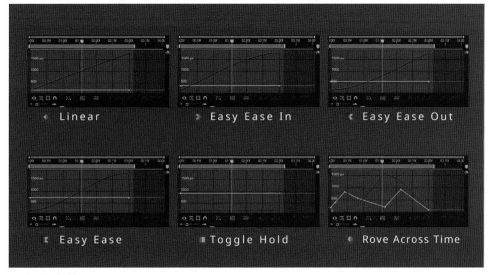

▲ 키프레임과 Value 그래프

선배 디자이너의 한마디

실무에서는 두 가지 그래프를 모두 보면서 작업하지만 Speed 그래프를 훨씬 더 자주 활용합니다. Value 그래프는 스크립트나 Expression 표현식을 사용하지 않고 바운스 애니메이션(예 : 공 튀기기)을 만들 때 유용합니다. Value 그래프를 활용하면 좌표를 섬세하게 조절할 수 있습니다. 애니메이션에 생명력을 불어넣는 대부분의 작업은 Speed 그래프에서 작업하며 더 많은 시간과 노력을 기울입니다.

그래프를 잘 활용하기 위해서는 많은 경험이 필요합니다. 애니메이션 작업에 많은 경험이 쌓이면 그래프의 모양만 봐도 어떤 움직임일지 머릿속에 그려집니다. 필자는 ① Keyframe Assistant → ② Keyframe Velocity → ③ 그래프 에디터 조절 순서의 3단계로 작업합니다. 먼저 리니어 키프레임을 [Easy Ease]와 같은 베지어 키프레임으로 변경하고 수치를 조절하여 가속이나 감속을 지정합니다. 필요하다면 그래프 에디터 창에서 더 섬세하게 조절합니다.

물론 Keyframe Assistant만 사용할 때도 있고 모션 패스를 활용할 때도 있습니다. 제어하고자 하는 동작에 따라서 다양한 방식으로 조절하는 것이 좋습니다.

이징을 도와주는
스크립트

지금까지 애프터 이펙트의 기본 기능을 활용해 애니메이션을 조절하는 다양한 방법을 학습했습니다. 이번에는 전문 스크립트를 활용해 이징을 설정해보겠습니다.

애프터 이펙트의 다양한 스크립트

애프터 이펙트의 스크립트는 JavaScript의 확장 형식인 Adobe ExtendScript 언어를 사용합니다. ExtendScript 파일의 확장자는 .jsx 또는 .jsxbin입니다. 애프터 이펙트에 자동 설치되어 있는 기본 스크립트도 있지만 작업을 쉽고 편리하게 하는 외부 유/무료 스크립트도 있습니다. 스크립트는 플러그인과는 다른 개념이며 설치 후에는 [Effect] 메뉴가 아닌 [Window] 메뉴에서 확인할 수 있습니다. 이번 레슨에서는 이징을 도와주는 애프터 이펙트 스크립트를 알아보겠습니다.

Design 실력향상

스크립트란 일종의 프로그래밍 언어로서 명령어를 프로그램에서 실행하게 하는 도구입니다. 대부분의 어도비(Adobe) 응용 프로그램에서 스크립트를 사용하여 반복 작업을 자동화하고 복잡한 계산을 수행하며 그래픽 사용자 인터페이스를 통해 직접적으로 노출되지 않는 일부 기능을 사용할 수도 있습니다. 예를 들어 애프터 이펙트에서 컴포지션의 레이어 순서를 변경하거나 텍스트 레이어에서 소스 텍스트를 찾아서 바꾸기, 렌더링이 완료되면 전자 메일 메시지를 보내도록 지시하기 등을 할 수 있습니다.

01 **스크립트 사이트에 접속하기** ① 애프터 이펙트용 스크립트 전문 사이트(https://aescripts.com)에 접속합니다. ② 검색란에 **Ease** 또는 **Easing**을 입력하여 검색합니다. ③ 수십 개의 관련 스크립트가 나타납니다. 가장 앞에 있는 [After Ease]를 선택합니다.

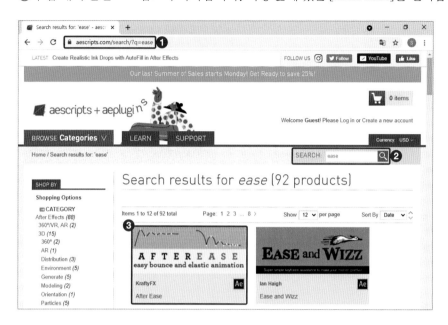

02 스크립트 설명과 가격이 표시됩니다. 유사한 스크립트가 많으므로 구매하기 전에 신중하게 비교해보는 것이 좋습니다.

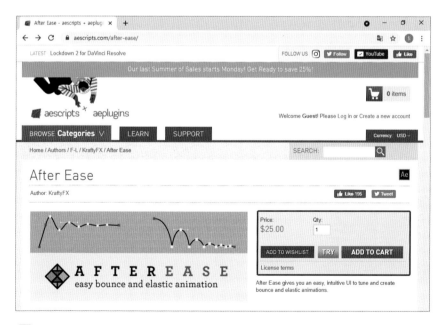

TIP 대부분의 스크립트는 유료입니다. 무료 스크립트는 가격 표시 영역에 'Name Your Own Price'라고 표시되어 있습니다. 0을 입력하면 무료로 다운로드할 수 있습니다. 그러나 개발자의 노고를 생각하여 커피 한 잔 값이라도 지불하고 다운로드하는 것을 권장합니다.

03 이징은 사용자들이 많이 찾는 대표적인 스크립트이므로 여러 개를 묶은 번들 형태도 있습니다.

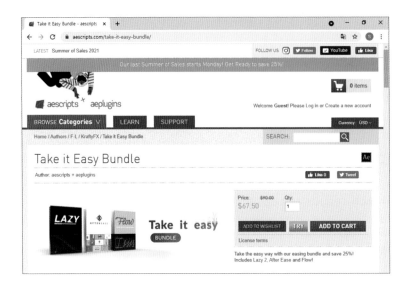

무료 이징 스크립트(Dojo Ease) 설치하기

01 **이징 스크립트 다운로드하기** 이징을 가장 단순하게 사용할 수 있는 스크립트를 소개하겠습니다. ①Dojo Ease 스크립트 웹사이트(https://creativedojo.net/store/dojo-ease-v1)에 접속하거나 https://creativedojo.net에 접속하여 검색창에 **ease**를 검색합니다. ②두 개의 스크립트 중에서 [v1]을 클릭한 후 [Name Your Own Price]에 원하는 지불 금액을 입력해 다운로드합니다. **0**을 입력하면 무료로 다운로드할 수 있습니다.

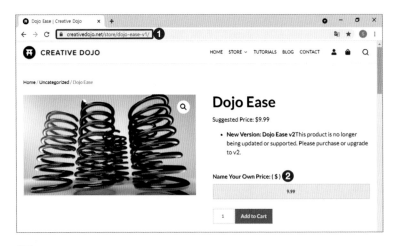

TIP Dojo Ease 스크립트를 다운로드하려면 해당 사이트에 회원 가입한 후 결제를 진행합니다. 버전 1(v1)은 무료이며 업데이트는 제공되지 않습니다. 지속적인 업데이트와 디테일한 기능을 원한다면 유료 스크립트인 버전 2(v2)를 선택합니다.

02 설치하기 다운로드한 파일의 압축을 풀고 [Dojo Ease v1.3.2.jsxbin] 파일을 다음 경로에 인스톨(드래그)합니다.

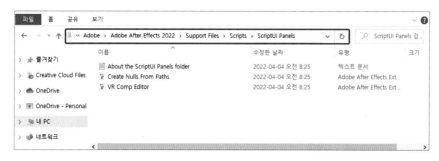

> **TIP** ● Windows :
> C\Program Files\Adobe\Adobe After Effects(사용자 버전)\Support Files\Scripts\ScriptUI Panels
> ● Mac :
> Applications\Adobe After Effects (Version)\Scripts\ScriptUI Panels

03 스크립트 사용하기 애프터 이펙트를 열고 [Window]−[Dojo Ease v1.3.2.jsxbin] 메뉴를 클릭하여 시작할 수 있습니다.

04 스크립트는 다음과 같이 패널 형태로 열립니다. 드래그하여 다른 패널에 붙인 채로 사용할 수 있습니다.

Dojo Ease 스크립트로 이징 적용하기

01 **이징 적용하기** 스크립트 패널에서 원하는 이징 메뉴를 선택합니다. 여기서는 [Strong Ease]를 선택했습니다.

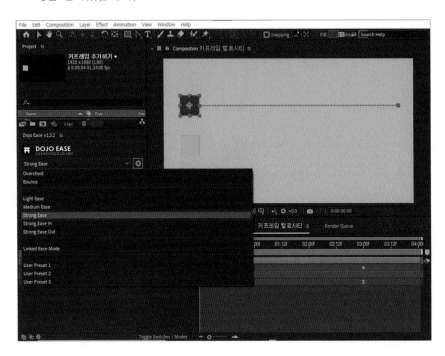

02 [Strong Ease]는 [Influence]가 [Incoming], [Outgoing] 모두 90으로 설정되어 있습니다. ① 적용할 키프레임을 클릭하고 ② [Apply Easing]을 클릭합니다.

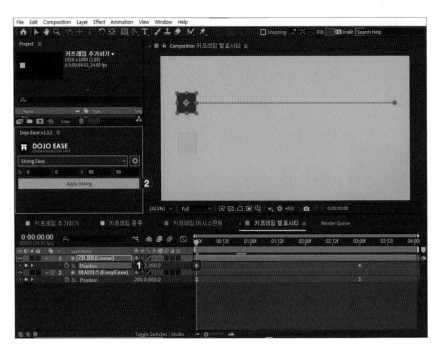

03 Strong Ease, 즉 강한 이징이 적용되었습니다. 그래프 에디터 창을 열어보면 동작의 시작과 끝은 속도 변화가 없으며 중간 부분에서 매우 빠른 속도로 이동합니다.

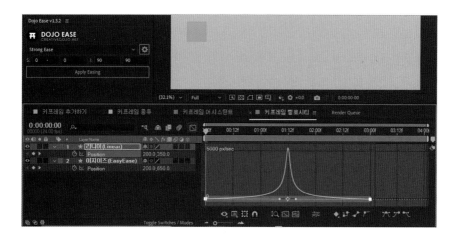

04 Keyframe Velocity 확인하기 ①키프레임을 선택하고 [Keyframe Velocity] 대화상자를 불러옵니다. ②[Incoming Velocity], [Outgoing Velocity]의 [Influence]가 모두 90%로 설정된 것을 확인할 수 있습니다.

선배 디자이너의 한마디

스크립트는 애니메이션 작업을 빠르고 편리하게 도와줄 뿐 아니라 수동으로 제어하기 어렵거나 불가능한 부분을 쉽게 구현할 수 있게 도와줍니다. 필자를 포함한 많은 모션 그래픽 작가도 여러 개의 스크립트를 작업에 활용합니다. 그러나 애프터 이펙트를 처음 시작하거나 이제 막 기본기를 익히는 초급 디자이너에게 스크립트 사용을 권하지는 않습니다.

스크립트를 작업에 활용하는 시기가 빠를수록 애니메이션의 기본기를 익히고 동작을 제어할 수 있는 경험을 쌓기 힘듭니다. 예를 들어 이징 제어 작업에서 이미 잘 만들어져 있는 스크립트를 사용한다면 그래프를 조절하고 프리뷰하면서 '키 감(키프레임을 설정하는 감각)'을 익히는 소중한 경험을 건너뛰게 되는 것입니다.

누구나 쉽고 빠르게, 남들보다 잘하고 싶은 마음이 있습니다. 그러나 분야를 막론하고 시간을 들이지 않고 남들보다 뛰어난 결과물을 만들 수 있는 방법은 없습니다. 서두르지 않아도 좋습니다. 전문가들이 알려주는 꿀팁이나 노하우에 연연해할 필요도 없습니다. 모션 그래픽 디자인을 배우고 좋은 디자이너가 되는 길은 긴 여정입니다. 길고 긴 여정을 천천히 즐겁게 시작해보세요.

—

CHAPTER 04

모션의 기본기,
트램펄린 애니메이션

모션 그래픽 디자인의 필수 기능을 유튜브 영상 강의로 익히세요.

유튜브에서 TORI Studio를 검색하면 더 많은 영상 강의를 확인할

수 있습니다.

LESSON 00

PREVIEW

이번 예제로 스쿼시 및 스트레치(Squash and stretch), 앤티시페이션(Anticipation), 팔로우 스루와 오버래핑 액션(Follow through and overlapping action), 이지 인/이지 아웃(Ease in/Ease out)이 모션 그래픽에 어떻게 적용되는지 실습해봅니다.

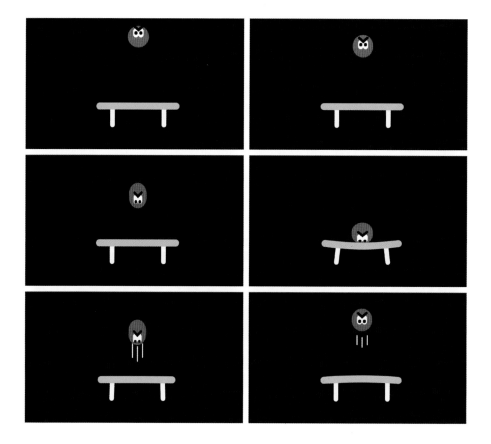

LESSON 01

프리 스텝 트레이닝(Pre-Step Training)

프리 스텝 트레이닝은 프로젝트 예제에 활용할 핵심 기술을 먼저 학습하는 단계입니다.

Parent

Parent 기능은 레이어의 관계를 부모(Parent)와 자식(Child)으로 설정하여 그룹처럼 만드는 것입니다. 이때 하나의 Parent 레이어에 연결되는 Child 레이어의 수는 제한이 없지만 하나의 Child 레이어를 여러 개의 Parent 레이어에 연결할 수는 없습니다. Parent 기능으로 연결된 Child 레이어는 Parent 레이어의 [Transform] 속성을 똑같이 따라 합니다([Opacity]는 제외). 운동성이 강조되는 키네틱 타이포그래피, 여러 관절을 따로 또는 동시에 제어해야 하는 캐릭터 애니메이션 등에서 움직임이 연동되는 모션을 정확하게 제어할 수 있습니다. [Timeline] 패널에서 칼럼을 마우스 오른쪽 버튼으로 클릭하고 [Columns]–[Parent & Link]를 클릭해 활성화하거나 단축키 Shift + F4 를 눌러 [Parent & Link]를 엽니다. ◎을 드래그하여 레이어를 연결하거나 목록에서 레이어 이름을 직접 선택해 Parent 기능을 적용합니다.

Track Matte

매트(Matte)는 마스크(Mask) 기능처럼 화면의 일부분을 가리거나 일부분만 보이도록 하는 기법입니다. 사진이나 영화 작업 시 한쪽을 가리고 촬영하여 특수 이펙트를 사용한 합성 장면을 제작할 때도 사용합니다. 두 개의 레이어를 연결하여 설정할 수 있으며 지정한 레이어의 [Matte] 속성을 다른 레이어에 그대로 적용할 수도 있습니다. 알파(Alpha)나 루마(Luma)를 활용하여 설정할 수 있습니다.

> **TIP** 루마(Luma)는 루미넌스(Luminance)의 줄임말이며, '휘도'라는 뜻과 함께 광도를 나타내기도 합니다. 이때 색상 정보는 무시되고 명도(Brightness)값만 적용됩니다.

[Timeline] 패널에서 ▣을 클릭하거나 [Toggle Switch/Modes]를 클릭해 [Track Matte] 메뉴의 옵션을 선택할 수 있습니다. 다음 그림과 같이 비디오 푸티지 레이어(Jellyfish.mp4)의 [Matte]를 바로 위 레이어의 알파나 루마 채널을 따라갈 수 있게 설정합니다. 설정에 따라 비디오 푸티지를 텍스트 레이어의 글자 안에만 보이게 할 수도, 글자 밖에만 보이게 할 수도 있습니다.

단축키 [Timeline] 패널에서 Toggle Switch/Modes 열기/닫기 | F4

▲ 텍스트 레이어의 글자 밖에만 보이게 설정(Alpha Inverted Matte)

▲ 텍스트 레이어의 글자 안에만 보이게 설정(Alpha Matte)

LESSON

02

디자인 실무 실습
_Training

핵심 기능 Parent, Track Matte
준비 파일 PART 02\트램펄린.aep

> 준비 파일은 [시작] 컴포지션을 확인하고
> 완성 파일은 [완성] 컴포지션을 확인하세요.

공 튀는 애니메이션 만들기

01 **aep 파일 열고 프로젝트 시작하기** ① Ctrl + O 를 눌러 **트램펄린.aep** 파일을 엽니다. ②[Project] 패널에서 [트램펄린_시작]을 더블클릭하여 컴포지션을 엽니다. ③두 개의 셰이프 레이어에 트램펄린의 상판과 다리 하나를 그려두었습니다.

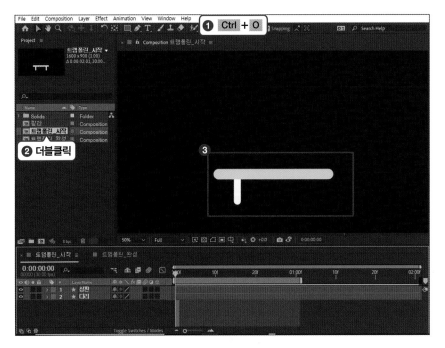

TIP 대부분의 준비&완성 파일은 [Project] 패널 안에 [시작]과 [완성] 컴포지션이 삽입되어 있습니다. 실습을 시작하기 전에 [완성] 컴포지션을 열어 프리뷰한 후 제작 순서를 머릿속으로 그려본다면 학습에 도움이 됩니다.

02 사각형 그리고 설정 변경하기 ①사각형 도구█로 [Composition] 패널에서 드래그 해 정사각형을 그립니다. ②이때 사각형의 [Fill]은 [Solid Color], [Stroke]는 [None]으로 그립니다. ③[Shape Layer 1] 레이어가 생성되고 그 아래에 [Contents]—[Rectangle 1]이 추가됩니다.

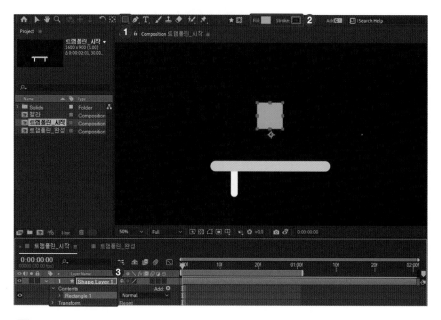

TIP 사각형의 위치와 색상 설정을 다르게 그렸더라도 레이어 옵션에서 수정할 수 있습니다.

TIP Alt 를 누른 채 [Fill Color]와 [Stroke Color] 아이콘을 차례대로 클릭하면 [None], [Solid Color], [Gradient] 와 같은 [Fill]과 [Stroke]의 옵션을 선택할 수 있습니다.

03 ①[Shape Layer 1] 레이어의 이름을 **공**으로 변경하고 ② Ctrl + Alt + Home 을 눌러 사각형의 중심점을 중앙으로 설정합니다.

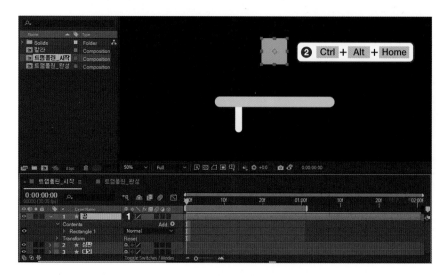

TIP 레이어 이름 변경하기 | 레이어 이름을 클릭하고 Enter 를 누른 후 변경하고 싶은 이름을 입력합니다. 또는 레이어 이름을 마우스 오른쪽 버튼으로 클릭한 후 [Rename]을 선택하여 이름을 변경합니다.

04 사각형을 원형(공 모양)으로 바꾸기 다음 표를 참고하여 [공] 레이어의 [Rectangle Path 1] 속성을 변경합니다.

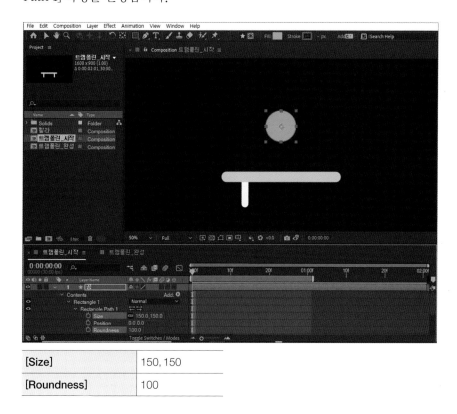

[Size]	150, 150
[Roundness]	100

Design 실력향상   공(원형)을 그리는 데 사각형 도구를 사용한 이유

사각형 도구 ■로 사각형의 셰이프를 만들면 [Roundness] 옵션을 활용하여 원형으로 수정할 수 있습니다. 사각형을 원형으로 수정한 후에 [Size] 옵션을 조절하면 양끝이 둥근 실린더 모양을 만들 수 있고, 이 모양은 공의 속도감을 재미있게 표현하는 데 도움이 됩니다. 따라서 움직임이 있는 공을 그릴 때는 원형 도구 ●보다 사각형 도구 ■를 활용하는 것이 더 좋습니다.

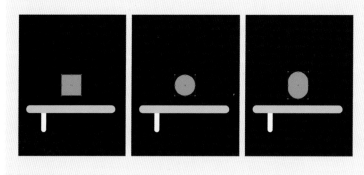

05 도형 색상 바꾸기 ① [Rectangle 1]-[Stroke 1]의 ⊙을 비활성화합니다. ② [Project] 패널에서 [칼라]를 클릭하여 컬러 팔레트를 보이게 설정합니다. ③[Fill 1]- [Color]의 ▬을 클릭하고 ④[Project] 패널에서 섬네일의 가장 왼쪽에 있는 연한 붉은색을 클릭합니다. 도형의 색상이 바뀝니다.

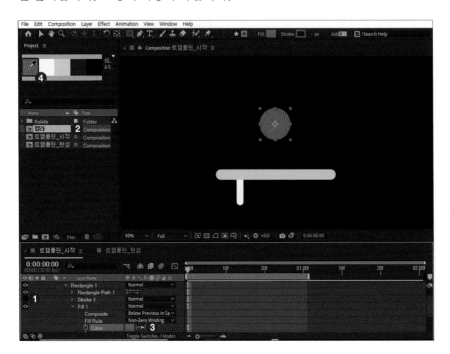

Design 실력 향상 컬러 팔레트를 만들어 색상을 쉽게 선택하기

간단한 애니메이션을 제작하더라도 색상 선택은 매우 중요합니다. 즉흥적으로 아무 색상이나 선택하면 어색한 조합이 되기 쉽고 여러 번 색상을 변경해야 하는 번거로운 상황이 생기기도 합니다. 이때 컬러 팔레트를 미리 설정해두고 팔레트 안에서만 색상을 적용한다면 조화로운 색상을 구현할 수 있습니다. 더 나아가 색상 선택으로 고민하거나 수정하는 시간을 절약할 수도 있습니다.

애프터 이펙트에서 컬러 팔레트 컴포지션을 미리 만들어두고 [Project] 패널에서 컬러 컴포지션을 선택해두면 컬러 팔레트 섬네일이 표시됩니다. 이번 예제와 같이 ▬을 활용하여 색상을 클릭하면 정확한 색상을 설정할 수 있습니다.

06 레이어의 중심점 변경하고 화면 중앙에 배치하기 ①중심점 변형 도구■를 클릭하고 ②[Composition] 패널에서 공(원형)의 중심점을 중앙 아래로 내립니다. ③선택 도구▶ 를 클릭합니다.

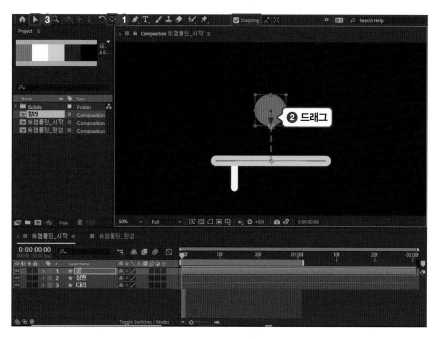

TIP 중심점을 이동할 때 도구바의 [Snapping]을 활성화하면 정확한 지점으로 이동할 수 있습니다. 경우에 따라 원하지 않는 지점에 스냅될 수도 있으니 주의해야 합니다. 스냅이 꼭 필요한 경우가 아니면 비활성화하는 것이 좋습니다.

07 ①[Window]-[Align] 메뉴를 선택해 [Align] 패널을 엽니다. ②공이 컴포지션(화면) 가운데에 오도록 가로 중앙 맞춤■을 클릭합니다.

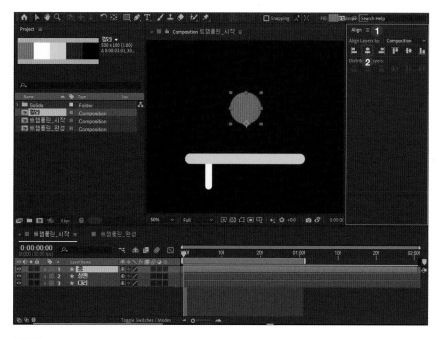

단축키 레이어 선택하고 컴포지션의 정중앙에 위치시키기 | Ctrl + Home

08 공 튀기는 애니메이션 만들기 ①[공] 레이어를 클릭하고 P 를 눌러 [Position]을 엽니다. ②③다음 표를 참고하여 키프레임을 설정합니다. 공이 1초 동안 아래로 떨어졌다가 다시 제자리로 돌아옵니다. 정확히 똑같은 좌표일 필요는 없습니다. 공이 트램펄린까지 내려갔다가 다시 제자리로 돌아오게 하면 됩니다. ④ Spacebar 를 눌러 애니메이션을 확인해 봅니다. 공이 위아래로 움직이지만 공이 튀기는 느낌의 움직임은 아닙니다.

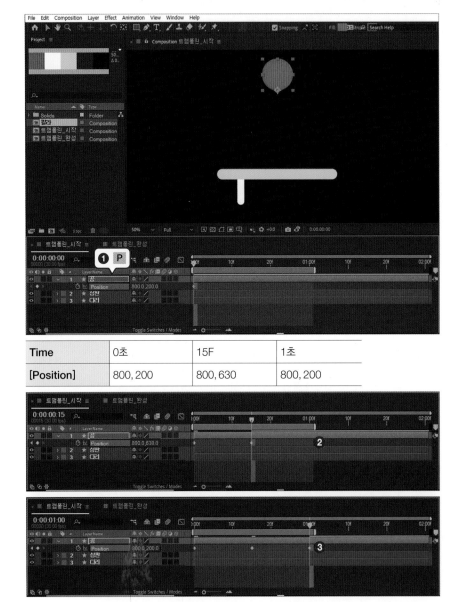

Time	0초	15F	1초
[Position]	800, 200	800, 630	800, 200

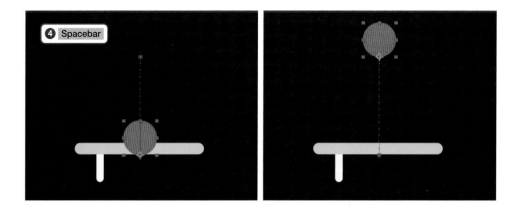

09 이징 적용하기 ①[Position]에 설정한 모든 키프레임을 선택합니다. ② F9 를 눌러 [Easy Ease]를 적용합니다.

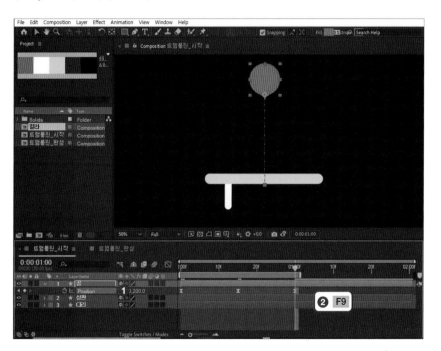

단축키 모든 키프레임 한번에 선택하기 | ❶ Ctrl + Alt + A 를 누르면 현재 열려 있는 모든 키프레임이 선택됨
❷ [Position] 등 특정 옵션에 설정된 키프레임만 모두 선택하고 싶다면 옵션의 이름을 클릭함

10 그래프 에디터 열고 가속도 조절하기 ①그래프 에디터⬚를 클릭해 그래프 에디터 창을 엽니다. ②Speed 그래프의 모양을 다음과 같이 조절합니다. ③ `Spacebar` 를 눌러 애니메이션을 확인합니다. 공이 튀는 동작이 좀 더 자연스러워졌습니다. ④그래프 조절을 마쳤으면 그래프 에디터⬚를 클릭하여 돌아옵니다.

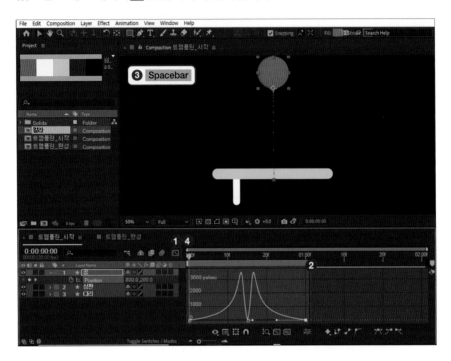

Design 실력 향상   그래프 수정하기

그래프 모양을 수정하려면 조절점을 클릭하고 베지어 핸들을 움직입니다. 여기서 중요한 것은 '왜 저런 모양으로 그래프를 수정하는지'를 아는 것입니다. 그래프를 수정하는 것은 공이 튀는 움직임의 원인과 결과를 알고 동작을 그리듯이 곡선을 다듬는 과정입니다. 공이 튀는 원리는 힘과 중력, 반동과 탄성에 의한 운동성과 관련이 있습니다. 땅에 공을 떨어뜨렸을 때는 공이 어느 정도 튀기를 반복하다가 중력에 의하여 서서히 멈추게 되지만, 트램펄린은 바닥이 탄성 재질이므로 공이 떨어지고 튕겨 오르기를 반복합니다. 공이 어느 지점에서 가장 빠르게, 또는 어느 지점에서 가장 느리게 움직이는지를 고려하여 그래프를 조절해야 합니다. 지금은 공이 공중에 떠 있을 때가 가장 느리고, 떨어질 때 서서히 가속되다가 바닥에 닿고 튀어 오를 때 가장 빠르게 가속됩니다. 따라서 동작의 시작과 끝부분의 속도 변화가 완만하고, 바닥에 닿는 전후의 가속도는 높게 나타납니다.

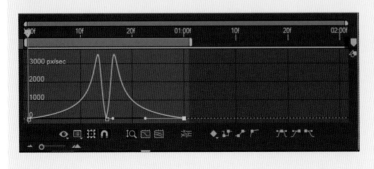

11 [공]-[Scale]에 키프레임 설정하여 스쿼시 앤 스트레치 적용하기 ① [공] 레이어를

클릭하고 Shift + S 를 눌러 [Scale]을 엽니다. ②⚭을 클릭하여 [Constrain Proportions]를 해제합니다. ③다음 표를 참고하여 키프레임을 설정합니다. 공의 모양은 떨어지거나 튀어 오를 때 세로가 길어지고, 바닥에 닿을 때는 가로가 길어집니다. 즉, 공의 탄성을 표현합니다.

Time	0초	13F	15F	17F	1초
[Scale]	100, 100	80, 120	120, 80	80, 120	100, 100

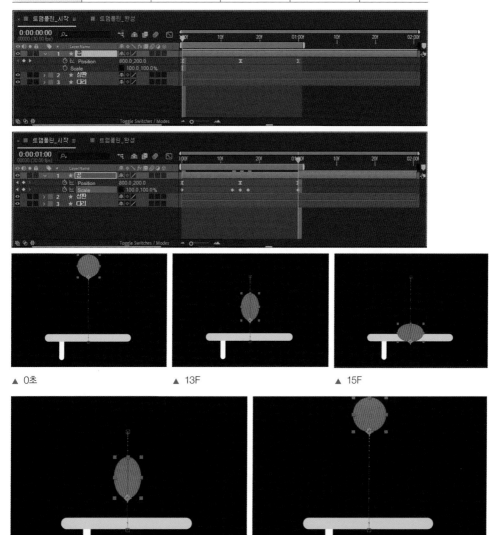

▲ 0초　　　　　▲ 13F　　　　　▲ 15F

▲ 17F　　　　　▲ 1초

TIP [Scale]을 설정할 때 X, Y 값을 다르게 설정하려면 ⚭을 클릭해 연결을 해제한 후 값을 입력합니다.

12 이징 적용하기 ① [Scale]에 설정한 모든 키프레임을 선택합니다. ② F9 를 눌러 [Easy Ease]를 적용합니다.

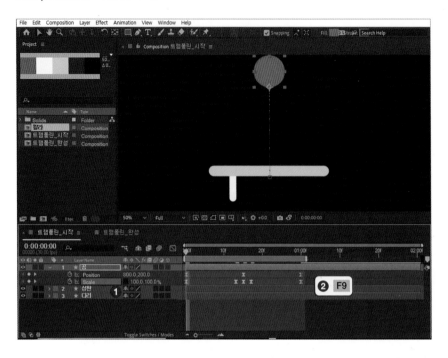

13 그래프 에디터 열고 가속도 조절하기 ① 그래프 에디터█를 클릭해 그래프 에디터 창을 엽니다. ②Speed 그래프의 모양을 다음과 같이 조절합니다. [Scale] 그래프도 [Position]과 비슷하게 만들어준 것입니다. 중간의 2F는 간격이 매우 짧으므로 그래프를 수정하지 않아도 됩니다. ③ Spacebar 를 눌러 애니메이션을 확인합니다. 공이 튀는 동작이 좀 더 자연스러워졌습니다. ④그래프 조절을 마쳤으면 그래프 에디터█를 클릭하여 돌아옵니다.

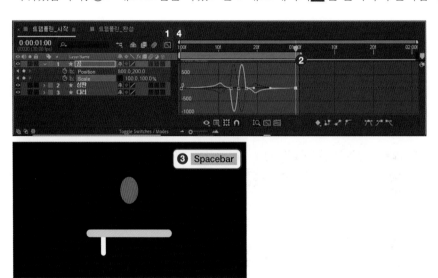

14 [공]–[Size]에 키프레임 설정하여 공 모양 수정하기 ① [공]–[Rectangle Path 1]–[Size]의 🔗을 클릭하여 [Constrain Proportions]를 해제합니다. ② 다음 표를 참고하여 키프레임을 설정합니다.

Time	0초	13F	15F	17F	1초
[Scale]	150, 150	150, 180	150, 150	150, 180	150, 150

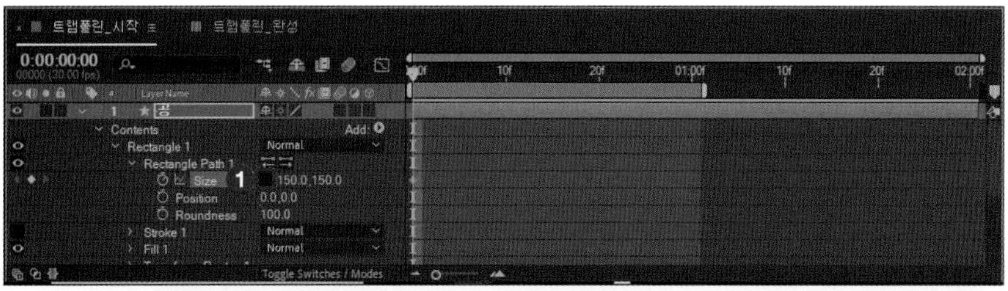

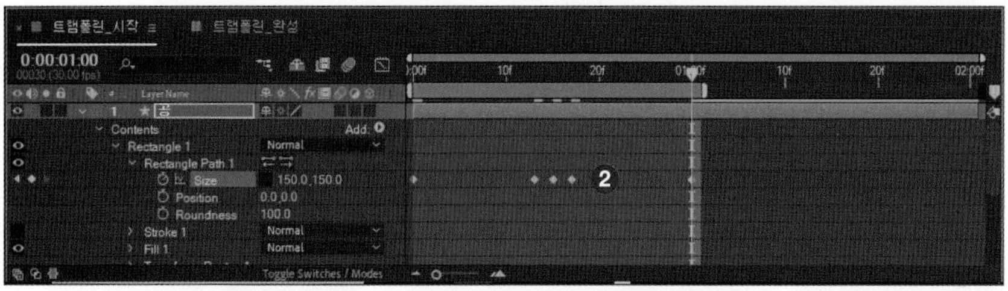

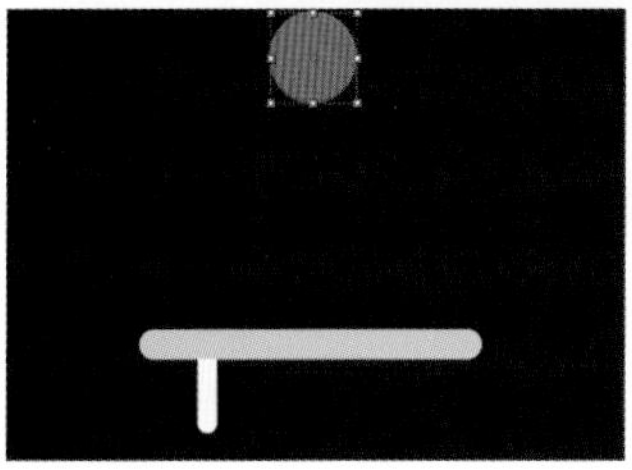

▲ 0초

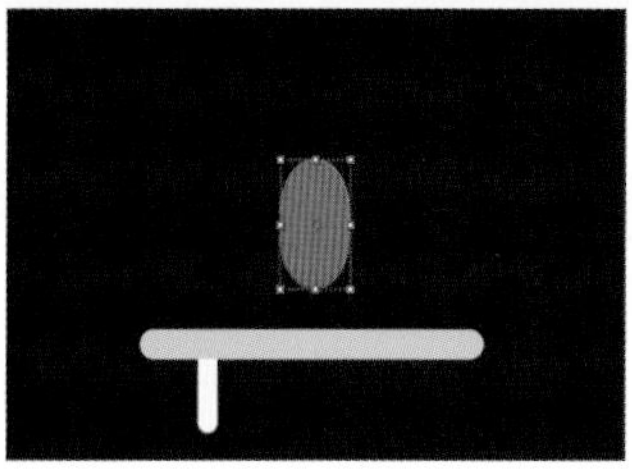

▲ 13F

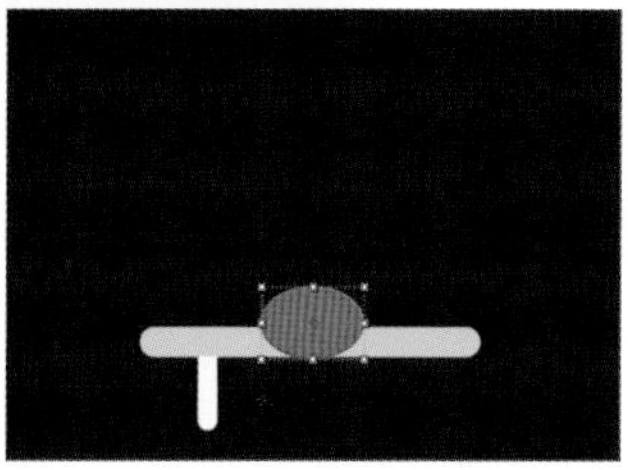

▲ 15F

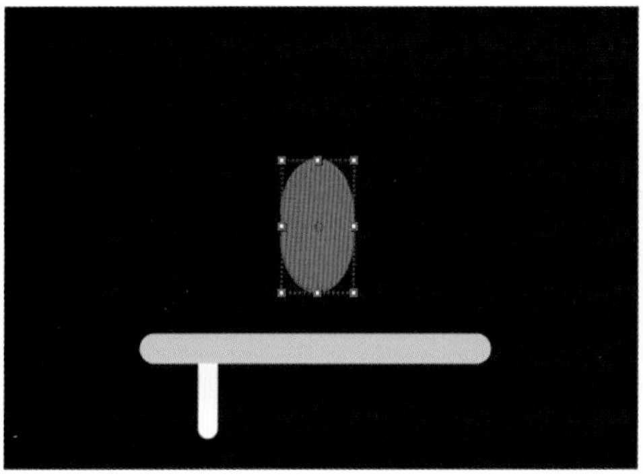

▲ 17F

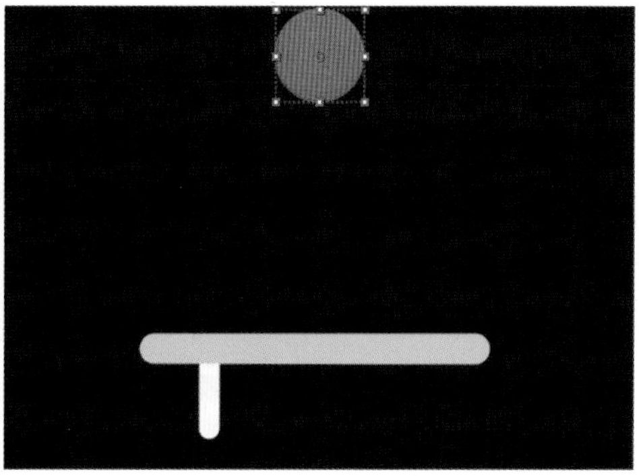

▲ 1초

15 **이징 적용하기** ①[Size]에 설정한 모든 키프레임을 선택합니다. ② F9 를 눌러 [Easy Ease]를 적용합니다.

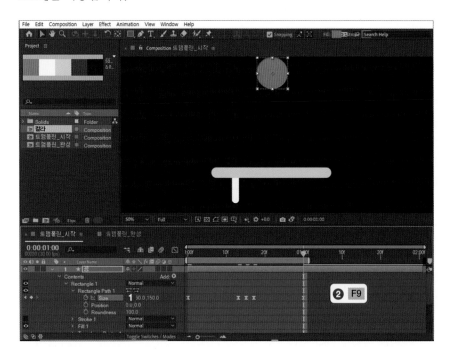

16 **그래프 에디터 열고 가속도 조절하기** ①그래프 에디터 를 클릭해 그래프 에디터 창을 엽니다. ②Speed 그래프의 모양을 다음과 같이 조절합니다. ③ Spacebar 를 눌러 애니메이션을 확인합니다. 공의 모양이 바뀌면서 탄성이 개성 있게 표현되었지만 공이 길어지는 부분에서 과장이 심해보입니다. ④그래프 조절을 마쳤으면 그래프 에디터 를 클릭하여 돌아옵니다.

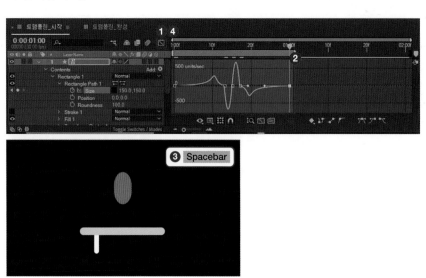

17 [공]-[Scale]에 키프레임 설정하여 움직임 완성하기 ① 다음 표를 참고하여 [공]-[Scale]에 키프레임을 설정합니다. ② Spacebar 를 눌러 애니메이션을 확인합니다. 공의 움직임이 완성되었습니다.

Time	13F	17F
[Scale]	80, 100	80, 100

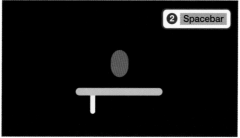

Design 실력향상   공의 모양을 꼭 바꿔야 하나요?

[Size]에 키프레임을 설정하지 않고 [Scale]만 조절해도 공의 움직임을 충분히 자연스럽게 연출할 수 있습니다. 그러나 [Scale] 옵션으로 공의 모양을 변형한 이유는 공의 형태를 더 흥미롭게 표현하고 싶었기 때문입니다. 이번 예제의 마지막 단계에서는 공에 눈을 그려 캐릭터처럼 보이게 할 것이므로, 그 전에 형태를 보기 좋게 다듬은 것입니다. 공의 동작을 표현할 때 모양을 반드시 바꿔야 하는 것은 아닙니다.

트램펄린 상판이 휘는 애니메이션 만들기

18 상판 움직임 설정하기 직선의 모양이 공의 반동에 따라서 휘어지는 애니메이션을 만들려고 합니다. ①[상판] 레이어를 클릭합니다. ②[Contents]-[Shape 1]-[Path 1]-[Path]를 열고 13F 지점에서 ③스톱워치■를 클릭해 키프레임을 설정합니다.

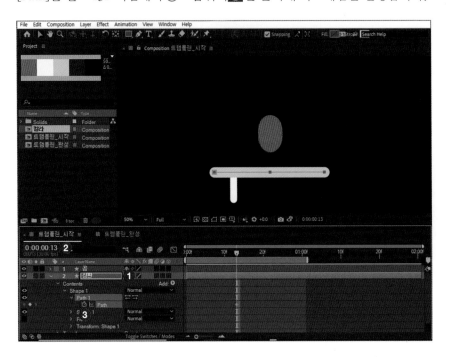

19 15F, 17F, 20F, 23F에서 상판의 패스를 변형합니다. 26F에서는 상판이 제자리로 돌아오도록 13F 지점의 키프레임을 복사하여 붙여 넣습니다. 공이 상판(네트)에 닿을 때 아래로 휘어졌다가 공이 튀어 오른 후 상판도 반동에 의해 반대로 휘어집니다. 이 동작이 두 번 정도 반복하다가 다시 제자리로 돌아오는 애니메이션입니다.

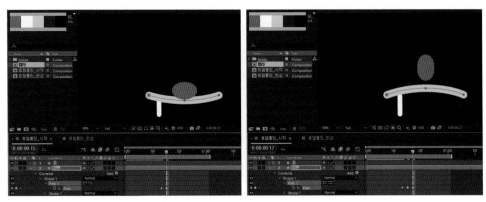

▲ 15F ▲ 17F

TIP [상판] 패스는 세 개의 조절점으로 그려두었습니다. 가운데 조절점을 클릭한 채 위아래로 드래그하며 휘어지는 모양으로 다듬습니다.

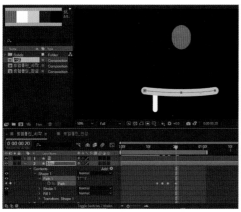

▲ 20F

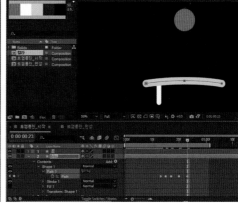

▲ 23F

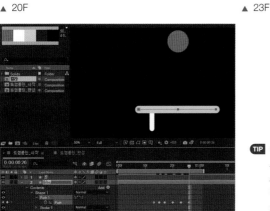

▲ 26F

TIP 이번 단계에서 적용한 것을 바운스 동작이라고 합니다. 바운스 동작으로 팔로우 스루와 오버래핑 액션(Follow through and overlapping action)을 표현할 수 있습니다. 공이 바닥에 닿을 때 가운데 조절점을 아래로 내려 곡선을 부드럽게 처리하고, 양 바깥을 살짝 안으로 이동하여 네트의 전체 길이를 조금 조절해주면 좋습니다.

Design 실력 향상 **패스를 애니메이션할 때 조절점 선택하기**

[Composition] 패널에서 [Shape Layer]–[Path]의 조절점을 선택하려면 조절점이 제대로 선택되지 않습니다. 이미 레이어 전체가 선택되어 있기 때문입니다. 원하는 조절점만 선택하려면 Shift 를 누른 채 펜 도구 ✍로 조절점을 클릭합니다. 선택 도구 ▶가 선택된 상태라면 [Timeline] 패널에서 [Path] 옵션을 클릭한 후에 조절점을 선택할 수 있습니다.

20 이징 적용하기 ① [Path]에 설정한 모든 키프레임을 선택합니다. ② F9 를 눌러 [Easy Ease]를 적용합니다. ③ Spacebar 를 눌러 애니메이션을 확인하고 상판의 동작이 자연스럽지 않다면 조금 더 조절합니다. 상판 애니메이션이 완료되었습니다.

트램펄린 다리가 움직이는 애니메이션 만들기

21 트램펄린 다리에 키프레임 설정하기 상판 네트가 휘어질 때 네트에 연결된 다리의 뒷부분이 함께 움직이는 애니메이션을 만들겠습니다. ① [다리] 레이어를 클릭하고 ② [Contents] -[Shape 1]-[Path 1]-[Path]를 열고 13F 지점에서 ③ 스톱워치 를 클릭해 키프레임을 설정합니다.

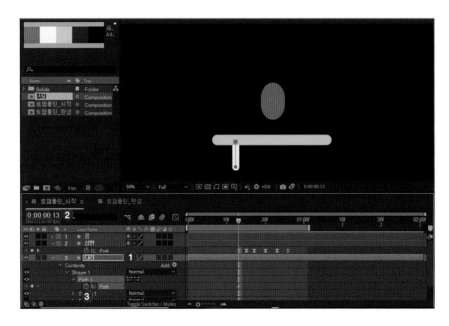

22 다음 그림을 참고하여 15F, 17F에서 다리의 패스를 변형합니다. 20F에서는 제자리로 돌아오도록 13F 지점의 키프레임을 복사하여 붙여 넣습니다. 네트의 움직임이 작은 부분에는 다리 움직임을 생략합니다.

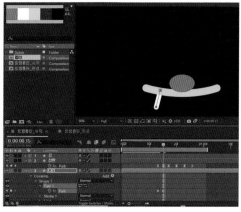

▲ 15F

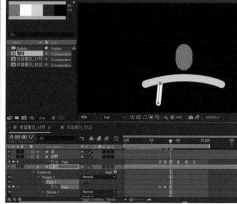

▲ 17F

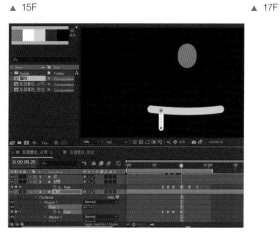

▲ 20F

23 이징 적용하기 ①[Path]에 설정한 모든 키프레임을 선택합니다. ② F9 를 눌러 [Easy Ease]를 적용합니다.

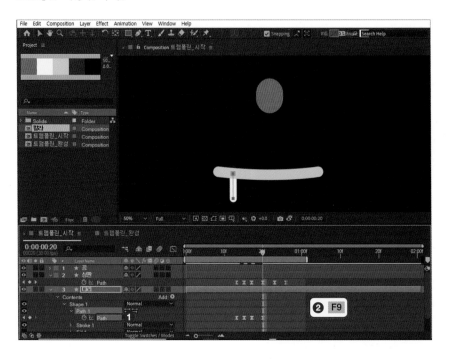

24 트램펄린 다리 복제하기 [다리]–[Shape 1]을 선택하고 Ctrl + D 를 눌러 복제합니다. [Shape 2]가 생성됩니다.

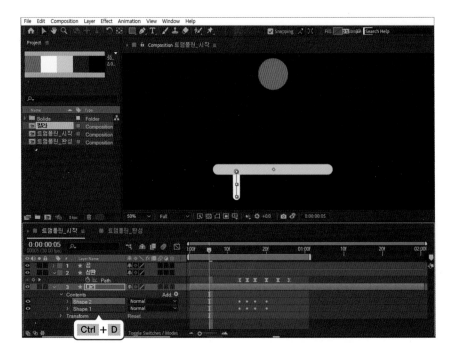

25 ①[Shape 2]-[Transform: Shape 2]-[Scale]을 **-100, 100%**로 설정합니다. 중심점이 트램펄린 상판의 중앙에 있으므로 왼쪽 다리의 위치와 X축으로 미러링된 위치에 오른쪽 다리가 생성됩니다. ② Spacebar 를 눌러 애니메이션을 확인합니다. 공이 트램펄린 위에서 튀는 애니메이션이 완성되었습니다.

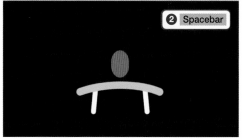

TIP [Shape 2]-[Transform: Shape 2]-[Scale]을 설정할 때 X, Y 값을 다르게 설정하려면 🔗을 클릭해 연결을 해제한 후 값을 입력합니다.

공을 캐릭터화하기

26 눈 모양 그래픽 추가하기 애니메이션에 재미를 더하기 위하여 눈 모양 그래픽을 추가하고 동작의 이해를 도울 수 있는 라인을 추가해보겠습니다. ①⛫을 클릭하여 Shy 레이어로 설정한 모든 레이어를 보이게 설정합니다. ②모든 레이어의 👁을 활성화하여 모두 보이게 합니다.

27 [공] 레이어를 [눈] 레이어 아래로 이동합니다. 공에 가려져 있던 눈과 눈동자, 눈썹이 보입니다.

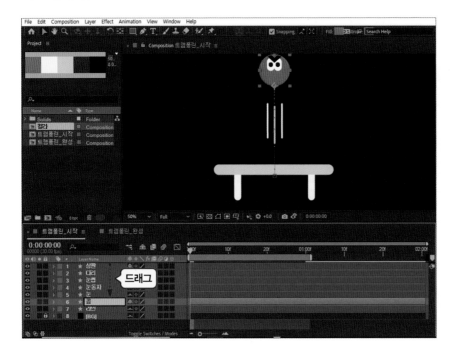

28 **[Track Matte] 적용하기** ①[눈] 레이어를 클릭하고 ② Ctrl + C 를 눌러 복사합니다. ③[눈동자] 레이어를 클릭하고 ④ Ctrl + V 를 눌러 붙여 넣습니다. 복사된 레이어가 [눈동자] 레이어 위에 위치합니다. ⑤[눈 2] 레이어의 이름을 **눈_매트**로 변경합니다.

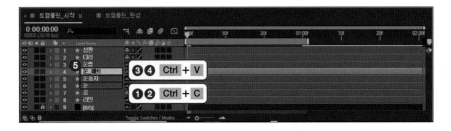

29 ① 🔲 을 클릭해 [Trk Matte]를 엽니다. ②[눈동자] 레이어를 [Alpha Matte "눈_매트"]로 설정합니다. 눈동자가 눈의 영역을 벗어나도 눈 모양 밖에서는 표시되지 않습니다.

30 Parent로 눈과 공 연결하기 ①[Timeline] 패널에서 칼럼을 마우스 오른쪽 버튼으로 클릭해 ②[Columns]-[Parent & Link]를 선택합니다.

단축키 Shift + F4 를 눌러 [Parent & Link]를 열 수도 있습니다.

31 ① Home 을 눌러 0초 지점으로 이동합니다. ②[눈] 레이어의 ◎을 클릭한 채 [공] 레이어와 연결합니다. ③[눈썹], [눈_매트], [눈동자] 레이어의 ◎은 [눈] 레이어와 연결합니다. 눈은 공을 따라 움직이고 눈동자와 눈썹은 눈을 따라 움직이도록 Parent로 연결한 것입니다. ④ Spacebar 를 눌러 애니메이션을 확인합니다. [눈]에는 키프레임이 없지만 이미 만들어진 애니메이션을 그대로 따라갑니다.

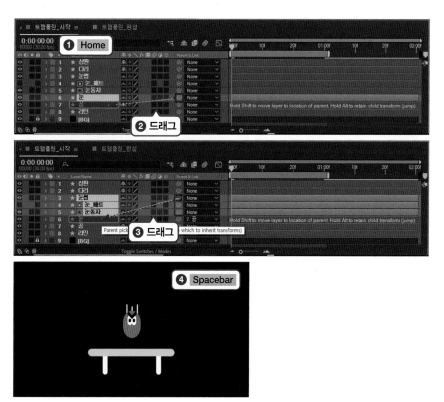

32 앤티시페이션과 오버래핑 액션 적용하기 ① [눈] 레이어를 클릭하고 P 를 눌러 [Position]을 엽니다. ② 현재 시간(0초)의 스톱워치 ⏱ 를 클릭해 키프레임을 설정합니다. ③ 다음 표를 참고하여 5F에서는 눈의 Y좌표를 위로 올리고, 18F에서는 눈을 아래로 내린 후 1초 지점에서는 제자리로 돌아옵니다.

Time	5F	18F	1초
[Y Position]	-128	-49	-118

▲ 0초

▲ 5F

▲ 18F

▲ 1초

TIP 만화에서 캐릭터가 점프하는 동작을 떠올려봅니다. 캐릭터가 높이 뛰었을 때 눈이 위를 쳐다보고 떨어질 때는 아래를 쳐다봅니다. 이처럼 눈과 눈동자의 위치에 애니메이션을 추가하면 좀 더 재미있는 동작을 만들 수 있습니다. 디즈니 애니메이션의 12가지 원칙 중에서 앤티시페이션(054쪽)과 오버래핑 액션(057쪽)을 적용해봅니다. 약간의 시차를 두고 눈과 눈동자가 움직이도록 애니메이션해보겠습니다.

33 ①[눈동자] 레이어를 클릭하고 P 를 눌러 [Position]을 엽니다. ②현재 시간(0초)의 스톱워치 ⏱ 를 클릭해 키프레임을 설정합니다. ③다음 표를 참고하여 5F에서는 눈동자의 Y좌표를 위로 올리고, 18F에서는 눈동자를 아래로 내린 후 1초 지점에서는 제자리로 돌아옵니다.

Time	5F	18F	1초
[Y Position]	-355	-319	-342.5

▲ 0초

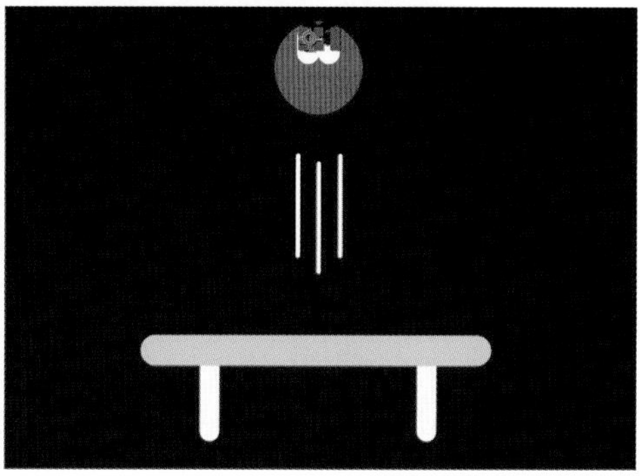

▲ 5F

▲ 18F

▲ 1초

34 이징 적용하기 ①[눈], [눈동자] 레이어에 설정한 [Position]의 모든 키프레임을 선택합니다. ② F9 를 눌러 [Easy Ease]를 적용합니다.

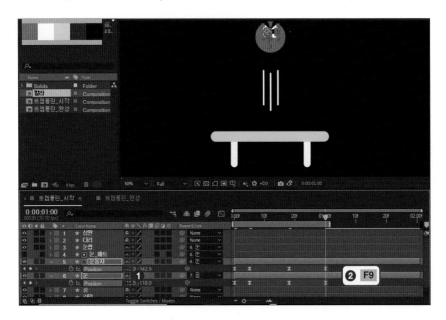

35 그래프 에디터 열고 가속도 조절하기 ①그래프 에디터 를 클릭해 그래프 에디터 창을 열어 Speed 그래프를 표시합니다. ②③[눈] 레이어와 [눈동자] 레이어의 Speed 그래프 모양을 다음과 같이 조절합니다. ④ Spacebar 를 눌러 애니메이션을 확인합니다. 공 캐릭터가 트램펄린에서 점핑하는 애니메이션이 완성되었습니다.

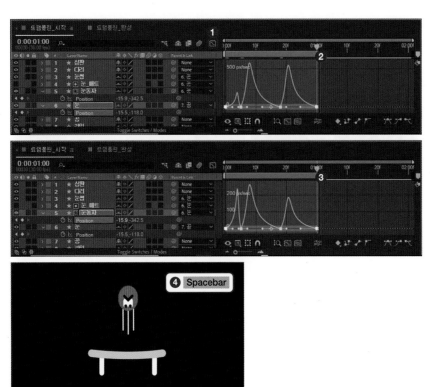

라인 디테일 추가하고 애니메이션 완성하기

36 라인 디테일 추가하기 ①[라인] 레이어를 클릭하고 ②[Add: 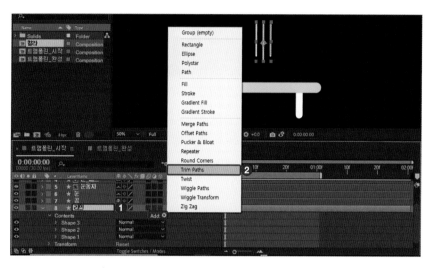]−[Trim Paths]를 선택합니다.

TIP [Trim Paths]는 패스를 잘라내는 기능입니다. 패스에 따라 패스가 나타나거나 사라지게 할 수 있습니다.

37 다음 표를 참고하여 [Trim Paths 1]−[End]에 키프레임을 설정합니다. 패스가 나타나는 동작을 연출할 수 있습니다.

Time	18F	24F
[End]	0%	100%

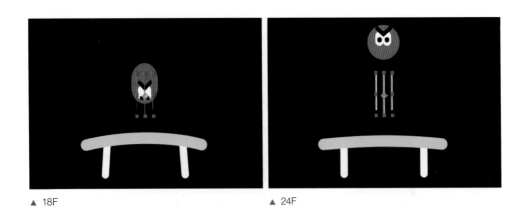

▲ 18F

▲ 24F

38 다음 표를 참고하여 [Trim Paths 1]−[Start]에 키프레임을 설정합니다. 패스가 다시 사라지는 동작을 연출할 수 있습니다.

Time	21F	27F
[Start]	0%	100%

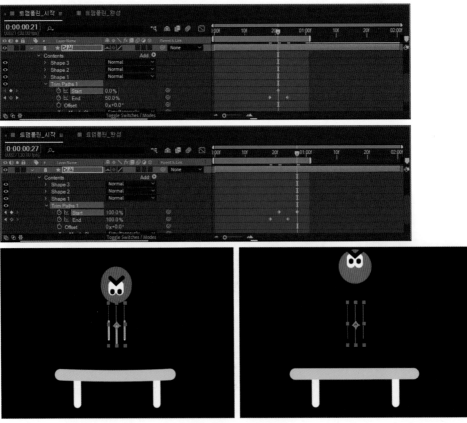

▲ 21F

▲ 27F

PART 02 무선 그래픽의 핵심, 무선 디자인의 모든 것

39 **이징 적용하기** ①[Trim Paths 1]의 [Start]와 [End]에 설정한 모든 키프레임을 선택합니다. ② F9 를 눌러 [Easy Ease]를 적용합니다.

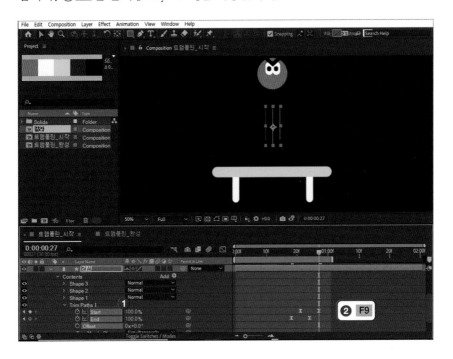

40 **그래프 에디터 열고 가속도 조절하기** ①그래프 에디터 를 클릭해 그래프 에디터 창을 열어 [Speed Graph]를 표시합니다. ②③[Trim Paths 1]의 [End]와 [Start]의 Speed 그래프 모양을 다음과 같이 조절합니다. 최대로 빠르게 가속하고, 최대한 느리게 감속하도록 만듭니다.

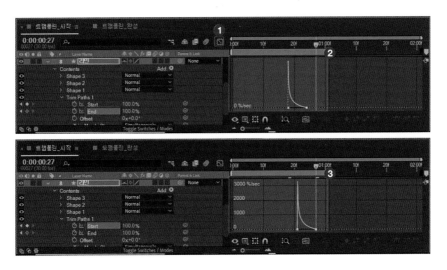

41 애니메이션이 완성되었습니다. Spacebar 를 눌러 애니메이션을 확인합니다.

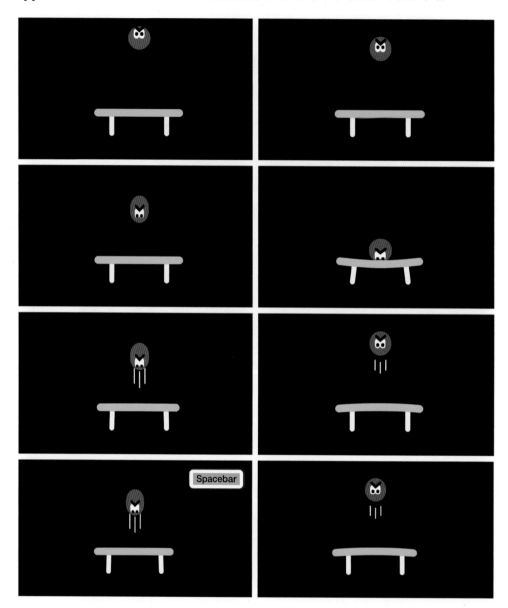

예제를 무작정 따라 하다 보면 실습을 끝낸 후에 뭘 했는지 잘 기억이 나지 않을 수 있습니다. 하나하나의 단계에서 왜 이렇게 움직이는지, 어떤 원리 때문에 이러한 과정을 거쳐야 하는지를 이해하면서 따라 하는 것이 좋습니다. 그리고 실습이 끝난 후에는 자신의 작업물에 응용해보거나 책을 덮고 혼자 힘으로 만들어보면 더욱 좋습니다. 예제를 잘 이해했는지 확인하기 위해서 짧은 과제의 예시를 제시하니 도전해봅니다.

공 캐릭터에 귀나 꼬리, 또는 머리장식 같은 것을 그려 넣고 함께 애니메이션해봅니다. 디즈니 애니메이션의 12가지 원칙을 생각하면서 애니메이션해봅니다. Parent 기능을 꼭 활용해야 하는 것을 잊지마세요.

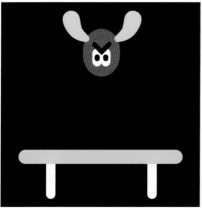

◀ 귀를 그려 넣은 예시

03

소셜 미디어 디자인
프로젝트

GOAL

모바일 퍼스트 디자인과 로고 애니메이션에 대한 이론을 학습하고 세 가지 실무 프로젝트를 실습하며 모션 그래픽 디자인을 완성해보세요.

대부분의 소셜 미디어는 모바일을 통해 서비스됩니다. 소셜 미디어 광고 시장의 확대에 따라 마케팅의 중요성도 더욱 부각되고 있습니다. 이때 소셜 미디어를 통한 콘텐츠의 노출과 광고에서 모바일 퍼스트 디자인 개념을 이해하는 것이 필요합니다. PART 03에서는 모바일 퍼스트 디자인이란 무엇인지, 모션 그래픽과는 어떤 상관이 있는지, 어떻게 적용할 수 있는지에 대해 알아보고 브랜드 로고 애니메이션의 개념과 디자인 설계 원칙까지 살펴보겠습니다.

CHAPTER 01

모바일 퍼스트 디자인과 모션 그래픽

LESSON 01

모바일 퍼스트 디자인이란?

모바일 퍼스트 디자인(Mobile-first design)은 모바일 사용자를 먼저 염두에 두고 웹사이트를 기획하고 개발하는 과정입니다. 이름에서 알 수 있듯이 모바일 디자인을 먼저 시작한 후 기능을 확장하여 태블릿 또는 데스크톱 버전을 만드는 것을 의미합니다. 지금까지 대부분의 영상 콘텐츠들은 그 반대로 제작되어 왔습니다. TV나 영화용을 먼저 제작하고 태블릿이나 모바일에서도 '어쩌면 볼 수도 있게' 제작했습니다. 모바일 퍼스트라는 개념은 모션 그래픽보다 UI/UX 디자인 분야의 용어에 가깝지만 모션 그래픽 분야에서도 모바일 퍼스트를 무시할 수 없습니다. 모션 그래픽에서 모바일 퍼스트 디자인이 중요해진 이유는 모바일 사용의 폭발적인 증가 때문입니다. 사회 전반에 걸친 트렌드와 영향력이 모바일 환경으로 흘러가고 있어, 모바일 콘텐츠는 더 이상 웹 콘텐츠 시장에 머물지 않습니다. 대기업이나 글로벌 기업도 모바일을 기반으로 한 소셜 마케팅을 더욱 중요하게 인식하고 있습니다.

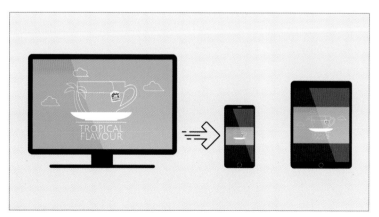

▲ TV용으로 제작한 영상 콘텐츠는 모바일 환경에서 메시지 전달이 어려울 수 있음

모바일 퍼스트 원칙의 핵심은 콘텐츠 중심의 마인드이며, 불필요한 장식이나 요소를 제거하여 집중하고 명확성을 유지하도록 합니다. TV용으로 제작한 영상 콘텐츠를 모바일에서 볼 수는 있지만, 이는 모바일 퍼스트 디자인으로 최적화하여 설계된 콘텐츠와는 다릅니다. TV용 영상 콘텐츠는 큰 디스플레이 장치, 오디오가 활성화되어 있는 상태에서 메시지를 전달하는 것이 기본입니다. 그러나 이 영상 콘텐츠를 모바일에서 재생한다면 텍스트가 잘 읽히지 않거나 중요한 오브젝트가 잘 보이지 않을 수도 있습니다. 또한 모바일은 음소거 상태가 많으므로 오디오 메시지를 거의 이해할 수 없기도 합니다. UI/UX 디자인 분야뿐 아니라 모션 그래픽 디자인의 경우에도 모바일을 기반으로 한 소셜 미디어 콘텐츠는 TV나 영화 콘텐츠와 차별화가 필요하며, 무엇이 다른지, 어떻게 제작하는 것이 효과적인지 알아두는 것이 좋습니다.

02

모바일 퍼스트 디자인과 모션 그래픽

사람들은 소셜 미디어를 통해 매일 엄청난 양의 콘텐츠를 소비합니다. 소셜 미디어 뉴스 피드를 스크롤하며 눈길을 끄는 것을 보거나 쉽게 소화할 수 있는 정보를 검색합니다. 여기서 두 가지를 주목할 수 있습니다. 텍스트가 아닌 다른 시각 정보로 소통할 수 있다는 점과 대부분의 사람들이 음소거된 상태에서 콘텐츠를 소비한다는 것입니다. 사람들은 글이나 그림과 같은 형식보다 비디오(동영상)를 더욱 선호합니다. 비디오 광고에서 모션 그래픽은 다음과 같은 이유로 매우 효율적입니다.

첫째, 모션 그래픽은 모바일 환경에서 가장 강력한 스토리텔링 도구입니다. 모션 그래픽을 통해 브랜드의 감성 스토리를 보여주면 메시지를 쉽게 전달할 수 있고 긍정적인 인식을 심어주기도 합니다. 모션 그래픽은 브랜드의 아이덴티티를 효과적으로 전달할 수 있는 확실한 방법입니다. 따라서 모션 그래픽은 브랜드의 복잡한 개념과 제품, 서비스를 설명하는 데 적합합니다. 둘째, 모션 그래픽은 짧은 시간 안에 많은 데이터와 정보를 전달할 수 있습니다. 현대인들의 평균 집중 시간(광고)은 10초 내외입니다. 음소거 상태에서도 집중 시간은 달라지지 않습니다. 셋째, TV 광고 콘텐츠에 비해 비용도 적게 들고 수정이 쉽습니다. 넷째, 브랜드 로고, 마스코트 등의 애니메이션으로 브랜딩을 통합하면 브랜드 인지도를 높이는 데 큰 역할을 할 수 있습니다. 마지막으로 모션 그래픽 비디오의 도움으로 지루한 콘텐츠를 매력적으로 전환할 수 있습니다. 지루한 콘텐츠를 흥미롭게 제시하면 고객의 관심을 더 끌 수 있습니다.

- 모션 그래픽은 지루한 콘텐츠를 매력적이며 이해하기 쉽게 기억에 남도록 만듭니다.
- 모션 그래픽은 쉽게 공유할 수 있습니다.
- 모션 그래픽은 브랜드 인지도를 만들고 향상시킵니다.

Design 실력 향상   모바일 룩(Mobile look) 콘텐츠

태어나면서부터 모바일 환경과 친숙한 세대는 대부분의 영상 콘텐츠를 모바일로 접합니다. 모바일과 소셜 미디어의 인터페이스, 내비게이션과 인터랙션도 모바일 환경으로 경험하며, 이러한 환경에 매우 익숙합니다. TV용 모션 그래픽 콘텐츠를 모바일 룩(Mobile look)으로 디자인한다면 모바일이 친숙한 세대는 시각 정보 처리가 쉬워 더 친숙하게 느낍니다. 인스타그램의 정사각형 프레임이나 하트 등의 아이콘, 페이스북의 좋아요 아이콘, 클릭하면 새로운 페이지가 열리거나 스크롤하여 새로운 프레임이 열리는 등의 내비게이션 방식이 TV 콘텐츠에서도 활용되는 이유입니다.

▲ 모바일 콘텐츠는 아니지만 버튼 슬라이드와 브라우저 프레임을 삽입하여 모바일 룩 연출

▲ 소셜 미디어용 콘텐츠이며 모바일 폰 액정의 글로시한 질감을 표현하여 모바일 룩 연출

LESSON 03

모바일 퍼스트
디자인 설계 원칙

웹 페이지를 데스크톱 스타일로 디자인하거나 영상 콘텐츠를 TV용으로 디자인할 때는 콘텐츠에 대한 각별한 주의가 필요하지 않습니다. 콘텐츠를 추가할 때도 화면이 크기 때문에 추가 콘텐츠를 수용하는 데 큰 문제가 없습니다. 그러나 모바일 퍼스트 디자인 방식에서는 이러한 설계 방식이 맞지 않습니다. 모션 그래픽 영상 콘텐츠에서 모바일 퍼스트 디자인을 설계하려면 다음과 같은 원칙을 기억해두어야 합니다.

설계 원칙

01. 화면이 작아진 환경에서 사용자에게 깊은 인상을 줄 수 있어야 합니다. 재생 시간이 30초 미만이라면 콘텐츠는 간결하고 요점을 잘 전달할 수 있어야 합니다. 화면의 많은 콘텐츠를 대체하는 좋은 솔루션은 메시지를 잘 전달할 수 있는 이미지, 계층적 디자인 방법, 또는 더 나은 사용자 인터페이스를 사용하는 것입니다.

02. 모바일 퍼스트 디자인을 작업할 때는 너무 많은 요소가 흩어져 있는 혼잡한 화면을 피해야 합니다. 전통적인 그래픽 디자인에서는 'Simple is the best', 즉 단순한 것이 최선이라는 명제가 있지만, 모션 그래픽 디자인에서는 적용되지 않았습니다. 하지만 모바일 퍼스트 디자인에서는 미니멀리즘 접근이 필요합니다. 화면의 디자인과 오브젝트의 배열, 글꼴이나 색상에도 'Simple'이 필요합니다. 디자인 프로세스에서 확장된 이미지나 내용을 줄여나가는 방식보다 최소한의 디자인으로 시작하고 세부적으로 추가해나가는 방식이 효율적입니다.

03. 풍경 사진이나 복잡한 배경과 같이 큰 그래픽은 모바일에서 잘 보이지 않습니다. 배경을 단순화하고 주요 메시지에 집중할 수 있도록 디자인하는 것이 좋습니다.

04. 음소거 상태에서 접근하는 사용자를 고려해야 합니다. 텍스트 크기는 TV용 영상 콘텐츠와 비교하여 상대적으로 크게 설계해야 합니다.

05. 비디오 로딩 시간을 고려해야 합니다. 동일한 시간의 러닝 타임을 가진 동영상이라도 콘텐츠, 확장자, 코덱에 따라서 비디오의 용량은 수십 배까지 차이가 날 수 있습니다. 예를 들어 그러데이션 색상보다 솔리드 색상(단색)이, 비트맵보다 단순한 벡터 이미지가, PNG 파일보다 GIF 파일의 용량이 적습니다. 용량이 적을수록 로딩은 빨라집니다.

LESSON 04

브랜드 로고와
로고 애니메이션

브랜드 로고, 마스코트 등의 애니메이션으로 브랜딩을 현명하게 통합하면 브랜드 인지도를 높이는 데 큰 역할을 할 수 있습니다. 따라서 로고 애니메이션은 모션 그래픽에서 중요한 부분을 차지합니다.

CI, BI 디자인

CI(Corporate Identity)는 기업의 이미지를 통합하여 시각적으로 표현함으로써 기업의 마케팅을 촉진시키고 기업의 이미지를 향상시킵니다. BI(Brand Identity)는 브랜드의 정체성을 나타내는 디자인으로, 상품, 서비스의 특징을 시각적으로 명확하게 표현하여 서비스의 형태나 상품의 특징을 소비자들에게 효과적으로 전달합니다.

SAMSUNG　　　**SAMSUNG Galaxy**

▲ 삼성 레터 마크(출처 : https://www.samsung.com)　　　▲ 삼성 갤럭시 BI(출처 : https://www.samsung.com)

기업 삼성과 브랜드 갤럭시처럼 톤 앤 매너를 유지하는 경우도 있지만, CI와 BI의 유사성이 없는 경우도 있습니다. 기업 아모레 퍼시픽은 화장품, 생활, 건강용품 등의 다양한 브랜드를 서비스하고 있으며 서비스의 형태에 따라서 BI 디자인이 모두 다릅니다.

AMOREPACIFIC

아모레퍼시픽

▲ 아모레 퍼시픽 CI(출처 : https://www.amorepacific.com)

▲ 설화수 BI(출처 : https://www.sulwhasoo.com)

OSULLOC
JEJU TEA GARDEN SINCE 1979

▲ 오설록 BI(출처 : https://www.osulloc.com)

모션 그래픽에서 로고 활용

모션 그래픽 디자인은 올해(2022년)의 주요 트렌드 중 하나로 꼽혔고, 애니메이션은 강력한 디자인의 핵심 부분이 되었습니다. 사람들은 더 이상 멈춰 있는 이미지에 관심을 두지 않습니다. 웹을 기반으로 한 홈페이지나 소셜 미디어에 등장하는 기업 페이지에서 가장 전면에 나타나는 브랜드 로고도 애니메이션화되고 있습니다.

애니메이션된 로고는 마케팅과 브랜드 아이덴티티를 구현하는 데 중요한 요소가 되었습니다. 모션 그래픽 디자이너는 정적 로고를 새롭고 독창적으로 변화시킬 수 있습니다. 오늘날 많은 브랜드가 애니메이션 버전의 로고를 전 세계와 계속 공유하고 있습니다. 로고는 브랜드 아이덴티티의 얼굴, 더 나아가 심장과 같습니다. 기업이나 제품의 개성을 표현하고 브랜딩 전략에서 중요한 역할을 합니다. 강력한 로고는 고객과의 연결을 설정하고 브랜드의 스토리나 철학을 전달할 수 있습니다. 로고를 애니메이션함으로써 새로운 생명력을 불어넣을 수 있으며 모션 그래픽은 가장 완벽한 솔루션이 됩니다. 로고 애니메이션은 브랜드를 표현하는 현대적이고 역동적인 방법이며, 기업의 성격을 보여주고 고객을 유치하기 위해 특정 메시지를 전달할 수도 있습니다. 로고 애니메이션은 독창성을 보장하므로 경쟁 업체와 차별화되는 좋은 방법입니다.

❶ **브랜드 인지도가 높아진다** 많은 전문가는 동적 이미지가 정적 이미지보다 더 잘 이해되어 기억하기 쉽다고 말합니다. 강력한 애니메이션 로고는 잠재 고객과 연결되고 효과적으로 주의를 끕니다. 일부 애니메이션은 최대 10초 동안 지속할 수 있으므로 정지된 이미지를 짧게 보는 것보다 기억할 확률이 높아집니다.

❷ **긍정적인 첫인상을 쌓는 데 도움된다** 첫인상은 사람들이 제품을 보는 방식에 큰 영향을 미칩니다. 우리가 무언가를 좋아하는지 아닌지를 결정하는 데는 몇 초밖에 걸리지 않습니다. 로고는 잠재 고객이 처음 만나는 브랜드의 첫 모습입니다. 애니메이션 로고는 사람들을 놀라게 하고 잠재 고객이 브랜드를 기억할 가능성을 높이고 관심을 끄는 데 좋은 방법이 됩니다.

❸ **감정을 불러일으킨다** 신선하고 특이한 아이디어는 애니메이션 로고를 좋아하는 사람들을 놀라게 할 수 있는 좋은 방법입니다. 효과적인 로고 애니메이션은 호감, 재미, 흥미를 유발하는 방아쇠가 될 수 있습니다. 로고가 타깃에게 긍정적인 감정을 줄 수 있다면 브랜드를 기억하고 즐거운 것과 연관시킬 가능성이 높습니다.

CHAPTER 02

반응형 애니메이션으로 만드는 서울타워의 낮과 밤

LESSON

PREVIEW

반응형 디자인을 차용하여 모바일에 익숙한 형태로 디자인하면 기획 의도를 효과적으로 전달할 수 있습니다. 짧은 소셜 미디어 콘텐츠를 제작해보겠습니다.

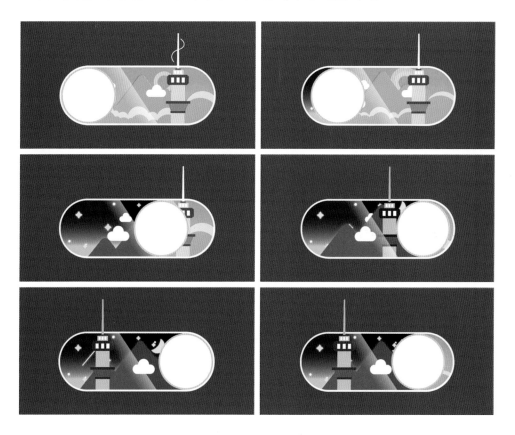

LESSON

01

프로젝트 설계
(Pre-Production)

프로젝트 기획

프로젝트의 주제는 '서울타워의 낮과 밤'이며 4초 분량의 소셜 미디어용 애니메이션입니다. 서울타워는 높은 산 위에 있으며 주변에는 뾰족한 산이 보입니다. 서울타워는 낮에도 멋지지만 밤에 더 화려한 모습을 보이는 야경 명소입니다. 이 내용을 담기 위해 서울타워의 형태를 단순화하고 서울 도심의 높고 뾰족한 산, 청아한 야경을 디자인합니다. 슬라이드 버튼을 이용하여 버튼의 이동에 따라 낮과 밤이 변하는 애니메이션으로 기획했습니다.

TIP 온 앤 오프(On&Off)에 자주 활용하는 슬라이드 버튼으로 낮과 밤의 온 앤 오프를 즉각적으로 인지할 수 있도록 디자인했습니다.

영상 콘텐츠의 길이는 점점 짧아지고 있습니다. 단 몇 초의 시간 안에 기획 의도를 잘 전달하는 것은 쉬운 일이 아니며, 영상 길이와 제작의 난이도가 비례하는 것도 아닙니다. 소셜 영상 콘텐츠는 보통 15초 내외의 완벽한 루프(Loop), 즉 끊김 없는 무한 반복 애니메이션으로 제작하는 것이 좋습니다. 숏폼 콘텐츠인 만큼 함축적이고 매력적인 시각 언어로 정보를 전달하는 것이 중요합니다.

스케치 및 모션 디자인 설계

이 프로젝트와 같이 신(Scene)의 변화가 없는 경우에는 간단한 스케치로 프로젝트에 대한 전반적인 플랜을 기록하는 것이 좋습니다. 한 화면에 그래픽 요소들의 레이아웃, 동작, 사용할 효과, 파일의 구성 등에 관한 플랜을 글과 그림으로 기록하며 디자인 설계를 합니다. 스케치는 연필 등을 이용해 종이에 그리거나 다양한 디지털 툴을 사용해도 좋습니다.

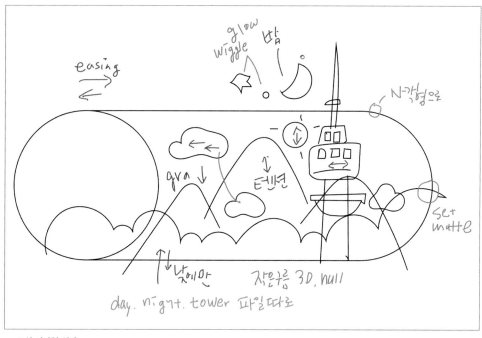

▲ 모션 디자인 설계

LESSON

02

프리 스텝 트레이닝
(Pre-Step Training)

3D 레이어

애프터 이펙트는 2D 그래픽 제작 프로그램이지만 3D 기능을 활용할 수 있습니다. 🔲을 클릭하여 레이어를 3D 레이어로 변환하면 3D 좌표가 나타나고 3D의 공간을 이동할 수 있습니다. 내부 플러그인에 3D 렌더러(Renderer) 기능이 있어 3D 기능도 활용할 수 있습니다. 렌더러를 [Classic 3D]로 설정할 경우 3D 공간을 만들고 그 공간 안에 이미지 등을 배치하여 카메라를 움직일 수 있고 조명을 삽입하여 공간을 연출할 수도 있습니다. [CINEMA 4D]를 활용하면 3D 소프트웨어에서만 가능했던 3D 오브젝트를 모델링하고 애니메이션할 수 있으며 질감을 조절하거나 반사(Reflection) 효과를 설정할 수도 있습니다.

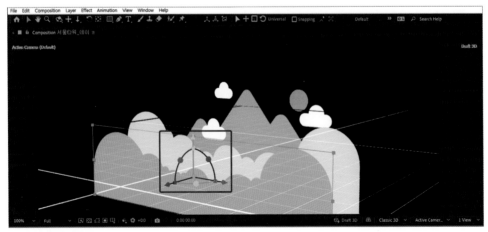

▲ 3D 레이어로 변환하고 Z축으로 배열

▲ [Composition Settings] 대화상자에서 렌더러 변경하기

Set Matte 효과

Set Matte는 Track Matte 기능처럼 레이어의 매트를 설정합니다. Track Matte는 [Timeline] 패널에서 아래위로 나란히 위치한 두 레이어의 관계로 매트를 적용합니다. 그러나 Set Matte는 하나의 레이어에 효과를 적용한 후 풀다운 메뉴에서 어떤 레이어로부터 매트를 적용할지를 선택할 수 있으므로 불필요한 레이어를 삽입하지 않아 효율적입니다. 그리고 알파(Alpha)나 루마(Luma) 채널 외에도 다양한 컬러 채널을 매트로 활용할 수 있습니다. 단, Set Matte는 셰이프 레이어와 같은 벡터 레이어에만 적용할 수 있습니다.

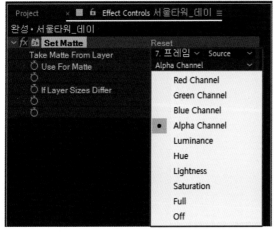

▲ Set Matte 적용하기

Expression - Wiggle

Wiggle은 Expression에서 가장 많이 사용하는 속성 중 하나이며, '씰룩씰룩, 꿈틀꿈틀 움직이다'라는 의미입니다. Wiggle을 적용하면 값이 랜덤하게 생성됩니다. 프레임마다 하나하나씩 키프레임을 설정하지 않아도 스크립트 설정에 따라서 랜덤하게 움직입니다. 별이 반짝이거나 물결이 출렁대는 것처럼 불규칙하게 끊임없이 움직이는 동작에 적용하면 편리합니다. Expression 에디터 창에 직접 입력하거나 [Expression Language Menu]에서 [Property]-[Wiggle]을 적용하면 wiggle(freq, amp, octaves = 1, amp_mult = .5, t = time)이 생성됩니다. 완성형 스크립트가 아니므로 에러 메시지가 나타나며, frequency나 amplitude 등에 적당한 값을 입력하여 적용합니다.

TIP Expression에 대한 자세한 내용은 캐릭터 워크사이클(293쪽)을 참고하세요.

▲ [Expression Language Menu]에서 Wiggle 속성 적용하기

▲ Expression 에디터 창에 입력된 Wiggle Expression

LESSON

03

디자인 실무 실습
_Training

핵심 기능   3D Layer, Null Object Layer, Trim Paths,
Set Matte, Pre–Compose, Parent, Wiggle

준비 파일   PART 04\서울타워 시작.aep

완성 파일   PART 04\서울타워 완성.aep

반응형 애니메이션 만들기

01 aep 파일 열고 프로젝트 시작하기 ① Ctrl + O 를 눌러 **서울타워 시작.aep** 파일을 엽니다. ②[Project] 패널에서 [서울타워_데이]를 더블클릭하여 컴포지션을 엽니다. ③ Spacebar 를 눌러 애니메이션을 확인합니다. 여러 개의 그래픽 요소의 [Transform]에 애니메이션이 설정되어 있습니다.

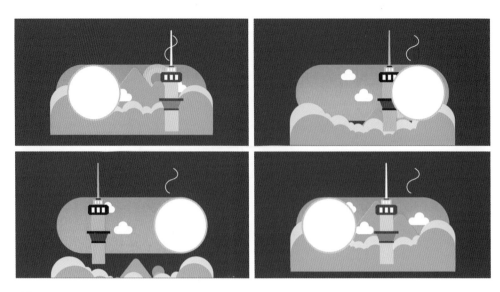

TIP 이번 예제의 러닝 타임은 4초에 불과하지만 여러 가지 중요한 테크닉이 포함되어 있습니다. PART 02에서 여러 예제를 실습하며 Transform과 그래프 에디터로 가속도를 조절하는 방법을 익혔습니다. 따라서 PART 03 예제에서는 해당 부분을 미리 만들어 적용해두었습니다. 레이어에 설정된 애니메이션 정보가 궁금하다면 Ctrl + A 눌러 모든 레이어를 선택하고 U 를 눌러 설정된 키프레임을 확인할 수 있습니다.

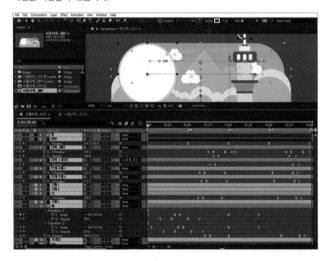

Design 실력 향상 [서울타워_데이] 컴포지션 정보 확인하기

Ctrl + K 를 눌러 [Composition Settings] 대화상자를 불러온 후 [서울타워_데이] 컴포지션 설정을 확인합니다. 이번 예제는 인스타그램용 콘텐츠로 제작했으므로 인스타그램에 최적화된 크기로 설정하였습니다. https://www.adobe.com/express/discover/sizes/instagram에서 인스타그램 포스트의 다양한 사이즈를 확인할 수 있습니다.

흘러가는 구름 만들기

02 **3D 레이어로 변환하고 [Position]에 키프레임 설정하기** ①[구름1], [구름2], [구름3] 레이어를 선택하고 **P**를 눌러 [Position]을 엽니다. ② 🔘을 클릭하여 3D 레이어로 변환하고 ③다음 표를 참고하여 위칫값을 설정합니다.

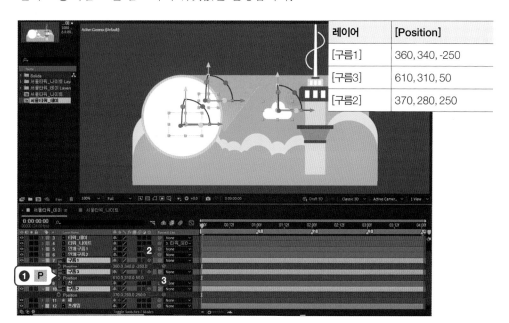

레이어	[Position]
[구름1]	360, 340, -250
[구름3]	610, 310, 50
[구름2]	370, 280, 250

03 구름 그래픽의 위치가 변경되면서 버튼 아래로 들어가 보이지 않습니다. [버튼] 레이어의 👁을 클릭하여 잠시 보이지 않게 해둡니다.

04 Null Object 레이어 만들고 작은 구름 레이어와 Parent로 연결하기 ① [안개구름 1] 레이어를 클릭합니다. ②[Timeline] 패널의 빈 곳을 마우스 오른쪽 버튼으로 클릭해 [New]−[Null Object]를 선택합니다. [안개구름1] 레이어 바로 위에 [Null 1] 레이어가 등록됩니다.

Design 실력향상 Null Object

Null은 '아무 가치 없는'이라는 의미로 Null Object는 아무것도 보여주지 않는 오브젝트를 말합니다. [Layer]−[New]− [Null Object](Ctrl + Alt + Shift + Y) 메뉴를 선택하거나 [Timeline] 패널의 빈 곳을 마우스 오른쪽 버튼으로 클릭해 [New]−[Null Object]를 선택하면 Null Object 레이어를 만들 수 있습니다. 이렇게 만들어진 레이어는 널 레이어라고도 부르며 [Transform] 속성을 가지고 있지만 시각적으로는 나타나지 않습니다. 널 레이어를 Parent 기능과 함께 활용됩니다. 널 레이어를 다른 시각 레이어의 Parent로 설정하면 여러 레이어들의 [Transform] 속성을 한번에 조절할 수 있습니다. 운동성이 강조되는 키네틱 애니메이션이나 여러 개의 레이어를 계층 구조(Hierarchy)로 함께 움직여야 하는 캐릭터 애니메이션 등에 많이 활용됩니다.

05 ①[Null 1] 레이어도 🕲을 클릭하여 3D 레이어로 변환합니다. ②[구름1], [구름2], [구름3] 레이어를 모두 선택한 상태에서 ③🕲을 [Null 1] 레이어와 연결합니다.

06 [Null 1]-[Position]에 키프레임 설정하기 ①다음 표를 참고하여 [Null 1] 레이어의 [Position]에 키프레임을 설정합니다. ②구름들이 오른쪽으로 이동하다가 다시 원래의 자리로 되돌아옵니다.

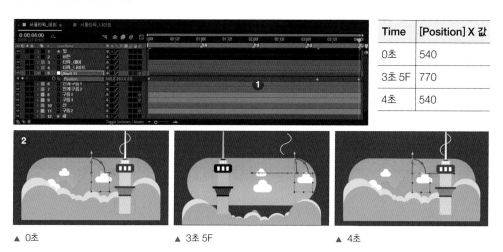

Time	[Position] X 값
0초	540
3초 5F	770
4초	540

▲ 0초   ▲ 3초 5F   ▲ 4초

07 그래프 에디터 열고 가속도 조절하기 ①[Null 1]-[Position]에 설정한 모든 키프레임을 선택합니다. ②F9를 눌러 [Easy Ease]를 적용합니다. ③그래프 에디터 창을 열어 가속도를 조절합니다. 오른쪽으로 서서히 움직였다가 다시 왼쪽으로 돌아올 때 약간의 반동을 표현하기 위하여 Speed 그래프를 조절합니다. ④Spacebar를 눌러 애니메이션을 확인합니다.

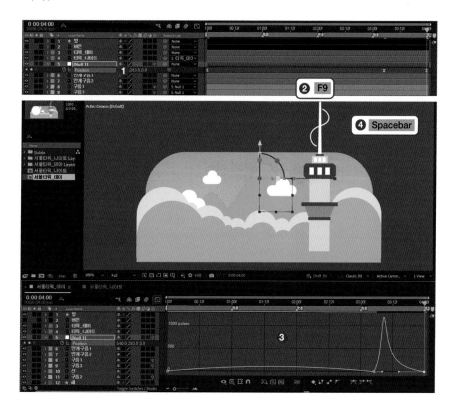

빛이 흐르는 듯한 모양 만들기

08 [빛] 레이어에 [Trim Paths] 적용하기 ① [빛] 레이어의 [Contents]−[Add: ]−
[Trim Paths]를 선택합니다. ② 다음 표를 참고하여 [Trim Paths 1]의 [End]와 [Start]에 키
프레임을 설정합니다. [End]에 키프레임을 먼저 설정하고 다음에 [Start]에 키프레임을 설
정하는 것이 좋습니다.

레이어	3F	12F	15F	22F
[End]	0%		100%	
[Start]		0%		100%

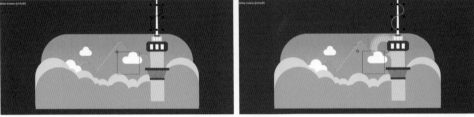

▲ 3F

▲ 12F

▲ 15F

▲ 22F

09 ①[빛] 레이어에 설정한 모든 키프레임을 선택하고 ② F9 를 눌러 [Easy Ease]를 적용합니다.

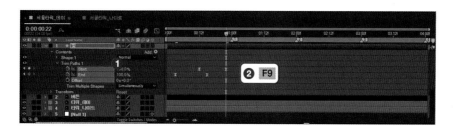

새 컴포지션 만들어 레이어 합치기

10 **Pre-Compose로 새 컴포지션 만들기** ①[빛], [타워_데이], [타워_나이트] 레이어를 선택합니다. ②마우스 오른쪽 버튼을 클릭하고 [Pre-compose](Ctrl + Shift + C) 를 선택합니다.

11 ①[Pre-compose] 대화상자에서 다음과 같이 설정하고 ②[OK]를 클릭합니다. ③ [타워] 컴포지션이 생성됩니다. ④ Spacebar 를 눌러 애니메이션을 확인합니다.

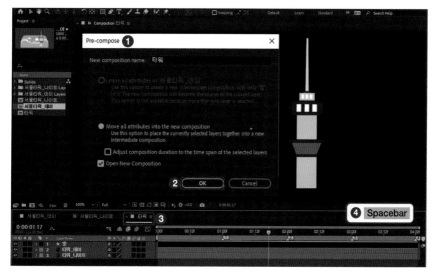

TIP [타워] 컴포지션을 확인하면 10에서 선택한 세 개의 레이어([빛], [타워_데이], [타워_나이트])가 포함되어 있는 것을 확인할 수 있습니다.

이번 예제의 기획 단계에서는 총 네 개의 컴포지션을 구성하도록 설계했습니다. 낮의 풍경, 밤의 풍경, 밤과 낮의 서울타워, 마지막으로 이 세 개의 컴포지션을 모두 삽입한 완성 컴포지션의 구성입니다. 낮과 밤의 서울타워를 각각 그려 넣는 방법도 있지만, 두 개의 서울타워 이미지가 같은 동작으로 움직여야 하므로 하나의 컴포지션에 있는 것이 제어하기에 좋습니다. 프레임 밖으로 빠져나가는 산과 구름의 이미지에 Set Matte를 적용하여 프레임 안에만 보이도록 설정하면 서울타워의 윗부분까지 사라져버립니다. 따라서 서울타워는 따로 컴포지션으로 만들어두는 것이 좋습니다. 프로젝트를 설계할 때 컴포지션을 어떻게 구성하는 것이 좋을지 고려하면 효율적으로 작업할 수 있습니다.

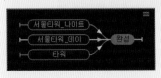

▲ Composition Mini-Flowchart

완성 컴포지션 만들기

12   Pre-Compose로 [완성] 컴포지션 만들기 ①[서울타워_데이] 컴포지션으로 돌아옵니다. ②[프레임] 레이어를 클릭하고 Ctrl + D 를 눌러 레이어를 복제합니다. [프레임 2] 레이어가 생성되면 [프레임] 레이어 아래에 위치시킵니다. ③[타워], [버튼], [프레임 2], [BG] 레이어를 모두 선택하고 ④마우스 오른쪽 버튼을 클릭해 [Pre-compose]를 선택합니다.

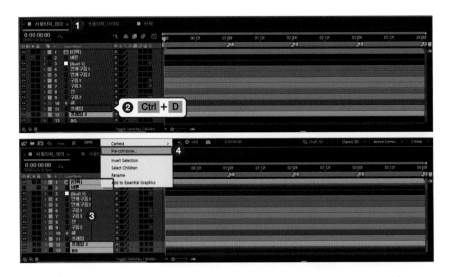

13 ①[Pre-compose] 대화상자에서 다음과 같이 설정하고 ②[OK]를 클릭합니다. ③ [완성] 컴포지션이 생성되고 자동으로 컴포지션이 열립니다. ④ **Spacebar** 를 눌러 애니메이 션을 확인합니다.

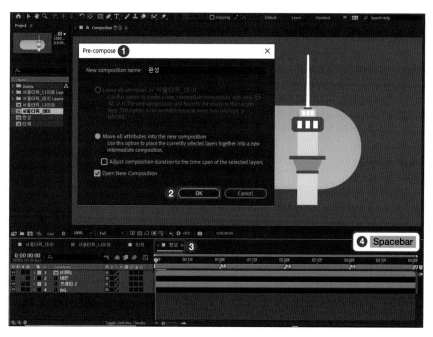

TIP [완성] 컴포지션을 확인하면 12에서 선택한 네 개의 레이어([타워], [버튼], [프레임 2], [BG])가 포함되어 있는 것을 확인할 수 있습니다.

14 ①[서울타워_데이] 컴포지션으로 돌아옵니다. ②[완성] 레이어가 생성되어 있습니다. **Delete** 를 눌러 삭제합니다.

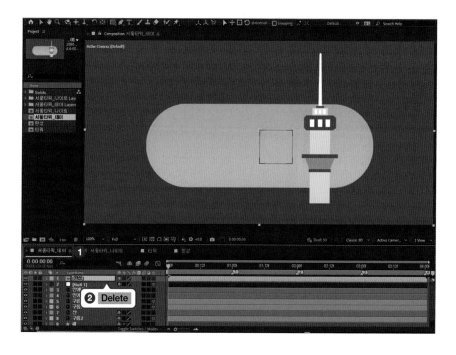

15 작은 구름 복사하고 붙여넣기 ①[Null 1], [구름1], [구름3], [구름2] 레이어를 모두 선택하고 Ctrl + C 를 눌러 복사합니다. ②[서울타워_나이트] 컴포지션을 클릭한 후 0초 지점에서 Ctrl + V 를 눌러 붙여 넣습니다.

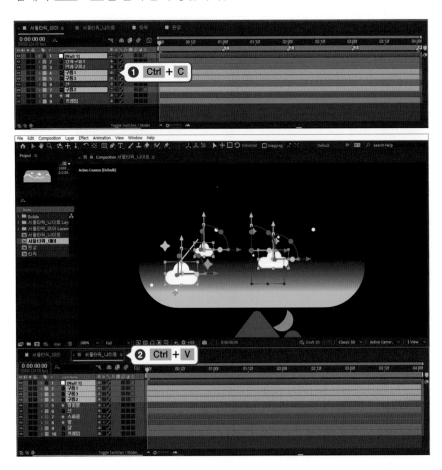

16 ①레이어 순서를 다음과 같이 변경하여 ②두 개의 구름이 산 뒤에 위치하도록 합니다.

별똥별이 떨어지는 애니메이션 표현하기

17 [Trim Paths]에 키프레임 설정하기 ① [별똥별] 레이어의 [Contents]-[Add: ◉
]- [Trim Paths]를 선택해 [Trim Paths 1]을 추가합니다. ② 다음 표를 참고하여 [End]와
[Start]에 키프레임을 설정합니다. 대각선이 그려지고 다시 지워집니다.

Time	2초 10F	2초 14F	2초 17F	2초 21F
[End]	0%		100%	
[Start]		0%		100%

▲ 2초 10F

▲ 2초 14F

▲ 2초 17F

▲ 2초 21F

18 ①[별똥별] 레이어에 설정한 모든 키프레임을 선택합니다. ② F9 를 눌러 [Easy Ease]를 적용합니다. ③그래프 에디터 창을 열어 가속도를 조절합니다. ④ Spacebar 를 눌러 애니메이션을 확인합니다. 동작의 시작은 최대한 빠르게, 동작의 끝은 최대한 느리게 속도를 조절하여 별똥별이 빠르게 시작되고 서서히 소멸하는 것처럼 표현됩니다.

19 여러 레이어에 Glow 효과 적용하기 ① [별똥별] 레이어를 클릭하고 [Effect]-[Stylize]-[Glow] 메뉴를 선택합니다. ② [Effect Controls] 패널에서 [Glow]를 클릭하고 Ctrl + C 를 눌러 복사합니다. ③ [스파클], [별], [달] 레이어를 함께 선택하고 Ctrl + V 를 눌러 붙여 넣습니다.

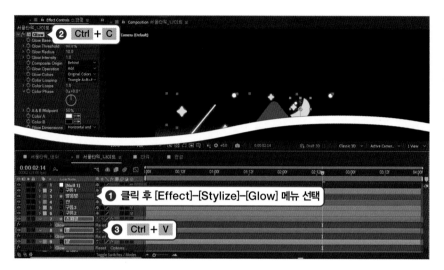

> **TIP** 글로우(Glow)는 '빛나다'라는 의미로, Glow 효과는 발광 효과를 표현합니다. 다양한 옵션을 조절하여 은은한 불빛이나 강렬한 불꽃, 빛의 효과를 연출할 수 있습니다.

반짝이는 은하수 표현하기

20 [Opacity]에 Expression-Wiggle 속성 적용하기 ① [스파클] 레이어를 클릭하고 ② opacity를 검색합니다. ③ Alt 를 누른 채 [Group 1]-[Transform Group 1]-[Opacity]의 🕙를 클릭하여 Expression을 적용합니다. ④ Expression 에디터 창에 wiggle(5,40)를 입력합니다.

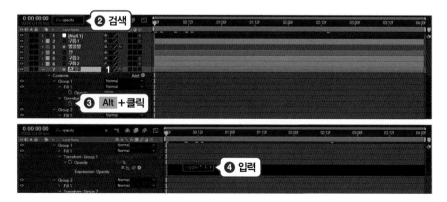

> **TIP** **Wiggle(5,40)** | Wiggle 속성 뒤에 있는 괄호 안의 숫자는 Frequency, Amplitude 값입니다. Frequency는 빈도, Amplitude는 진폭을 뜻하며, 얼마나 자주, 얼마나 강하게 Wiggle의 영향을 받을지에 대해 설정합니다. FPS(Frame Per Second)가 30일 때 Frequency를 1로 설정하면 1초에 한 번, 30으로 설정하면 프레임마다 Wiggle이 적용됩니다.

21 ①[Opacity]를 마우스 오른쪽 버튼으로 클릭하고 [Copy Expression Only]를 선택하여 Expression만 복사합니다. ②모든 [Transform: Group]의 [Opacity]를 선택하고 Ctrl + V 를 눌러 붙여 넣습니다. 같은 Expression이 모든 그룹에 적용됩니다.

TIP Spacebar 를 눌러 애니메이션을 확인해봅니다. 작은 원들이 은하수처럼 시차를 두고 깜빡이는 것처럼 나타납니다.

22 같은 방법으로 [별] 레이어도 시차를 두고 깜빡이게 합니다. ①[별] 레이어를 클릭하고 ②**opacity**를 검색합니다. ③ Alt 를 누른 채 [Group 1]-[Transform: Group 1]-[Opacity]의 ◎를 클릭하여 Expression을 적용합니다. ④Expression 에디터 창에 **wiggle(10,50)**를 입력합니다.

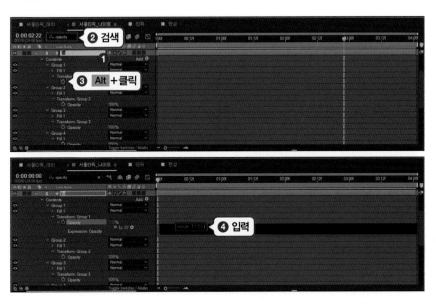

23 ① 21처럼 [Group 1]-[Transform: Group 1]-[Opacity]를 마우스 오른쪽 버튼으로 클릭하고 [Copy Expression Only]를 선택하여 Expression만 복사합니다. ② 모든 [Transform: Group]의 [Opacity]를 선택하고 Ctrl + V 를 눌러 붙여 넣습니다. 같은 Expression이 모든 그룹에 적용됩니다. ③ Spacebar 를 눌러 애니메이션을 확인해보면 작은 별들이 약간의 시차를 두고 깜빡이는 것처럼 나타납니다.

산등성이에 은은한 빛 표현하기

24 **[산] 레이어에 Outer Glow 스타일 적용하기** ① [산] 레이어를 클릭하고 ② 마우스 오른쪽 버튼을 클릭해 [Layer Styles]-[Outer Glow]를 선택합니다. ③ [Layer Style]-[Outer Glow]를 열고 [Opacity]와 [Size]를 **20%**로 설정합니다. 산 뒤로 은은한 글로우 효과가 나타납니다. ④ Spacebar 를 눌러 애니메이션을 확인합니다. [서울타워_나이트] 컴포지션의 모든 작업이 완료되었습니다.

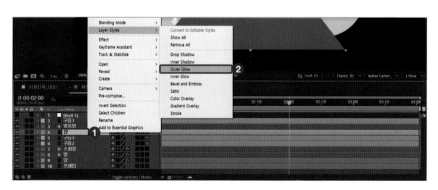

배경 프레임 꾸미기

25 프레임에 테두리 선 그려넣기 ①[완성] 컴포지션을 열고 ②어떤 레이어도 선택되지 않은 상태에서 사각형 도구■를 선택합니다. ③[Fill]은 [None], [Stroke]는 [Solid], [Width]는 16px로 설정하고 ④[Composition] 패널 안쪽을 드래그하여 정사각형을 그립니다. ⑤다시 선택 도구▶를 클릭해 돌아옵니다.

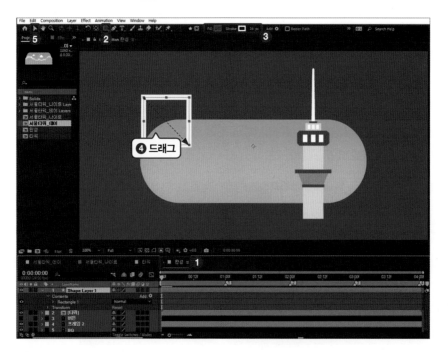

> **TIP** 도구바에서 세이프 레이어의 [Fill]과 [Stroke] 속성을 빠르게 바꾸려면 **Alt** 를 누른 채 [Color] 영역을 차례로 클릭합니다. [None], [Solid Color], [Linear Gradient], [Radial Gradient]를 차례로 선택할 수 있습니다.

26 ①셰이프 레이어의 이름을 **스트로크**로 변경합니다. ②[스트로크] 레이어가 선택된 상태에서 Ctrl + Alt + Home 을 눌러 중심점을 사각형의 중앙으로 설정합니다. ③다음 표를 참고하여 [스트로크] 레이어의 옵션을 설정합니다.

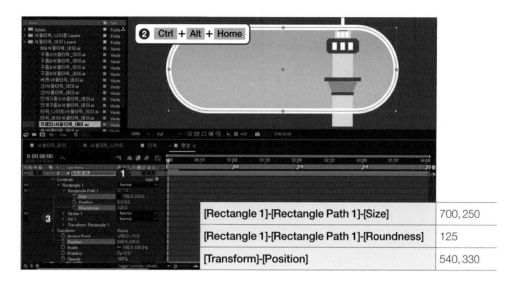

[Rectangle 1]-[Rectangle Path 1]-[Size]	700, 250
[Rectangle 1]-[Rectangle Path 1]-[Roundness]	125
[Transform]-[Position]	540, 330

Design 실력 향상   사각형(프레임) 크기 설정하기

프레임 그래픽에 꼭 맞는 테두리를 그리려면 프레임의 크기를 알아야 합니다. 프레임은 일러스트레이터에서 그린 후에 가져온 아트워크이기 때문에 [Transform]에서는 크기 속성 정보를 알 수 없습니다. 다음 방법을 이용하면 프레임 그래픽의 정확한 크기를 확인할 수 있습니다.

❶[Project] 패널에서 [서울타워_데이 Layers] 폴더를 엽니다. ❷[프레임/서울타워_데이.ai]를 클릭합니다. ❸섬네일에서 그래픽 크기가 701x251px인 것을 확인할 수 있습니다.

일러스트레이터에서 700x250px로 수치를 입력하여 그린 그래픽이지만 애프터 이펙트로 불러오면 1px의 오차가 생기기도 합니다. 프레임의 크기와 동일하게 테두리 그래픽의 크기를 설정하면 정확한 크기의 테두리를 그릴 수 있습니다.

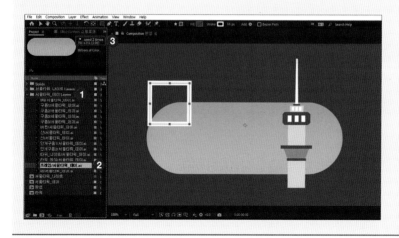

27 ①[스트로크] 레이어를 [BG] 레이어 위에 위치하도록 옮깁니다. ②[버튼] 레이어의 👁을 클릭하여 버튼 오브젝트를 보이게 합니다.

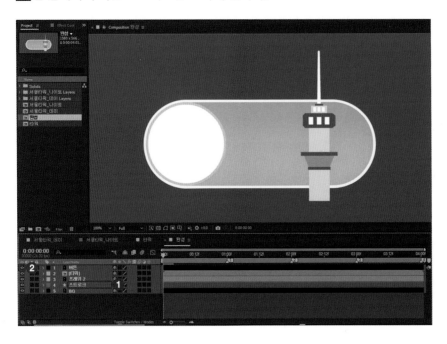

28 **작업한 컴포지션을 [완성] 컴포지션에 삽입하기** ①[Project] 패널에서 [서울타워_나이트]와 [서울타워_데이] 컴포지션을 함께 선택하고 ② Ctrl + / 를 눌러 활성화되어 있는 [완성] 컴포지션으로 삽입합니다. ③아래 그림처럼 레이어 순서를 변경하고 ④[프레임 2] 레이어의 ✲을 클릭합니다.

Design 실력 향상 **[프레임 2] 레이어의 ✲을 활성화한 이유**

애프터 이펙트는 비트맵을 기본으로 한 프로그램으로, 일러스트레이터에서 제작한 그래픽도 비트맵 이미지로 처리합니다. 그러나 벡터 그래픽이었던 레이어의 ✲을 활성화하면 벡터 레이어로 인식하게 됩니다. [프레임 2] 레이어는 Set Matte 소스로 사용하기 위해 만든 레이어이며, Set Matte는 벡터 레이어만 적용할 수 있기 때문에 벡터 레이어로 설정하는 것입니다.

프레임 안에만 그림이 나타나도록 설정하기

29 **[서울타워_나이트], [서울타워_데이] 레이어에 Set Matte 적용하기** ①[서울타워_나이트] 레이어를 클릭하고 [Effect]-[Channel]-[Set Matte] 메뉴를 선택합니다. ② [Effects Controls] 패널에서 [Take Matte From Layer]를 [5. 프레임]으로 설정합니다. ③ [Set Matte]를 클릭하고 Ctrl + C 를 눌러 복사합니다.

30 ①[서울타워_데이] 레이어를 클릭하고 Ctrl + V 를 눌러 복사한 효과를 붙여 넣습니다. ②두 개의 레이어 모두 프레임 안에서만 보여집니다.

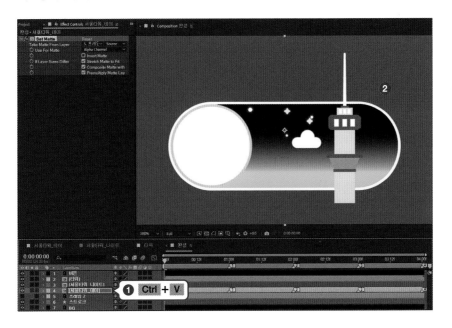

31 [타워] 레이어에 마스크 그리기 ①[타워] 레이어를 클릭하고 ②사각형 도구■를 클릭합니다. ③아래 그림을 참고하여 프레임을 벗어난 타워의 아랫부분이 보이지 않도록 사각형을 그립니다. 마스크가 적용됩니다.

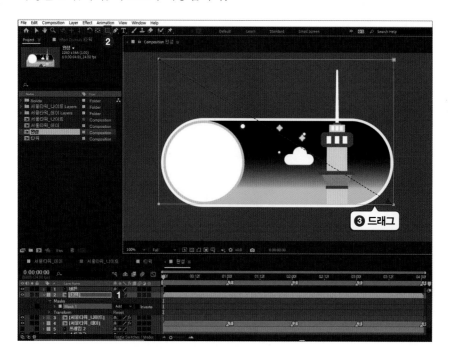

Design 실력 향상 마스크(Mask)

마스크(Mask)는 레이어의 대표적인 기능입니다. 레이어의 일정 부분을 가리거나 반대로 일정 부분만 보여줄 수 있어서 비디오나 그림 합성 작업 시 활용하거나 여러 가지 미디어 파일을 부분적으로 중첩할 때 활용할 수 있습니다. 애프터 이펙트에서는 솔리드 레이어를 만들고 마스크를 활용하여 그래픽 이미지를 그리는 용도로도 사용할 수 있습니다.

버튼 움직임에 따라 낮과 밤의 풍경 바꾸기

32 Track Matte와 Parent 기능 활용하기 ①[프레임 2] 레이어를 클릭하고 Ctrl + C 를 눌러 복사합니다. ②[서울타워_나이트] 레이어를 클릭하고 Ctrl + V 를 눌러 [서울타워_나이트] 레이어 바로 위에 복사한 레이어를 추가합니다. ③이름을 **매트**로 변경합니다.

33 [서울타워_나이트] 레이어의 [Track Matte]를 [Alpha Inverted Matte "매트"]로 설정합니다.

34 ①0초 지점에서 ②[매트] 레이어의 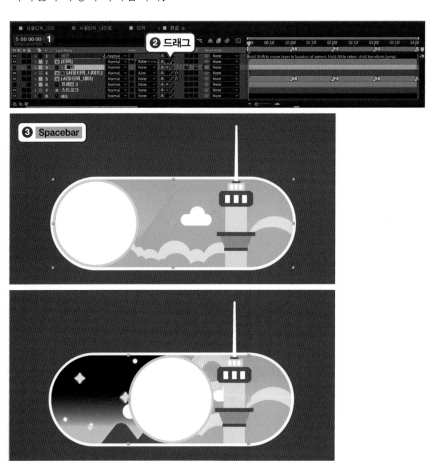을 [버튼] 레이어와 연결합니다. ③ Spacebar 를 눌러 애니메이션을 확인합니다. 버튼이 오른쪽으로 움직이면 [매트] 레이어도 같이 움직이면서 야경이 나타납니다.

모바일 룩 표현하기

35 **액정의 글로시 표현하기** ①[스트로크] 레이어를 클릭하고 `Ctrl` + `C` 를 눌러 복사합니다. ②[타워] 레이어를 클릭하고 `Ctrl` + `V` 를 눌러 붙여 넣습니다. ③이름을 **글로시**로 변경합니다.

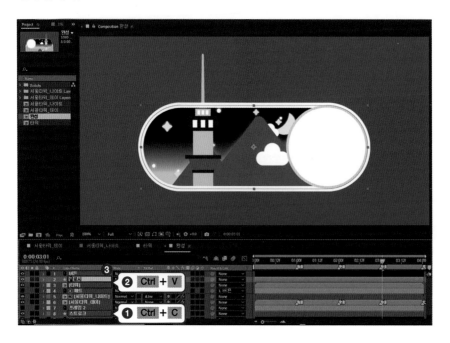

36 ①[글로시] 레이어에서 [Stroke 1]의 👁을 클릭하여 보이지 않게 합니다. ②[Add: 🔘] -[Gradient Fill]을 선택합니다.

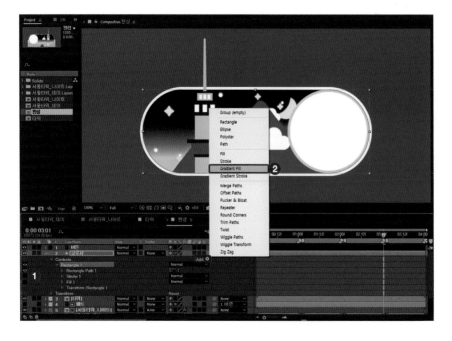

37 그러데이션 적용하기 ① [Edit Gradient]를 클릭하고 ② [Edit Gradient] 대화상자에서 옵션을 설정합니다. [Color Stop]을 모두 **흰색(#FFFFFF)**으로 설정하고 ③ 왼쪽 상단에 있는 [Opacity Stop]의 [Opacity]와 [Location]을 모두 **10%**로 설정합니다. ④ 오른쪽 상단에 있는 [Opacity Stop]의 [Opacity]와 [Location]을 모두 **60%**로 설정합니다. ⑤ [Opacity Stop]을 하나 추가하고 [Opacity]는 **0%**로, [Location]은 **62%**로 설정합니다. 절대적인 값은 아니므로 수치를 조절하기보다는 액정의 글로시를 표현할 수 있도록 조절합니다.

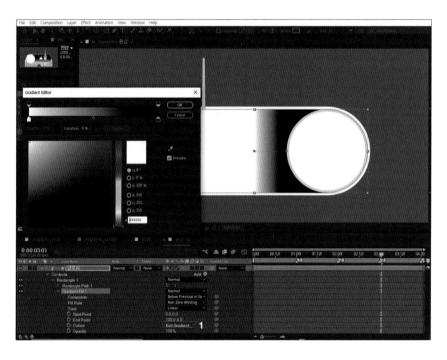

Design 실력 향상 Gradient Fill 설정하기

일러스트레이터에서 그레이디언트를 적용하면 좀 더 직관적으로 그러데이션을 조절할 수 있습니다. 그래서 복잡한 그러데이션 색상을 표현할 때는 일러스트레이터에서 작업한 후 애프터 이펙트로 불러옵니다. 단, 일러스트레이터에서 만든 그레이디언트는 애프터 이펙트에서 셰이프 레이어로 변환할 때 지정했던 설정이 모두 사라집니다. 즉, 두 프로그램 간의 그레이디언트 기능이 호환되지 않습니다. 따라서 조금 번거롭지만 애프터 이펙트에서 그러데이션을 적용하는 방법을 알아두는 것이 좋습니다.

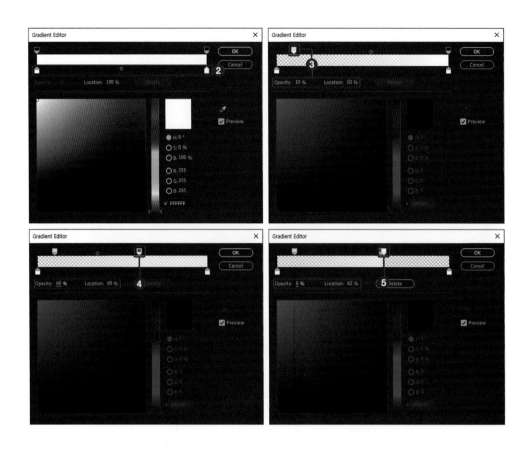

38 [Composition] 패널에서 그레이디언트 조절점을 움직여 그러데이션 각도를 조절하거나 [Gradient Fill 1]의 옵션값을 참고하여 조절합니다.

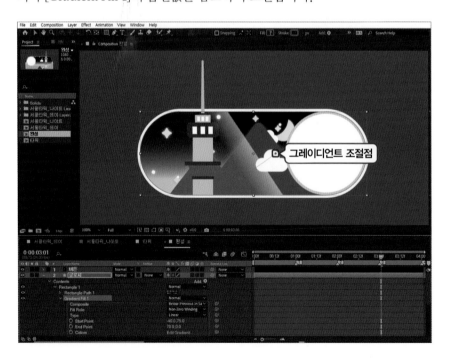

완성 애니메이션 확인하기

39 모든 작업이 완료되었습니다. `Spacebar`를 눌러 애니메이션을 확인합니다. 버튼이 오른쪽으로 슬라이드되었다가 다시 왼쪽으로 돌아오면서 서울타워의 낮과 밤의 풍경이 차례로 나타납니다. 인스타그램 콘텐츠이므로 Loop 애니메이션으로 제작되었습니다.

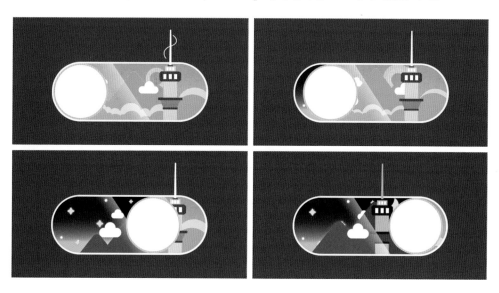

CHAPTER 03

글리치(Glitch)를 활용한 로고 애니메이션

LESSON 00 / PREVIEW

글리치(Glitch)를 표현하는 여러 개의 효과를 사용해 애플 로고를 만들어보겠습니다. 글리치 효과의 설계 원칙을 고려해 시간이나 값 등을 적절히 가감하면서 예제를 따라 합니다.

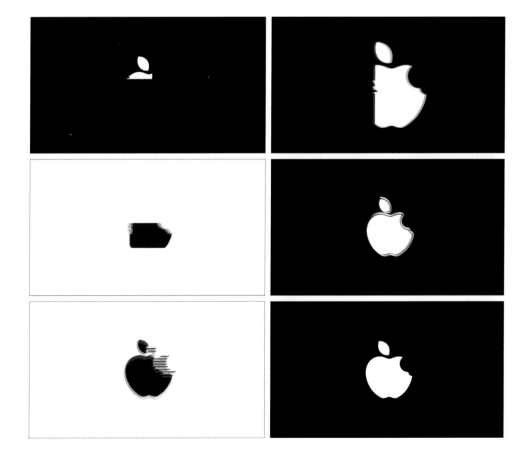

LESSON

로고 애니메이션 설계 원칙

로고 애니메이션은 SNS와 같은 숏폼 콘텐츠에서 확실한 메시지를 전달할 수 있을 뿐 아니라 웹 페이지에서도 브랜드의 아이덴티티를 긍정적 인상으로 전달합니다. 로고 애니메이션의 시작은 CI, BI의 분석, 브랜드 스토리텔링 등의 메시지를 잘 담아내는 것이 중요합니다.

로고 애니메이션은 다양한 방식으로 제작하지만 가장 많이 활용되는 기법은 로고 리빌(Reveal) 애니메이션입니다. 로고가 그려지듯이 등장하는 방식으로 가장 클래식하면서 활용도가 높습니다. 로고 리빌 애니메이션은 시청자의 시선을 자연스럽게 유도하여 화면에 고정시킬 수 있는 방식이며, 레터링 애니메이션이라고 불리기도 합니다. 이 밖에도 몰핑(Morphing) 기법이나 글리치(Glitch), 리퀴드(Liquid) 기법이 활용되고, 캐릭터 등의 마스코트를 개발하며 애니메이션하기도 합니다. 다음과 같은 설계 원칙을 참고합니다.

로고 애니메이션 설계 원칙

01. 기업과 CI, 브랜드와 BI 로고 디자인을 명확하게 분석합니다. 디자인에 담긴 많은 메시지를 함축적이고 간결하면서 잘 이해되도록 설계합니다. 로고 디자인, 색상, 적용 규칙을 CI 규정에 맞도록 정확하게 준수하여 디자인해야 합니다. 부가적인 그래픽의 디자인이나 보조 색상도 CI나 BI의 규정에 벗어나지 않는 범위에서 제작하는 것이 좋습니다. 브랜드 디자인의 톤 앤 매너를 준수합니다.

02. 로고 애니메이션은 보통 10초 이내의 짧은 애니메이션으로 제작됩니다. 로고 리빌, 즉 로고가 없다가 등장하는 애니메이션은 1초에서 6초가 적당합니다. 따라서 복잡한 구성과 많은 내용을 담아 설계할 필요가 없습니다. 너무 많은 내용을 담는 것보다 단순 명료하게 메시지를 전달해야 합니다. 브랜드의 본질을 파악하고 명쾌한 그래픽과 동작으로 표현하는 것이 좋습니다.

03. 로고에서 받는 시각적 느낌보다 상표의 의미에 주목하여 디자인해야 합니다. 로고 디자인이 너무 밋밋하거나 재미와 개성이 부족하다면 몰핑 기법, 패스 애니메이션, 캐릭터 등 흥미로운 효과의 삽입을 고려합니다.

04. 애니메이션의 리듬과 호흡을 고려하여 설계합니다. 3~4개 정도의 구성이 적당하며 각 스텝에서 잠시 포즈(Pause)를 두면 좋습니다. 예를 들어 라인이 그려지고 포즈 → 그래픽이 등장하고 포즈 → 마지막으로 그래픽이 로고로 몰핑된 후 포즈가 있는 구성입니다. 또는 캐릭터가 등장하고 포즈 → 캐릭터의 액션 → 포즈 → 액션의 결과 → 포즈 → 마지막으로 로고의 몰핑이나 리빌과 같은 구성을 말합니다.

프로젝트 설계
(Pre-Production)

로고 리빌 방식은 로고를 애니메이션으로 제작할 때는 가장 클래식하면서 활용도가 높은 방식이지만, 로고의 형태에 따라 전혀 어울리지 않을 수도 있습니다. 로고 브랜딩을 애니 메이션화할 때는 브랜드의 성격을 반영한 특색 있는 기획이 필요하며, 브랜드를 잘 표현할 수 있는 여러 가지 효과를 이용하는 것도 좋은 방법이 될 수 있습니다.

애플(Apple)은 오랜 시간 동안 혁신의 아이콘으로 자리매김해왔습니다. 애플은 제품의 디 자인부터 패키지, TV 광고에 이르기까지 디자인의 트렌드를 주도하고 브랜드 아이덴티티 를 가장 잘 구축하고 지켜나가는 브랜드입니다. 우리는 애플의 홈페이지를 비롯해 제품 그 어디에서나 'APPLE'이라는 텍스트를 볼 수 없습니다. 사과 모양의 심볼을 보고 자연스럽 게 '애플'이라고 인식합니다.

애플의 로고는 텍스트의 형식이 아니므로 리빌 애니메이션은 적당하지 않습니다. 브랜드 의 역사나 사업의 방향, 이미지 등 내면의 정보를 활용하는 것이 적합한 접근 방식이 될 수 있습니다. 상표권의 문제로 예제에서의 애플 로고 심볼은 형태를 변형하여 제작하였 습니다.

글리치 효과

글리치(Glitch)란 사소한 장애, 또는 오작동이라는 뜻으로 마치 고장난 아날로그 TV처럼 지지직대는 현상을 말합니다. 그래픽 디자인에서는 왜곡된 이미지를 뜻하며 다양한 장르에서 광범위하게 활용됩니다. 글리치 효과로 표현할 수 있는 것은 '오래 된', '아날로그와 디지털', '감성', '역동성' 그리고 '미래지향적' 등의 메시지입니다. 또한 글리치 효과는 시각적으로 강렬한 임팩트를 전달할 수 있습니다.

Design 실력향상 글리치 효과에 많이 사용되는 애프터 이펙트의 다양한 효과

글리치 효과를 표현하기 위해서는 Expression 등을 사용하는데, 대표적으로 활용하는 효과는 다음과 같습니다. 네 개의 범주로 나누어 보았습니다. 사용하는 효과의 개수나 순서가 정해져 있지는 않지만 형태 왜곡, 색상이나 픽셀 왜곡, 노이즈 등의 효과를 순차적으로 추가하는 방식이 효율적입니다.

1. 형태 왜곡 효과

Displacement Map, Turbulent Displace, Wave Warp, Venetian Blinds, CC Smear, CC Block Load, Optic Compensation, Transform 등

2. 색상 왜곡 효과

Shift Channel, Fast Chromatic, Invert, Color Balance 등

3. 노이즈 추가 효과

Noise, Fractal Noise, Turbulent Noise 등

4. 픽셀 흐림 효과

Box Blur, CC Vector Blur, Directional Blur 등

글리치 효과 설계 원칙

01. 그래픽이나 로고에 적합한 기법을 사용합니다. 주로 전자 기기, 스포츠 관련 제품, 스포츠 음료 같은 브랜드나 레트로 그래픽, 또는 스릴러나 SF 장르에 어울립니다.

02. 애니메이션은 프레임 바이 프레임 단위와 같이 짧은 간격으로 샤프하게 적용하여 역동적으로 애니메이션합니다. 대부분의 키프레임을 [Toggle Hold Keyframe]으로 설정하여 동작이 끊기게 하는 것이 좋습니다.

03. 효과를 반복적으로 사용하되 짧게 반복합니다. 같은 효과가 너무 많이 반복되지 않도록 주의합니다.

04. 글리치의 리듬감을 살려서 애니메이션합니다. 글리치의 강도가 서서히 발생하고 강하게 나타나다 서서히 사라집니다. 로고가 완전히 드러나서 애니메이션이 끝났다고 생각될 무렵 포즈(Pause)를 두었다가, 짧고 강렬한 글리치로 반전을 보여준 후 사라지게 하면 긴장감을 연출할 수 있습니다. 기획에 따라 달라질 수 있으나 글리치 효과의 전체 애니메이션 길이는 2초면 충분합니다.

LESSON 03

디자인 실무 실습
_Training

핵심 기능 Wave Warp, CC Vector Blur, Shift Channels, Slider Control, CC Block Load, Invert, Noise, Glow
준비 파일 PART 03\로고글리치 시작.aep
준비 파일 PART 03\로고글리치 완성.aep

글리치 로고 애니메이션 만들기

01 **aep 파일 열고 프로젝트 시작하기** ① Ctrl + O 를 눌러 **로고글리치 시작.aep** 파일을 엽니다. ②[Project] 패널에서 [A]를 더블클릭하여 컴포지션을 엽니다. ③[로고] 레이어를 클릭하고 U 를 눌러 키프레임을 확인합니다. [Mask Path]에 여러 개의 키프레임이 설정되어 있습니다. ④ Spacebar 를 눌러 프리뷰해봅니다.

애니메이션을 시작할 때 로고의 전체 모양이 처음부터 다 노출되는 것보다 일부분을 먼저 보여주는 방식이 시청자의 흥미와 관심을 끌 수 있습니다. 이번 예제에서는 하나의 레이어에 Mask Path를 적용하는 방식으로 애니메이션했지만, 레이어를 분리하여 위칫값이나 크기값 등을 다르게 설정하면 더 다이내믹한 동작을 연출할 수 있습니다.

◀ 레이어를 분리하고 마스크(Mask)를 추가한 후 위칫값을 변경한 예

Wave Warp 효과로 애니메이션하기

02 조정 레이어 추가하기 ① Ctrl + Alt + Y 를 눌러 조정 레이어를 추가합니다. ②레이어 이름을 **WaveWarp**로 변경합니다.

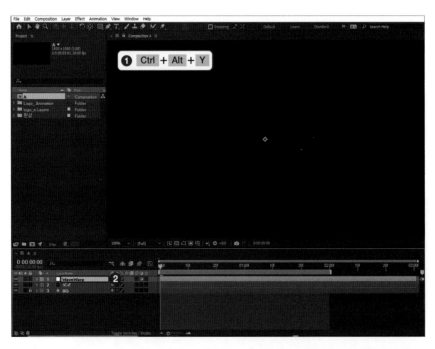

TIP 조정 레이어(Adjustment Layer) | 조정 레이어는 여러 개의 레이어에 같은 이펙트를 동시에 적용할 수 있어 효율적입니다. 조정 레이어가 위치한 곳에 따라 아래에 있는 레이어에만 효과가 적용되며, 위에 있는 레이어에는 효과가 적용되지 않습니다. 여러 개의 다양한 효과를 조합해두고, 조정 레이어를 복사하여 다른 컴포지션에 붙여 넣는 방식으로 활용합니다. 조정 레이어를 만들기 위해서는 [Layer]-[New]-[Adjustment Layer] 메뉴를 선택하거나 Ctrl + Alt + Y 를 누릅니다.

03 Wave Warp 효과 적용하기
① [WaveWarp] 레이어를 클릭하고 ② [Effect]−[Distort]−[Wave Warp] 메뉴를 선택합니다. ③ 다음 표를 참고하여 [Wave Warp] 옵션에 키프레임을 설정합니다.

Time	[Wave Type]	[Wave Height]	[Wave Width]
4F	Smooth Noise	40	40
5F	Square	55	10
7F	Smooth Noise	50	40
9F	Square	27	3
11F	Sine	-	4

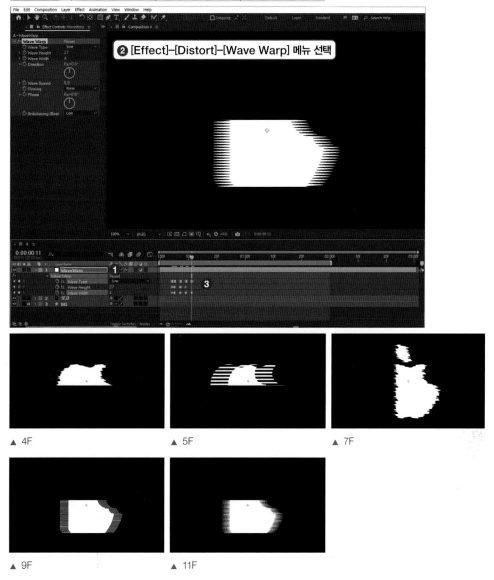

▲ 4F

▲ 5F

▲ 7F

▲ 9F

▲ 11F

TIP WaveWarp 효과 | 물결 모양처럼 형태가 왜곡되는 효과이며 다양한 [Wave Type]에 따라서 각기 다른 모양으로 변형됩니다. 글리치 효과를 만들 때 가장 많이 활용합니다.

Design 실력 향상 [Wave Warp]에 키프레임 설정하기

이번 예제에서 제시하는 옵션값은 [Composition]의 그래픽을 확인하며 랜덤하게 설정한 값입니다. 실습하며 1~2프레임 정도씩 정도씩 움직이면서 [Wave Warp]의 옵션값을 원하는 대로 자유롭게 변경해봅니다.

04 마스크 추가하고 [Mask Path]에 키프레임 설정하기 ①사각형 도구 ■를 클릭하고 ②[WaveWarp] 레이어에 마스크를 그립니다. ③[Mask Path]에 키프레임을 설정합니다. 정확한 위치, 크기와 상관없이 랜덤하게 마스크를 그립니다. 1~2프레임 정도씩 이동하며 4F~12F까지 여러 개의 키프레임을 추가합니다.

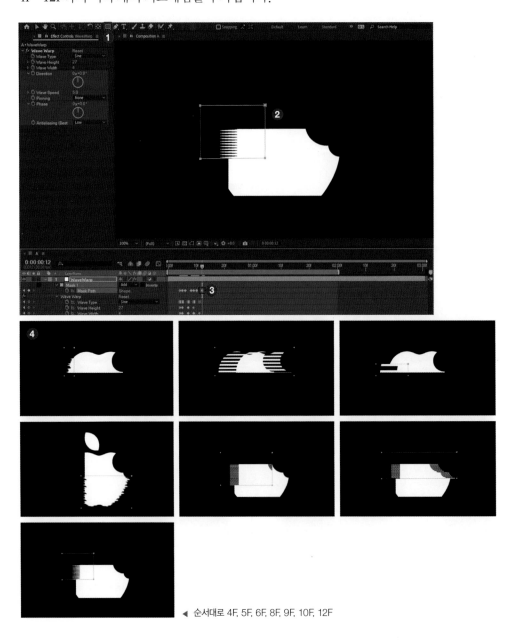

◀ 순서대로 4F, 5F, 6F, 8F, 9F, 10F, 12F

05 ①[WaveWarp] 레이어에 설정된 모든 키프레임을 선택하고 ② `Ctrl` + `Alt` + `H` 를 눌러 [Toggle Hold Keyframe]을 적용합니다. ③12F 지점에서 ④ `Alt` + `]` 를 눌러 레이어의 아웃 점을 12F으로 줄입니다.

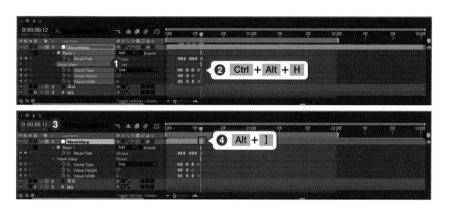

TIP [Toggle Hold Keyframe]을 적용하는 이유 | [Toggle Hold Keyframe]을 적용하면 키프레임 사이의 동작을 기록하지 않기 때문에 영상이 뚝뚝 끊기게 연출됩니다. 이러한 연출을 통하여 글리치 효과를 더욱 자연스럽게 표현할 수 있습니다.

06 **조정 레이어 복제하여 시간과 [Mask Path] 위치 수정하기** ①[WaveWarp] 레이어를 클릭하고 `Ctrl` + `D` 를 눌러 복제합니다. ②복제된 [WaveWarp 2]의 막대를 클릭하고 그림처럼 뒤로 밀어줍니다. 인 점을 17F, 아웃 점을 1초 22F로 설정합니다. ③ `U` 를 눌러 설정된 모든 키프레임을 보이게 합니다. ④다음 그림을 참고하여 [Mask Path]의 위치를 랜덤하게 수정합니다.

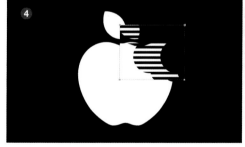

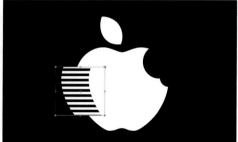

▲ 22F ▲ 23F

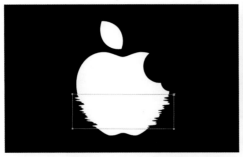

▲ 25F

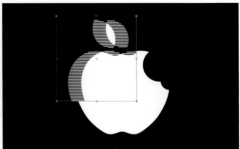

▲ 26F

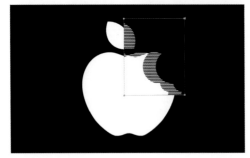

▲ 27F

07 [Mask Path]에 설정된 마지막 키프레임을 1초 14F 지점으로 이동합니다.

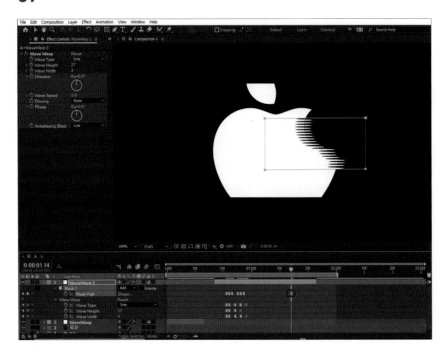

08 [Wave Warp]에 키프레임 추가하기 다음 표를 참고하여 [Wave Warp]의 [Wave Height]와 [Wave Width]에 키프레임을 설정합니다. 정확한 수치를 입력하는 것보다 2~3F 정도씩 이동하면서 랜덤하게 수치를 조절합니다.

Time	[Wave Height]	[Wave Width]
1초 14F	64	2
1초 16F	30	4
1초 18F	43	1
1초 21F	29	4

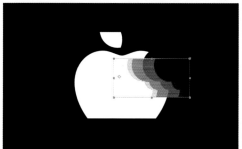

▲ 1초 14F

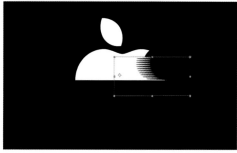

▲ 1초 16F

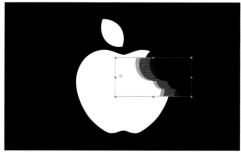

▲ 1초 18F

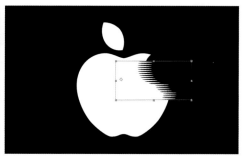

▲ 1초 21F

09 ①28F 지점으로 이동합니다. ②[Wave Warp]의 [Wave Height]와 [Wave Width]을 각각 **0, 1**로 설정합니다. 28F부터 1초 14F까지 효과가 나타나지 않도록 설정하는 것입니다.

Design 실력향상　애니메이션에 포즈(Pause) 설정하기

글리치 효과를 적용할 때에는 리듬감을 고려하여 애니메이션해야 합니다. 이번 예제에서는 28초부터 1초 14F까지, 즉 애니메이션이 완전히 끝나기 전에 반 초 정도 거의 움직임을 만들지 않습니다. 이렇게 포즈를 만들었다가 다시 짧고 강렬한 글리치를 보여주고 애니메이션을 마무리합니다. 스릴러 영화의 마지막 장면에서 끝난 줄 알았다가 다시 공포감을 조정하고 끝나는 연출과 유사합니다.

10　**조정 레이어 추가하기**　① Ctrl + Alt + Y 를 눌러 조정 레이어를 추가합니다. ②레이어 이름을 **VectorBlur**로 변경합니다.

11　**CC Vector Blur 효과 적용하기**　①[VectorBlur] 레이어를 클릭하고 ②[Effect]－[Blur & Sharpen]－[CC Vector Blur] 메뉴를 선택해 CC Vector Blur 효과를 적용합니다. ③[CC Vector Blur] 옵션을 다음과 같이 설정하고 ④11F 지점에서 [Angle Offset]에 키프레임을 설정합니다.

TIP CC Vector Blur | [CC Vector Blur]에서 'Vector'는 그래픽에서 사용하는 벡터의 의미가 아니라 방향과 속도를 의미하는 용어입니다. [Vector Map]으로 지정한 레이어에서 [Property]의 색상, 휘도, 채도 등을 설정하고 방향과 속도를 지정하면 픽셀 흐름 효과를 표현할 수 있습니다. 그래픽에 깊이감 등을 표현할 수도 있고 네온사인 등의 이미지를 생성하는 용도로 활용하기도 합니다.

12 **[CC Vector Blur]–[Effect Opacity]에 키프레임 설정하기** ① [Timeline] 패널에서 [VectorBlur] 레이어에 등록된 [CC Vector Blur]의 옵션을 펼쳐봅니다. ② [Compositing Options]의 ➕를 클릭하여 [Mask Reference]를 등록합니다. ③ 10F 지점에서 [Effect Opacity]를 **0%**로 하고 ④ 키프레임을 설정합니다.

TIP Compositing Options | 애프터 이펙트의 다양한 픽셀 흐림(Blur) 효과는 [Compositing Options]을 포함하고 있지만, [Effects Controls] 패널에는 표시되지 않습니다. [Timeline] 패널에서 해당 효과의 옵션을 펼친 후 ➕ 를 클릭하여 사용할 수 있습니다.

13 **[CC Vector Blur]–[Angle Offset]과 [Effect Opacity]에 키프레임 설정하기**
다음 표를 참고하여 [CC Vector Blur]의 [Angle Offset]과 [Effect Opacity]에 키프레임을 설정합니다.

Time	12F	13F	14F	16F	17F
[Angle Offset]		0x+180°			
[Effect Opacity]	100%		0%	100%	0%

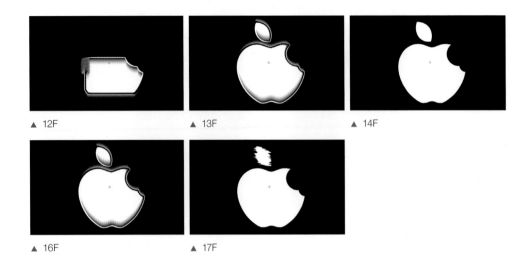

▲ 12F   ▲ 13F   ▲ 14F

▲ 16F   ▲ 17F

지직거리며 끊기는 듯한 영상 연출하기

14 **모든 키프레임에 [Toggle Hold Keyframe] 적용하기** [CC Vector Blur]에 적용된 모든 키프레임을 선택하고 Ctrl + Alt + H 를 눌러 [Toggle Hold Keyframe]을 적용합니다.

15 Spacebar 를 눌러 애니메이션을 확인합니다. 이미지 왜곡 효과가 적용되었습니다.

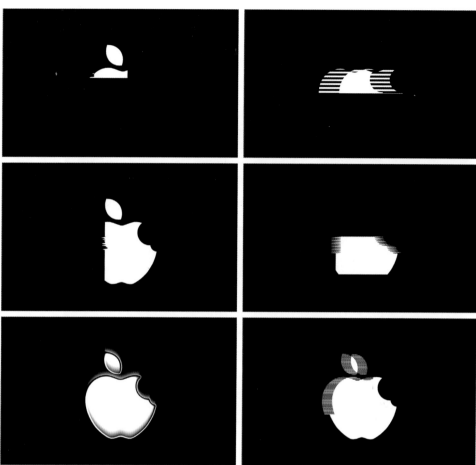

노이즈처럼 보이는 컬러 변화 적용하기

16 **[A] 컴포지션을 포함한 새 컴포지션 만들기** [Project] 패널에서 [A] 컴포지션을 클릭하고 마우스 오른쪽 버튼을 클릭해 [New Comp from Selection]을 선택합니다. [A] 컴포지션을 레이어로 포함한 [A2] 컴포지션이 생성됩니다.

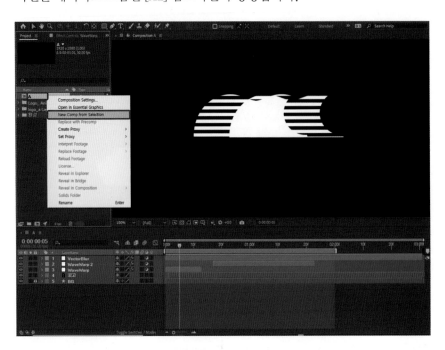

17 **Shift Channels 효과 적용하고 옵션 설정하기** ①[A] 레이어를 클릭하고 ②[Effects]
−[Channel]−[Shift Channels] 메뉴를 선택해 Shift Channels 효과를 적용합니다. ③다음 표를 참고하여 [Effect Controls] 패널에서 [Shift Channels] 옵션을 설정합니다.

[Take Red From]	Full Off
[Take Green From]	Full Off
[Take Blue From]	Blue

TIP Shift Channels 효과 | 이미지의 빨강(R), 녹색(G), 파랑(B) 및 알파 채널을 다른 채널의 값으로 바꿉니다. 이미지의 RGB를 각각 추출하여 Add 기능으로 블렌드하면 원래의 색상으로 나타납니다.

18 레이어 복제하고 [Shift Channels] 옵션 변경하기 ①[A] 레이어를 클릭하고 `Ctrl` +`D`를 두 번 눌러 레이어를 두 개 복제합니다. ②레이어의 이름을 각각 **R, G, B**로 변경합니다.

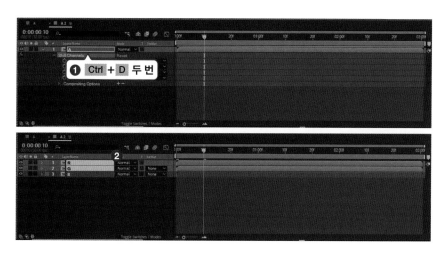

19 다음 표를 참고하여 [G]와 [R] 레이어의 [Shift Channels] 옵션을 다음과 같이 변경합니다.

[G] 레이어	
Take Red From	Full Off
Take Green From	Green
Take Blue From	Full Off

[R] 레이어	
Take Red From	Red
Take Green From	Full Off
Take Blue From	Full Off

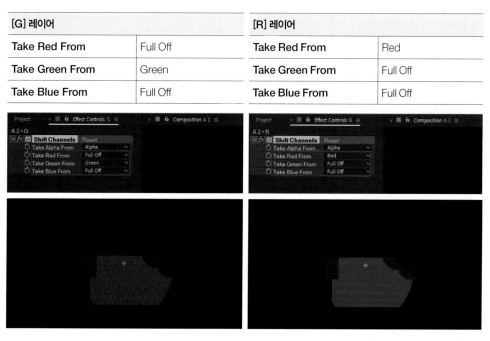

TIP 현재 [G] 레이어의 컬러는 Green으로 표현됩니다. 다만 위에 있는 [R] 레이어의 컬러가 Blue인 상태라 Green이 가려진 것으로 보입니다.

20 레이어의 블렌드 모드 변경하기 ① F4 를 눌러 [Toggle Switches/Modes]를 활성화합니다. ②[R], [G] 레이어의 모드를 [Add]로 설정합니다. RGB가 합쳐져 오브젝트가 원래의 색상인 화이트로 나타납니다. ③ F4 를 눌러 [Toggle Switches/Modes]를 닫습니다.

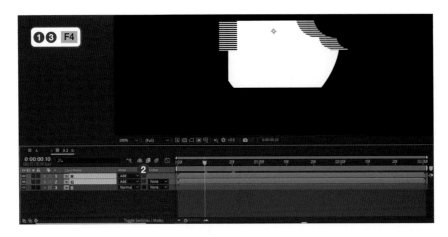

21 모든 레이어의 [Position]에 Wiggle Expression 설정하기 ① [R], [G], [B] 레이어를 모두 선택하고 ② P 를 눌러 [Position]을 엽니다. ③ Alt 를 누르고 [B] 레이어-[Position]의 📷를 클릭해 Expression을 적용합니다. ④Expression 에디터 창에 **wiggle(10,10)**를 입력합니다.

22 ①[B] 레이어의 [Position]을 마우스 오른쪽 버튼으로 클릭해 [Copy Expression Only]를 선택합니다. ② [R], [G] 레이어의 [Position]을 함께 선택한 후 Ctrl + V 를 눌러 복사한 Expression을 붙여 넣습니다.

23 Spacebar 를 눌러 애니메이션을 확인합니다. 세 개 레이어의 위칫값이 랜덤하게 움직이며 영상의 첫 프레임부터 마지막 프레임까지 효과가 적용되었습니다. 다소 산만해보입니다.

Wiggle 효과 컨트롤하여 채널 쉬프트 효과 표현하기

24 조정 레이어 추가하고 Slider Control 효과 적용하기 ① Ctrl + Alt + Y 를 눌러 조정 레이어를 추가합니다. ②레이어 이름을 **Slider**로 변경합니다. ③[Effect]–[Expression Controls]–[Slider Control] 메뉴를 선택해 Slider Control 효과를 적용합니다.

25 ①[B] 레이어의 Expression 에디터 창에서 뒤에 있는 숫자 '10'을 드래그하여 선택합니다. ②◎을 클릭하여 ③[Slider Control]의 [Slider]와 연결합니다.

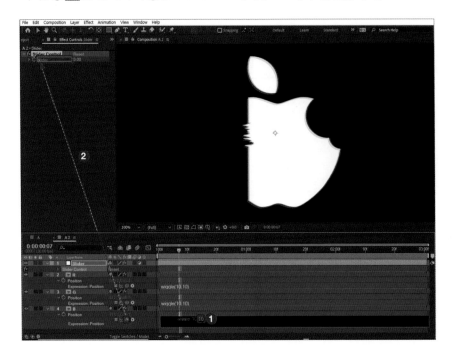

26 25와 같은 방식으로 [R], [G] 레이어도 연결합니다.

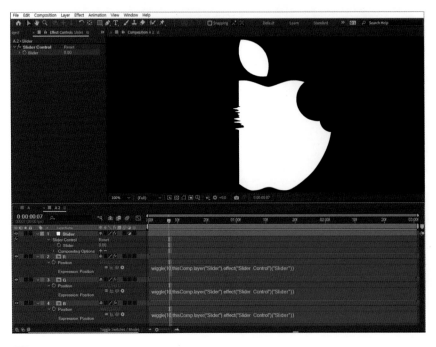

TIP 에디터 창에서 뒤에 있는 숫자 10을 드래그하여 선택하고 ◎을 클릭하여 [Slider Control]의 [Slider]와 연결합니다.

27 다음 표를 참고하여 [Slider] 레이어의 [Slider Control]−[Slider]에 키프레임을 설정합니다. 정확한 수치는 중요하지 않습니다. [Slider] 값이 0이 되면 Wiggle 효과가 표시되지 않습니다.

Time	3F	7F	8F	10F	18F	20F	22F	24F	26F	27F	1초	1초10F	1초 18F
[Slider]	0	11	0	6	0	12	-30	7	0	30	0	5	0

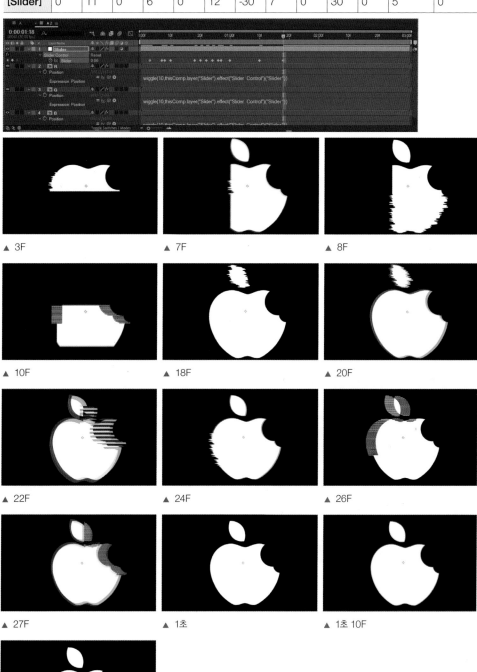

▲ 3F

▲ 7F

▲ 8F

▲ 10F

▲ 18F

▲ 20F

▲ 22F

▲ 24F

▲ 26F

▲ 27F

▲ 1초

▲ 1초 10F

▲ 1초 18F

28 ①[Slider] 레이어의 [Slider Control]−[Slider]에 설정된 키프레임을 모두 선택하고 ② **Ctrl** + **Alt** + **H** 를 눌러 [Toggle Hold Keyframe]을 적용합니다.

29 Expression 수정하기 ①[G] 레이어의 Expression 에디터 창에서 표현식의 끝에 ***.9**를 입력합니다. ②[R] 레이어의 Expression 에디터 창에서 표현식의 끝에 ***.8**을 입력합니다.

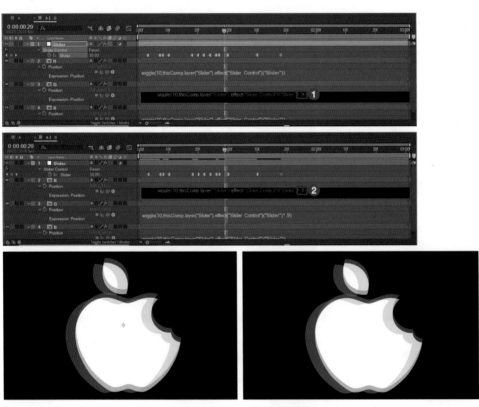

▲ [G] 레이어에 0.9를 곱한 이미지　　　　　　▲ [R] 레이어에 0.8을 곱한 이미지

TIP Wiggle 표현식 값에 0.9, 0.8을 곱하여 랜덤한 이미지를 표현합니다.

30 Spacebar 를 눌러 애니메이션을 확인합니다. 채널 쉬프트 효과가 완성되었습니다.

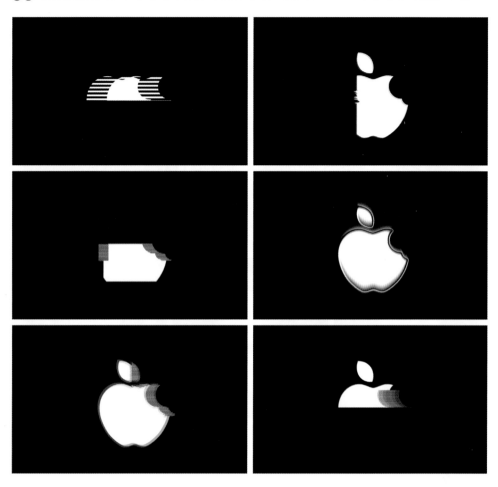

31 **조정 레이어 추가하기** ① Ctrl + Alt + Y 를 눌러 조정 레이어를 추가하고 ② 레이어 이름을 BlockLoad로 변경합니다.

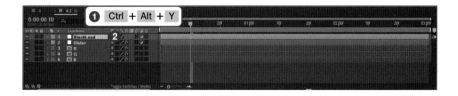

32 [CC Block Load]–[Completion]에 키프레임 설정하기 ①[BlockLoad] 레이어를 클릭하고 ②[Effect]–[Stylize]–[CC Block Load] 메뉴를 선택해 CC Block Load 효과를 적용합니다. ③[Effect Controls] 패널에서 [Scans]를 4로 설정합니다. ④다음 표를 참고하여 [Completion]에 키프레임을 설정합니다.

Time	14F	18F	20F	28F	29F	1초	1초 2F
[Completion]	100	20	100	10	100	5	100

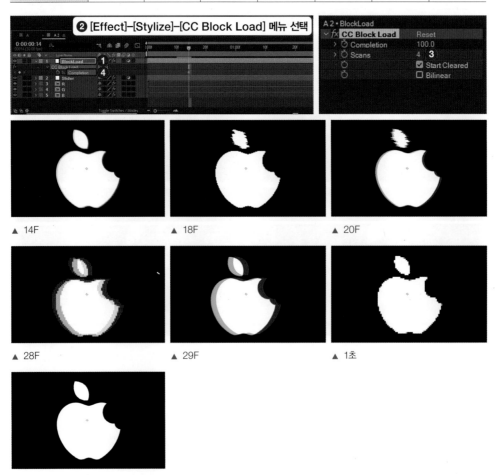

▲ 14F ▲ 18F ▲ 20F

▲ 28F ▲ 29F ▲ 1초

▲ 1초 2F

TIP CC Block Load 효과 | 화면이 여러 번 스캔되면서 블록의 픽셀이 작아지며 점차 고화질로 로딩되는 효과입니다. 저해상도 이미지나 아날로그 느낌을 표현하기에 좋습니다.

33 키프레임에 [Toggle Hold Keyframe] 적용하기 ① [BlockLoad] 레이어에 설정된 모든 키프레임을 선택하고 ② Ctrl + Alt + H 를 눌러 [Toggle Hold Keyframe]을 적용합니다.

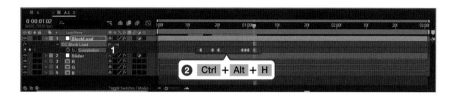

34 조정 레이어 추가하기 ① Ctrl + Alt + Y 를 눌러 조정 레이어를 추가하고 ② 레이어 이름을 Effect로 변경합니다.

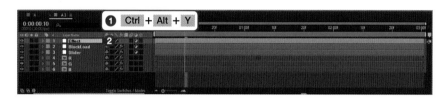

35 Invert 효과 적용하기 ① [Effect] 레이어를 클릭하고 ② [Effect]-[Channel]-[Invert] 메뉴를 선택해 Invert 효과를 적용합니다. ③ 다음 표를 참고하여 [Invert]-[Blend With Original]에 키프레임을 설정합니다. Invert 효과에 On/Off를 랜덤하게 설정하는 것입니다.

Time	7F	9F	10F	11F	13F	14F	19F	21F	26F
[Blend With Original]	100%	0%	100%	0%	100%	0%	100%	0%	100%

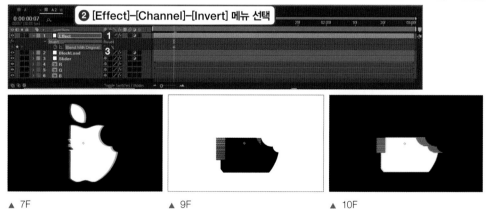

▲ 7F   ▲ 9F   ▲ 10F

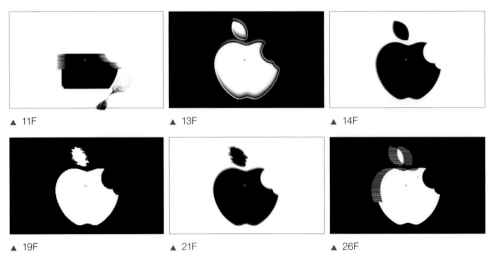

▲ 11F   ▲ 13F   ▲ 14F

▲ 19F   ▲ 21F   ▲ 26F

TIP Invert 효과 | 이미지의 색상 정보를 반전하는 효과입니다.

36 키프레임에 [Toggle Hold Keyframe] 적용하기 ① [Invert]−[Blend With Original]에 설정된 모든 키프레임을 선택하고 ② `Ctrl` + `Alt` + `H` 를 눌러 [Toggle Hold Keyframe]을 적용합니다.

37 Transform 효과 적용하고 [Scale]에 키프레임 설정하기　① [Effect] 레이어를
클릭하고 ②[Effect]–[Distort]–[Transform] 메뉴를 선택합니다. ③다음 표를 참고하여
[Transform]–[Scale]에 키프레임을 설정합니다.

Time	6F	7F	9F	20F	22F
[Scale]	100	150	100	150	100

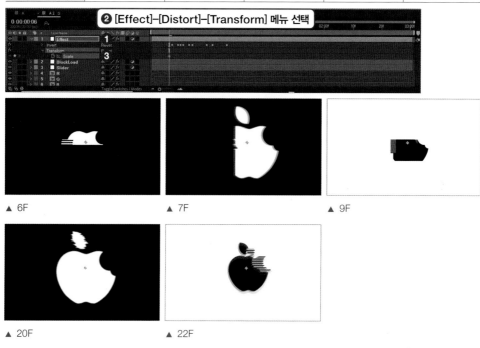

▲ 6F　　　　　　　　　　　▲ 7F　　　　　　　　　　　▲ 9F

▲ 20F　　　　　　　　　　▲ 22F

TIP Transform 효과 | 레이어에 2차원 기하학적 변형을 적용합니다. [Timeline] 패널에서 사용할 수 있는 [Transform] 속성을 보완하거나 추가할 수 있습니다.

38 키프레임에 [Toggle Hold Keyframe] 적용하기　①[Effect] 레이어의 [Transform]
–[Scale]에 설정된 모든 키프레임을 선택하고 ② Ctrl + Alt + H 를 눌러 [Toggle Hold
Keyframe]을 적용합니다.

39 Noise 효과 적용하고 [Effect Opacity]에 키프레임 설정하기 ①[Effect] 레이어

를 클릭하고 ②[Effect]−[Noise & Grain]−[Noise] 메뉴를 선택해 Noise 효과를 적용합니다. ③[Effect Controls] 패널에서 [Amount of Noise]를 **90%**로 설정하고 ④[Timeline] 패널에서 [Compositiong Options]의 ➕를 클릭합니다. ⑤다음 표를 참고하여 [Effect Opacity]에 키프레임을 설정합니다.

Time	7F	10F	13F	14F	15F
[Effect Opacity]	0%	100%	0%	100%	0%

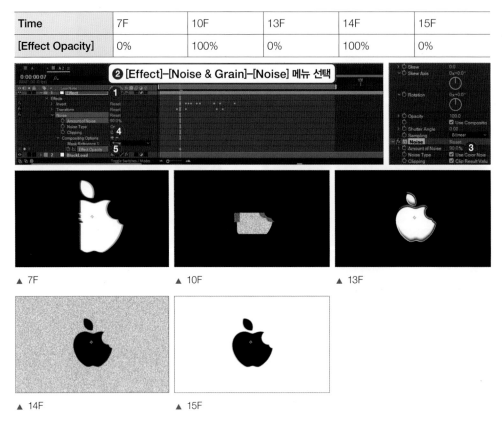

▲ 7F ▲ 10F ▲ 13F

▲ 14F ▲ 15F

> **TIP** Noise 효과 | 이미지나 푸티지에 노이즈를 추가하는 효과이며, 노이즈의 양에 따라서 오래된 필름 느낌을 연출할 수 있습니다. 고화질의 사진이나 비디오 푸티지도 미세한 노이즈와 그레인이 포함되어 있으므로, 디지털 프로그램에서 생성한 비디오에 인위적으로 미세한 수치의 노이즈를 추가하기도 합니다. 노이즈 수치를 적게 설정하면 샤프한 감성을 연출할 수 있습니다.

40 키프레임 복사하여 다른 시간에 붙여넣기 ①[Effect Opacity]에 설정된 다섯 개의 키

프레임을 모두 선택하고 Ctrl + C 를 눌러 복사합니다. ②17F에서 ③ Ctrl + V 를 눌러 키프레임을 붙여 넣습니다.

41 키프레임 수정하기 [Effect Opacity] 값을 수정합니다. 1초 12F 지점은 **100%**, 1초 14F 지점은 **0%**로 설정합니다.

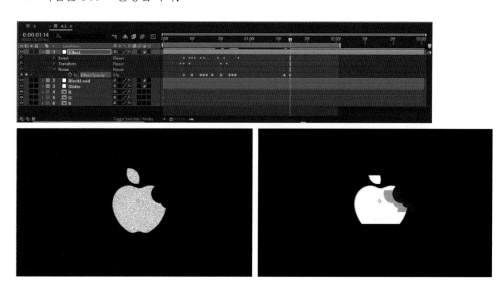

42 키프레임에 [Toggle Hold Keyframe] 적용하기 ① [Effect] 레이어의 [Noise]− [Effect Opacity]에 설정된 모든 키프레임을 선택하고 ② Ctrl + Alt + H 를 눌러 [Toggle Hold Keyframe]을 적용합니다.

43 조정 레이어에 Glow 효과 적용하기 ① [Effect] 레이어를 클릭하고 ② [Effect]−[Stylize] −[Glow] 메뉴를 선택해 Glow 효과를 적용합니다. ③ [Glow Threshold]를 50%, [Glow Radius]를 5로 설정합니다.

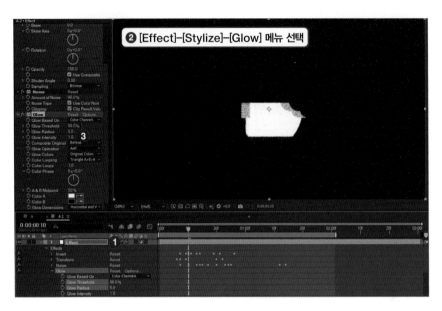

완성 애니메이션 확인하기

44 모든 애니메이션이 완성되었습니다. `Spacebar`를 눌러 애니메이션을 확인합니다. 형태와 색상의 왜곡, 반전과 발광 효과 등 다양한 효과를 활용한 글리치 효과로 애플 브랜드의 오랜 역사, 변화, 혁신 등의 메시지를 표현했습니다.

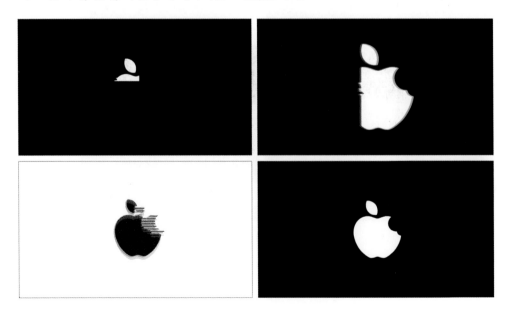

구글 등의 검색 엔진에서 스포츠 관련 브랜드 로고, 또는 스릴러나 SF 영화, 드라마의 로고를 참고하여 로고를 디자인해봅니다. 그런 다음 애프터 이펙트에서 로고에 어울리는 효과들을 활용해 직접 글리치 효과를 제작해봅니다. 예제에 사용된 효과 외에도 이미지나 색상을 왜곡하는 다양한 효과들을 실험해봅니다.

▲ 호러 영화 〈Predator〉 타이틀에 적용한 글리치 효과

캐릭터 리깅과 애니메이션 with Expression

GOAL

전문 스크립트(Scripts)를 사용하지 않더라도 애프터 이펙트의 기본 기능만으로도 캐릭터 애니메이션을 구현할 수 있습니다. PART 04에서는 Transform, Parent 기능만을 사용하여 캐릭터 리깅 애니메이션을 제작해보겠습니다.

캐릭터를 활용한 애니메이션은 매우 매력적이며 누구에게나 흥미를 줄 수 있습니다. 캐릭터 리깅(Rigging)은 캐릭터 애니메이션 작업의 첫 단계로, 캐릭터의 뼈대와 관절을 설정하는 작업을 말합니다. 리깅한 후에 이를 토대로 다채로운 동작이나 표정을 제어하는 작업을 이어갑니다. 캐릭터 애니메이션은 모션 그래픽에서 빈번하게 활용하고 있지만 전문 지식이 필요하고 제어 작업이 쉽지는 않습니다. 애프터 이펙트에서는 다양한 전문 스크립트를 활용하여 수준 높은 캐릭터 애니메이션을 만들 수 있습니다.

—

CHAPTER 01

Parent로 만드는
페이스 리깅

LESSON

PREVIEW

페이스 리깅(Face Rigging)은 캐릭터의 얼굴과 목 등의 뼈대와 관절을 리깅하거나 눈, 코, 입처럼 표정을 만드는 요소를 리깅하는 작업입니다. 이번 프로젝트에서는 대회 수상자가 플래시가 터지는 방향을 따라서 시선을 위아래로 움직이는 애니메이션을 제작해봅니다.

LESSON

01

프리 스텝 트레이닝 (Pre-Step Training)

214

PART 04 캐릭터 리깅과 애니메이션 with Expression

캐릭터 애니메이션에서는 레이어의 중심점(Anchor Point) 설정이 매우 중요합니다. 상체는 허리를 중심으로, 팔은 어깨를 중심으로, 손은 손목을 중심으로 회전합니다. 얼굴은 목과 연결되어 있으며 목은 몸통과 연결되어 있습니다. 애니메이션을 시작하기 전에 이 점을 고려하여 중심점을 설정해야 합니다.

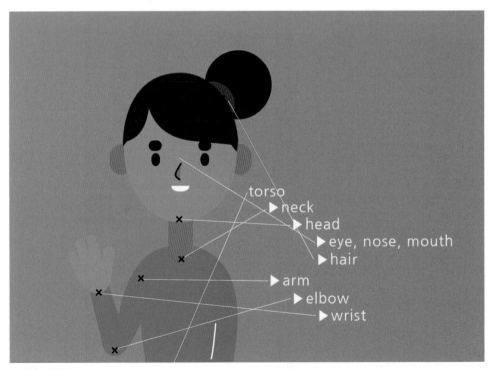

▲ 캐릭터 리깅 요소

캐릭터 리깅 순서와 작업 방향

01. 레이어의 중심점을 회전축 위치로 이동합니다.

02. Parent 기능을 활용하여 레이어들을 리깅합니다.

03. 큰 관절이나 가장 큰 동작을 먼저 애니메이션합니다. 점프 동작을 만든다면 몸통의 중심이 아래로 향했다가 다시 위로 올라가는 동작을 먼저 애니메이션합니다.

04. 표정이나 머리카락, 옷자락 등 작은 동작은 마지막에 애니메이션합니다.

05. 디즈니 애니메이션 12가지 원칙 중 스쿼시 및 스트레치, 팔로우 스루와 오버래핑 액션, 슬로우 인, 슬로우 아웃, 아크, 세컨더리 액션을 고려하여 동작의 디테일을 표현하면 완성도 높은 캐릭터 애니메이션을 제작할 수 있습니다.

TIP 디즈니 애니메이션 12가지 원칙은 이 책의 052쪽을 참고합니다.

LESSON 02 / 디자인 실무 실습
_Training

핵심 기능 Parent, Track Matte, Set Matte, Layer
Styles, Preserve Underlying Transparency,
Mask, Dissolve, Turbulent Displace
준비 파일 PART 05\페이스리깅_시작.aep
완성 파일 PART 05\페이스리깅_완성.aep

페이스 리깅 애니메이션 시작하기

01 aep 파일 열고 프로젝트 시작하기 `Ctrl` + `O` 를 눌러 **페이스리깅_시작.aep** 파일을 엽니다. [Timeline] 패널에서 다양한 레이어를 확인합니다.

표정에 따라 자연스럽게 움직이는 눈동자 만들기

02 널 레이어 추가하기 ①[눈동자_오른쪽] 레이어를 클릭하고 ②[Timeline] 패널의 빈 공간을 마우스 오른쪽 버튼으로 클릭하여 [New]-[Null Object]를 선택합니다.

03 ①[눈동자_오른쪽] 레이어 바로 위에 널 레이어가 추가됩니다. 레이어 이름을 **표정**으로 변경합니다.②[표정] 레이어의 [Position]을 **540, 390**으로 설정하여 두 눈 사이로 옮깁니다.

04 ①[얼굴], [목], [몸] 레이어를 함께 선택합니다. ②세 레이어의 중심점을 회전축으로 미리 옮겨둔 것을 확인합니다.

> **TIP** 이번 프로젝트 예제는 템플릿 형태로 제작하여 중심점을 따로 설정해두었습니다. 각 레이어의 중심점을 확인해 보고 실습을 진행합니다.

05 **Parent로 리깅하기** 다음 표를 참고하여 각 레이어를 Parent로 연결합니다.

Child	Parent
[목]	[몸]
[얼굴]	[목]
[앞머리], [헤어라인], [표정], [귀_오른쪽], [귀_왼쪽], [목그림자]	[얼굴]
[눈_오른쪽], [눈_왼쪽], [코], [입]	[표정]
[눈동자_오른쪽]	[눈_오른쪽]
[눈동자_왼쪽]	[눈_왼쪽]

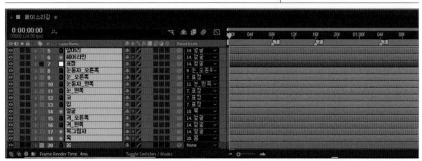

06 패널 위치 변경하기 레이어가 많으므로 [Timeline] 패널을 화면 왼쪽으로 드래그해 위치를 변경합니다. 패널이 좌우 두 개로 구성되어 보기 편해졌습니다.

TIP [Timeline] 패널 위치를 변경하지 않고 학습해도 됩니다.

머리와 얼굴을 함께 움직이기

07 [헤어라인] 레이어에 Set Matte 적용하기 ① [헤어라인] 레이어를 선택하고 ② [Effect]-[Channel]-[Set Matte] 메뉴를 선택해 Set Matte 효과를 적용합니다. ③ [Effect Controls] 패널에서 [Take Matte From Layer]를 [14. 얼굴]로 설정합니다. 헤어라인이 얼굴 라인 안쪽에만 표시됩니다. ④ [Set Matte]를 선택하고 Ctrl + C 를 눌러 Set Matte 효과를 복사합니다.

08 복사한 Set Matte 효과를 [목그림자] 레이어에 붙여넣기 ①[목그림자] 레이어를 클릭하고 Ctrl + V 를 눌러 복사한 효과를 붙여 넣습니다. ②[Take Matte From Layer]를 [18. 목]으로 변경합니다. 목 그림자가 목의 안쪽에만 표시됩니다.

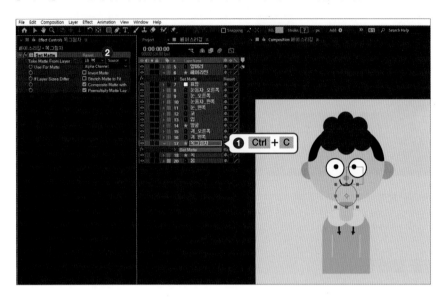

09 [Position]에 키프레임 설정하기 ①0초 지점으로 이동합니다. ②[눈_오른쪽], [눈_왼쪽], [코], [입] 레이어를 제외한 모든 레이어를 선택하고 P 를 눌러 [Position]을 엽니다. ③스톱워치 📷를 클릭하여 키프레임을 설정합니다.

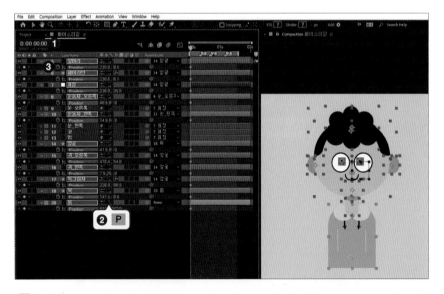

TIP 여러 개의 레이어가 선택된 상태에서 Shift + Alt + P 를 누르거나 [Position]의 스톱워치 📷를 클릭하면 모든 레이어에 키프레임 설정이 한꺼번에 적용됩니다.

TIP 열려 있는 [Position] 옵션을 한 번에 모두 닫으려면 P 를 다시 한 번 누릅니다.

좌우로 인사하는 모션 만들기

10 [Rotation]에 키프레임 설정하기 ①[앞머리], [얼굴], [목], [몸] 레이어를 함께 선택하고 **R**을 눌러 [Rotation]을 엽니다. ②0초 지점에서 스톱워치 를 클릭하여 키프레임을 설정합니다.

11 ①8F 지점으로 이동합니다. ②[앞머리] 레이어의 [Rotation]은 **4°**로, ③[얼굴], [목], [몸] 레이어의 [Rotation]은 **2°**로 설정합니다.

12 캐릭터가 아래를 내려다보는 것처럼 [Position]에 키프레임 설정하기 다음 표를 참고하여 8F 지점에서 각 레이어의 [Position]을 설정합니다.

레이어	[앞머리]	[헤어라인]	[표정]	[얼굴]	[귀_오른쪽]	[귀_왼쪽]	[목그림자]	[몸]
[Position]	325, 65	265, 70	310, 235	55, 89	465, 260	−15, 245	250, 405	534, 952

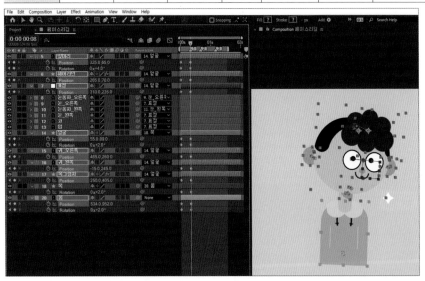

TIP 표에서 안내하는 [Position] 값은 참고용이며 정확한 좌푯값의 설정은 중요하지 않습니다. 캐릭터가 오른쪽 아래를 내려다보는 동작을 생각하며 위치를 조절합니다.

13 ①16F 지점으로 이동합니다. ②아래 그림을 참고하여 현재 선택된 레이어의 옵션을 확인합니다. ③ ◆ 을 클릭해 현재 값에 키프레임을 설정합니다. 8F 동안 동작이 멈춥니다.

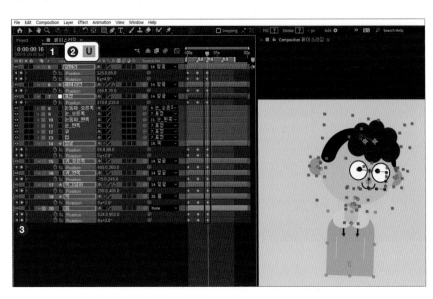

14 캐릭터가 위를 올려다보는 것처럼 [Position], [Rotation]에 키프레임 설정하기 ①

1초 4F 지점으로 이동합니다. ②다음 표를 참고하여 각 레이어의 [Position]과 [Rotation]을 설정합니다.

레이어	[앞머리]	[헤어라인]	[표정]	[얼굴]	[귀_오른쪽]	[귀_왼쪽]	[목그림자]	[목]	[몸]
[Position]	180, 35	200, 70	190, 205	35, 80	480, 235	5, 250	240, 420		534, 920
[Rotation]	−2°			−2°				−2°	−2°

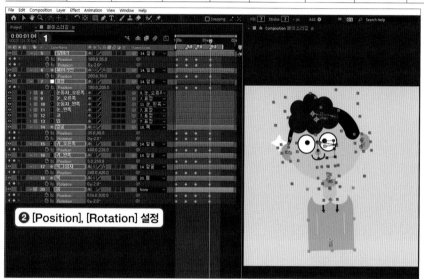

❷ [Position], [Rotation] 설정

TIP 표에서 안내하는 [Position], [Rotation] 값은 참고용이며 정확한 좌푯값의 설정은 중요하지 않습니다. 캐릭터가 왼쪽 위를 올려다보는 동작을 생각하며 위치를 조절합니다.

15 모든 키프레임에 이징 적용하기 ① Ctrl + Alt + A 를 눌러 열려 있는 모든 키프레임을 선택하고 ② F9 를 눌러 [Easy Ease]를 적용합니다.

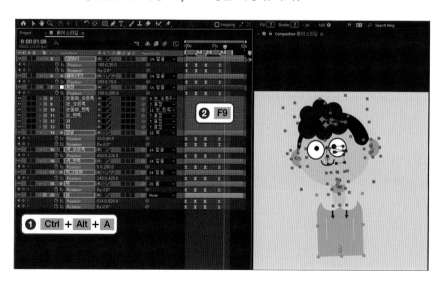

❷ F9

❶ Ctrl + Alt + A

16 **그래프 에디터 열고 Value 그래프 조절하기** ① 그래프 에디터 █를 클릭해 그래프 에디터 창을 엽니다. ②[몸] 레이어의 [Position]을 클릭하고 █를 클릭해 [Separate Dimension]을 적용합니다. [Position]의 좌표가 [X]와 [Y]로 분리됩니다.

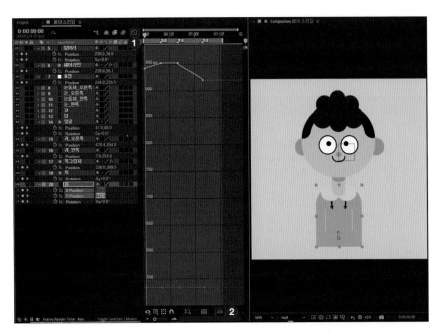

단축키 그래프 에디터 열기/닫기 | Shift + F3

TIP 그래프 모양이 그림과 다르다면 Speed 그래프가 표시된 것입니다. █을 클릭하고 [Edit Value Graph]를 선택합니다.

17 ①[몸] 레이어의 [Y Position]을 클릭하고 ②그래프를 수정합니다. 캐릭터가 위, 아래로 움직이는 동작이 살짝 튕기는 느낌으로 표현되어 재미있는 연출을 할 수 있습니다.

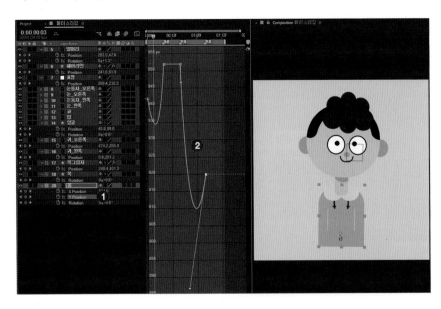

18 오버래핑 액션 적용하기 ①[앞머리], [헤어라인], [표정], [얼굴], [귀_오른쪽], [귀_왼쪽], [목그림자] 레이어를 함께 선택하고 ②U를 눌러 설정된 키프레임을 엽니다. ③모든 키프레임을 선택하고 Alt + → 를 한 번 눌러 키프레임을 1F 뒤로 이동합니다. 대관절인 몸이 먼저 움직이고 한 프레임 뒤에 연결 관절이 움직이도록 미세한 조절을 하는 것입니다.

눈동자 시선 애니메이션 만들기

19 [눈동자] 레이어의 [Position]에 키프레임 설정하기 ①[눈동자_오른쪽], [눈동자_왼쪽] 레이어를 함께 선택하고 P를 눌러 [Position]을 엽니다. ②6F 지점에서 ③다음 표를 참고하여 오른쪽 아래 시선 방향으로 눈동자를 이동합니다.

레이어	[Position]
[눈동자_오른쪽]	95, 73
[눈동자_왼쪽]	98, 68

20 ①17F 지점으로 이동합니다. ② ■을 클릭해 현재 값에 키프레임을 설정합니다.
11F 동안 동작이 멈춥니다.

21 ①1초 1F 지점으로 이동합니다. ②다음 표를 참고하여 눈동자를 왼쪽 위 시선 방향
으로 이동합니다.

레이어	[Position]
[눈동자_오른쪽]	40, 56
[눈동자_왼쪽]	43, 55

눈 깜빡이며 눈동자 크기가 바뀌는 애니메이션 만들기

22 [눈동자] 레이어의 [Scale]에 키프레임 설정하기 ① [눈동자_오른쪽], [눈동자_왼쪽] 레이어가 선택된 상태에서 S를 눌러 [Scale]을 엽니다. ②8F 지점에서 ③ 을 클릭하여 키프레임을 설정합니다.

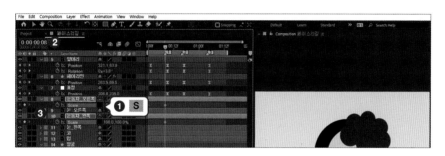

23 다음 표를 참고하여 [눈동자_오른쪽], [눈동자_왼쪽] 레이어의 [Scale]에 키프레임을 설정합니다. 눈동자가 눈을 깜빡이듯이 작아졌다가 다시 커집니다.

Time	레이어	[Scale]
10F	[눈동자_오른쪽]	100, 5
	[눈동자_왼쪽]	100, 5
14F	[눈동자_오른쪽]	100, 5
	[눈동자_왼쪽]	100, 5
16F	[눈동자_오른쪽]	100, 100
	[눈동자_왼쪽]	100, 100

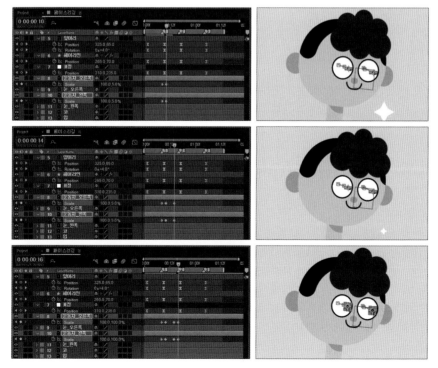

24 캐릭터의 페이스 리깅과 애니메이션 작업이 완성되었습니다. Spacebar 를 눌러 동작이 자연스럽게 연출되었는지 확인해봅니다.

빈티지 스타일 배경 추가하기

25 **배경 레이어 살펴보기** ① ▦ 을 클릭해 감추어둔 레이어들을 표시하고 ② ◉ 을 클릭해 모두 보이게 합니다. 하나의 텍스트 레이어와 리본과 프레임, 테두리를 그린 셰이프 레이어가 삽입되어 있습니다.

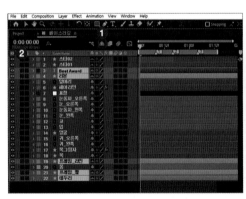 

Design 실력향상 빈티지 스타일 배경 디자인

빈티지 스타일이란 낡고 오래된 느낌이 나거나 그런 분위기를 풍기는 스타일을 말하며, 디자인 분야에서 자주 쓰이는 용어입니다. 원래 빈티지(Vintage)는 와인을 제조할 때 포도를 생산한 연도를 말하며, 양질의 포도로 발효, 숙성되어 병입된 와인을 좋은 빈티지 와인이라 합니다. 현재의 빈티지는 '오래되었지만 가치 있는 것'의 통칭으로 인식되며 패션이나 가구, 그래픽 디자인에서도 주요 스타일로 활용됩니다. 간혹 레트로(Retro)와 유사한 용어로 사용되기도 하지만 레트로는 과거 특정 시대의 스타일이나 디자인 유형을 말하며 복고 스타일이라고도 불립니다. 레트로 경향은 최근 들어 더욱 확장되면서 뉴트로, 힙트로, 빈트로 등의 새로운 용어도 등장했습니다. 이번 프로젝트 예제에서는 배경 디자인에 낡고 오래된 빈티지 느낌을 연출해봅니다.

26 Arc 효과로 비틀린 리본 만들기 ①[리본] 레이어를 클릭하고 ②[Effect]-[Distort]-[Warp] 메뉴를 선택해 Warp 효과를 적용합니다. ③[Effect Controls] 패널에서 [Bend]를 30으로 설정합니다. 직선 모양이었던 리본이 곡선 모양으로 변형되었습니다.

27 Inner Glow 스타일 추가하여 빛바랜 느낌 연출하기 ① [리본] 레이어를 마우스 오른쪽 버튼으로 클릭하고 [Layer Styles]-[Inner Glow] 메뉴를 선택합니다. ②[Inner Glow]-[Size]를 100으로 설정합니다. 리본의 가장자리 부분이 오래되어 빛바랜 느낌으로 연출됩니다.

28 포물선을 따라 텍스트 배치하기 ① [Best Award] 레이어를 클릭합니다. ② 펜 도구
![펜 도구]로 다음과 같이 리본의 곡선을 따라 포물선을 그립니다. [Mask 1]이 생성됩니다.

29 [Best Award] 레이어의 [Text]-[Path Options]-[Path]를 [Mask 1]로 설정합니다.

30 리본 안에 글자가 오도록 적당한 위치로 옮깁니다.

캐릭터가 프레임 안에만 표시되게 설정하기

31 **프레임 설정하기** [몸] 레이어의 을 클릭해 [Preserve Underlying Transparency]를 설정합니다. 프레임 밖으로 나와 있는 몸이 가려집니다.

TIP **F4**를 누르면 ■([Transfer Controls pane])을 활성화하여 칼럼을 열 수 있습니다.

Design 실력향상 **Preserve Underlying Transparency(투명하게 레이어에 적용)**

■를 활성화하면 해당 레이어 아래에 위치한 모든 레이어의 알파 채널을 인식하여, 활성화한 레이어의 알파 채널로 설정됩니다. 다른 레이어의 알파 채널을 추적하는 점은 Track Matte 기능과 유사하지만, 바로 상위 레이어의 알파 채널이나 루마 채널을 추적하는 것이 아닌 활성화한 레이어의 하위에 있는 모든 레이어의 알파 채널을 추적한다는 점에서 차이가 있습니다. Track Matte를 위한 새로운 레이어를 생성할 필요가 없으므로 작업하는 데 매우 편리합니다.

32 프레임 복제하기 ①[프레임_필] 레이어를 클릭하고 Ctrl + D 를 눌러 복제합니다. ②복제된 레이어 이름을 **프레임_질감**으로 변경합니다. ③[Fill Color]는 원래 색상보다 어두운 초록색(#416D62)으로 변경합니다.

33 패스 모양과 동일한 마스크 만들기 [프레임_질감] 레이어를 클릭하고 Ctrl + Shift + N 을 눌러 새로운 마스크를 만듭니다. [Masks]−[Mask 1]이 생성되었습니다.

34 ①[프레임_질감] 레이어의 [Contents]−[Group 1]−[Path 1]−[Path]를 클릭하고 Ctrl + C 를 눌러 복사합니다. ②[Mask Path]를 클릭하고 Ctrl + V 를 눌러 붙여 넣습니다. 프레임의 곡선 모양과 동일한 마스크가 생성됩니다.

35 마스크 설정 변경하여 테두리 부분만 남기기 ① [프레임_질감] 레이어-[Mask 1]의 [Inverted]를 활성화하고 ② [Mask Feather]를 **100, 100**, [Mask Expansion]을 **−50**으로 설정합니다. 마스크의 안쪽은 투명하게 되고 가장자리만 부드럽게 남아 그러데이션처럼 나타납니다.

TIP 마스크의 설정을 변경해도 아무런 변화가 없다면 레이어의 컬러를 변경해야 합니다. 32에서 레이어의 [Fill Color]를 변경했는지 확인합니다.

36 블렌딩 모드 설정하여 거친 입자의 텍스처 연출하기 [프레임_질감] 레이어의 블렌딩 모드를 [Dissolve]로 설정합니다. 거친 입자의 텍스처가 연출됩니다.

배경 그래픽 추가하기

37 **배경 그래픽이 되는 사각형 그리기** ①모든 레이어의 선택이 해제된 상태에서 사각형 도구 ▣ 를 클릭하고 ②캐릭터의 목 아래로 직사각형을 그립니다. ③[Fill Color]는 프레임 테두리의 핑크색과 동일하게 설정합니다. ④레이어의 이름을 **웨이브**로 변경합니다.

단축키 모든 레이어의 선택 해제하기 | **F2** , 또는 **Ctrl** + **Shift** + **A**

TIP 셰이프 레이어가 선택되어 있는 상태에서 사각형을 그리면 레이어 아래에 [Rectangle] 속성이 추가됩니다. 솔리드 레이어 등 시각 레이어가 선택되어 있는 상태에서 사각형을 그리면 사각형 마스크가 생성됩니다.

38 **Turbulent Displace 효과 적용하여 불규칙한 형태 만들기** ①[웨이브] 레이어를 클릭하고 ②[Effect]-[Distort]-[Turbulent Displace] 메뉴를 선택하여 Turbulent Displace 효과를 적용합니다. ③다음 표를 참고하여 [Effect Controls] 패널에서 옵션을 설정합니다. 사각형의 모양이 구불구불하게 변형됩니다.

[Amount]	70
[Size]	80

39 [Layer Styles] 복사하고 다른 레이어에 붙여넣기 ①[리본] 레이어-[Layer Styles] -[Inner Glow]를 클릭하고 Ctrl + C 를 눌러 복사합니다. ②[웨이브] 레이어를 선택하고 Ctrl + V 를 눌러 붙여 넣습니다. 사각형이 빛바랜 느낌으로 표현됩니다.

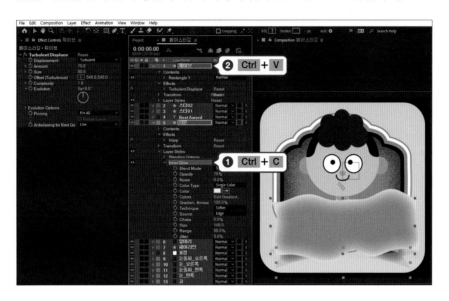

40 [웨이브] 레이어 복제하고 크기, 위치 변경하기 ①[웨이브] 레이어를 클릭하고 Ctrl + D 를 눌러 레이어를 복제합니다. ②다음 표를 참고하여 복제된 [웨이브 2] 레이어의 크기와 위치를 변경합니다. 크기는 세로로 반 정도 작게, 위치는 리본이 있는 위치로 이동합니다.

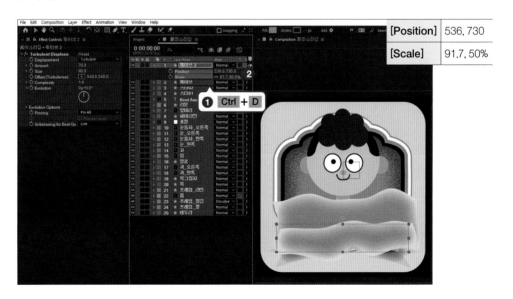

[Position]	536, 730
[Scale]	91.7, 50%

41 [몸] 레이어를 기준으로 [웨이브 2] 레이어는 위로, [웨이브] 레이어는 아래에 위치시킵니다. [웨이브] 레이어는 캐릭터의 뒤로, [웨이브 2] 레이어는 캐릭터의 앞으로 나타납니다.

42 **[웨이브] 레이어의 Track Matte 설정하기** ①[프레임_필] 레이어를 클릭하고 `Ctrl` + `C` 를 눌러 복사합니다. ②[웨이브] 레이어를 클릭하고 `Ctrl` + `V` 를 눌러 붙여 넣습니다. [프레임_필 2] 레이어가 생성됩니다. ③[웨이브] 레이어의 [Track Matte]를 [Alpha Matte "프레임_필 2"]로 설정합니다. 구불구불한 사각형이 프레임 안에만 보입니다.

43 [웨이브 2] 레이어의 █을 클릭해 [Preserve Underlying Transparency]를 설정합니다. 하위 레이어들의 알파 채널에만 이미지가 표시됩니다.

완성 애니메이션 확인하기

44 캐릭터 페이스 리깅과 빈티지 배경 애니메이션이 완성되었습니다. Spacebar 를 눌러 애니메이션을 확인합니다.

SELF TRAINING | 캐릭터 리깅 애니메이션

PART 04\캐릭터_연습.aep 파일을 열면 팔 관절과 손목이 분리되어 있는 컴포지션을 확인할 수 있습니다. 애니메이션을 재생해보면 벌이 아래에서 위로 날아갑니다.

캐릭터가 팔을 좌우로 흔들다가 벌이 프레임 안으로 들어오면 벌을 따라 시선의 방향이 따라가도록 리깅과 애니메이션을 제작해봅니다.

▲ 연습 파일(PART 04\캐릭터_연습.aep) 구성

▲ 인사하듯이 팔을 흔들면서 벌을 따라 시선이 이동하도록 애니메이션하기

238

CHAPTER 02

퍼펫 핀 도구로
캐릭터 리깅하기

PREVIEW

공룡이 비트에 맞춰 덩실덩실 춤을 추다가 손가락으로 버튼을 움직이면 공룡이 멈추는 애니메이션을 제작해봅니다. 이번 프로젝트 예제에서는 무한 반복 동작을 손쉽게 만들기 위한 Expression을 포함하고 있습니다.

LESSON

01

프리 스텝 트레이닝
(Pre-Step Training)

연습 파일 PART 04\퍼펫_연습.aep, 익스프레션.aep

퍼펫(Puppet) 애니메이션은 꼭두각시 인형 놀이처럼 관절을 휘거나 비틀면서 인형을 움직이게 하는 애니메이션을 뜻합니다. 관절이 꺾이거나 휘어지는 등의 움직임은 기본 [Transform] 속성으로는 표현할 수 없으므로 퍼펫 핀 도구를 활용해 좀 더 자연스럽게 움직임을 제어해야 합니다. 캐릭터 애니메이션에서 퍼펫 핀 도구를 사용하면 Transform 애니메이션으로 구현할 수 없는 동작을 제어할 수 있습니다. 상황에 따라 캐릭터의 모양이나 원하는 동작을 구현하려면 퍼펫 핀 도구를 사용하는 것이 필수적일 수도 있습니다.

퍼펫 핀(Puppet Pin) 도구

도구바에서 퍼펫 포지션 핀 도구 ✦ 를 2초 이상 길게 클릭하면 다양한 하위 메뉴가 나타납니다. 퍼펫 어드밴스드 핀 도구 ✎ 는 [Position] 옵션뿐 아니라 [Scale], [Rotation]도 추가되어 움직임을 다양하게 조절할 수 있습니다.

▲ 퍼펫 핀 도구의 종류

퍼펫 핀을 설정하려면 필요한 퍼펫 핀 도구를 선택하고 [Composition] 패널에서 오브젝트를 직접 클릭하여 핀의 위치를 지정합니다. 또는 퍼펫 포지션 핀 도구 ✦로 핀의 위치를 모두 지정한 후에 [Timeline] 패널에서 추가된 핀의 [Pin Type] 옵션을 변경할 수도 있습니다.

▲ 퍼펫 포지션 핀 도구 ✦로 핀의 위치를 설정

다음 그림과 같이 [Pin Type]을 [Bend]로 변경하면 핀에 [Position]이 없어지고 [Rotation]과 [Scale]이 추가됩니다. 핀을 중심으로 회전하며 비틀 수 있습니다.

▲ [Pin Type]을 [Bend]로 변경

[Pin Type]을 [Advanced]로 변경하면 핀에 [Position]이 있는 상태에서 [Rotation]과 [Scale]이 추가됩니다. 위칫값의 이동과 비틀기, 크기를 조절할 수 있습니다.

▲ [Pin Type]을 [Advanced]로 변경한 후 [Position], [Scale], [Rotation] 조절

Expression 표현식

❶ Loop | LoopOut은 레이어의 마지막 키프레임에서 레이어의 시작 지점으로 돌아가 동작을 무한 반복하는 Expression입니다. 이때 지정한 키프레임 수에 따라 반복할 영역이 결정됩니다. numKeyframes 값은 반복할 키프레임 수를 설정합니다. 예를 들어 LoopOut("cycle", 1)는 마지막 키프레임과 마지막에서 두 번째 키프레임을 경계로 이루는 구간을 반복합니다.

연습 파일의 [LoopOut] 컴포지션에는 동일한 움직임을 가지는 네 개의 사각형이 삽입되어 있습니다. 설정된 좌푯값은 동일하지만 재생해보면 1초 지점 이후부터 네 개의 사각형이 각기 다르게 움직이는 것을 확인할 수 있습니다.

TIP Expression 표현식은 연습 파일 중 익스프레션.aep 파일을 열어 확인합니다.

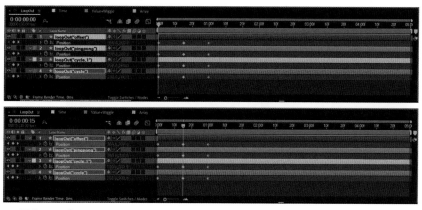

▲ 같은 [Position] 값으로 설정된 네 개의 레이어

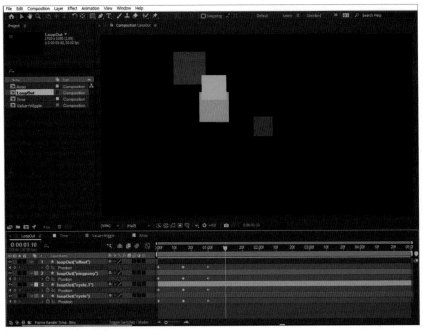

▲ 1초 지점 이후부터는 좌푯값이 모두 달라짐

4번 레이어(loopOut("cycle"))를 선택하고 E 를 두 번 눌러 Expression 에디터 창을 엽니다. [Position]을 클릭하고 F3 을 눌러 그래프 에디터 창을 엽니다. 📧 을 클릭하고 [Show Expression Editor]를 선택하여 Expression 값을 그래프로 표시해보면 다음과 같은 그래프가 표시됩니다. 마지막 키프레임에서 다음 프레임은 첫 번째 키프레임으로 돌아가고 다시 재생됩니다.

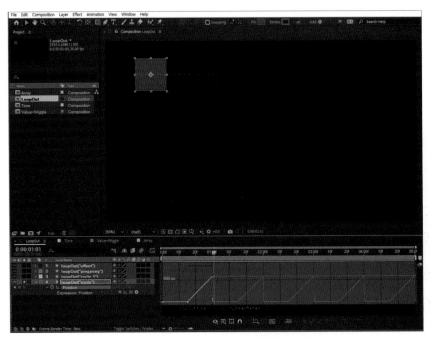

▲ loopOut("cycle")

3번 레이어(loopOut("cycle, 1"))의 [Position]을 클릭해보면 그래프 모양이 달라져 있는 것을 확인할 수 있습니다. 마지막 키프레임에서 다음 프레임은 두 번째 키프레임으로 돌아가고 다시 재생됩니다. 이제 두 번째와 세 번째 키프레임 사이만 반복 재생됩니다.

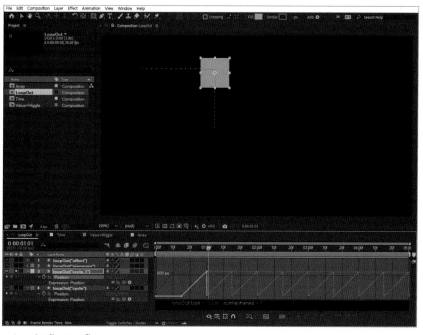

▲ loopOut("cycle, 1")

2번 레이어(loopOut("pingpong"))의 [Position]을 클릭합니다. 'Pingpong'이 적용된 상태이므로 애니메이션이 재생되었다가 마지막 키프레임에서 역재생되며 반복됩니다.

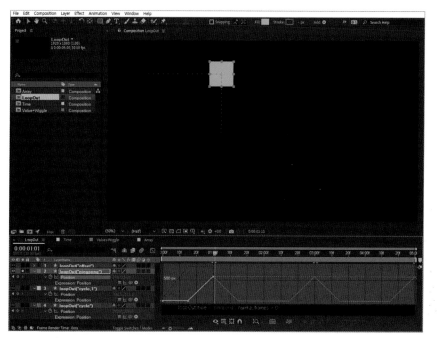

▲ loopOut("pingpong")

1번 레이어(loopOut("offset"))의 [Position]을 클릭합니다. 'Offset'이 적용된 상태이므로 애니메니션이 재생되었다가 마지막 키프레임에서 같은 값만큼 더해지면서 지속적인 움직임이 반복됩니다.

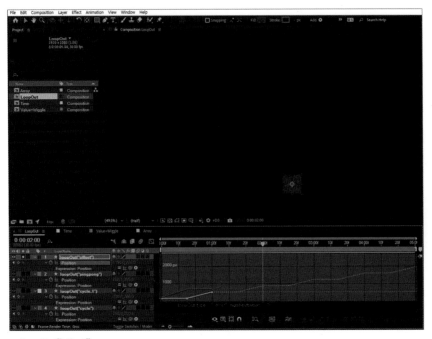

▲ loopOut("offset")

애니메이션을 재생하여 각기 다른 종류의 Loop에 따라 어떻게 다르게 움직이는지 확인해 봅니다.

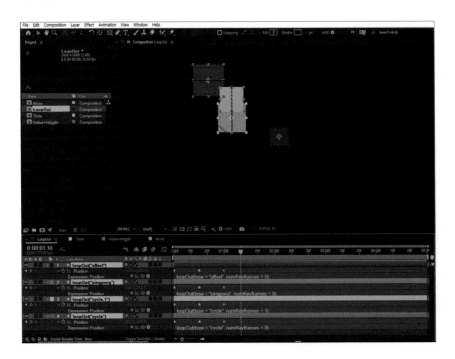

❷ **Time** │ Time은 Expression으로 제어하는 컴포지션 시간(초)을 나타냅니다. 정확한 시간 표시가 필요한 시계 바늘의 움직임 등 시간에 따라 움직이는 다양한 값에 활용할 수 있습니다.

연습 파일의 [Time] 컴포지션을 확인합니다. 예를 들어 [초침] 레이어의 움직임을 제어하려면 [Rotation]에 Expression을 추가하고 **time * 6**을 입력합니다. 현재 컴포지션의 fps가 30이므로 30×6=360, 즉 1초 지점에서 확인해보면 360°를 회전하고 다시 제자리로 돌아옵니다.

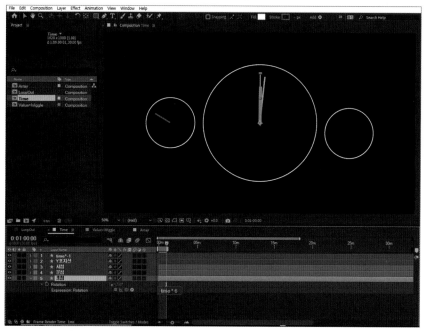

▲ [초침]의 [Rotation]에 time * 6(fps가 30일 때) 적용

[분침] 레이어의 회전값은 [초침] 레이어와 Link 기능으로 연결한 후 **/60**을 입력합니다. 1시간 지점으로 이동해보면 분침이 360°를 회전하고 다시 제자리로 돌아옵니다. [시침] 레이어의 회전값은 분침과 Link 기능으로 연결한 후 **/12**를 입력합니다. 1시간 지점으로 이동해보면 시침이 30°를 회전합니다.

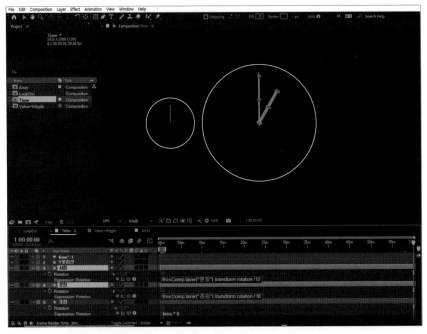

▲ [분침], [시침]의 [Rotation]에 Expression 적용

다음 그림과 같이 [Rotation]의 Expression에 **time * -1**을 입력하면 시계 바늘이 시계 반대 방향으로 회전합니다.

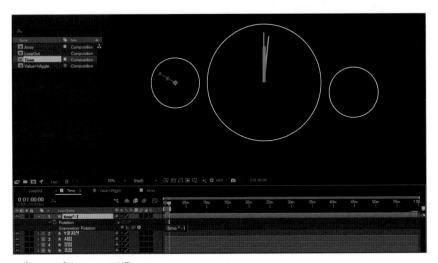

▲ [Rotation]에 time * −1 적용

'Time'은 [Rotation] 속성뿐 아니라 애니메이션할 수 있는 대부분의 값(Value)에 적용할 수 있습니다. 그러나 [Position]과 같이 좌표가 두 개라면 하나의 좌표에만 적용할 수 있습니다. 예를 들어 [Position] 속성에 차원을 분리한 후 다음 그림과 같이 [Y Position]에 **time * 10**을 입력하면 1분 지점에서 [Y Position]은 600이 됩니다(time은 1초 동안 1만큼 이동하는데, *10을 적용하면 1초 동안 10만큼 이동함. 1분은 60초이므로 600만큼 이동).

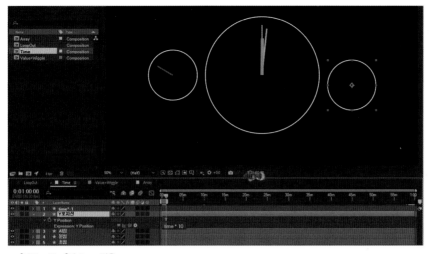

▲ [Y Position]에 time 적용

❸ **Value** | Value는 현재 시간의 속성값으로 제어하며, Number, Array, String 타입이 있습니다. 예를 들어 [Position]에 Wiggle이 적용되어 있을 때 X, 또는 Y좌표만 적용받고 싶다면 Value를 사용할 수 있습니다. 다음 그림은 Wiggle을 적용하여 랜덤하게 움직이는 두 개의 구름 이미지입니다. 파란 구름에는 Wiggle을, 하얀 구름에는 Wiggle과 Value를 함께 적용했습니다. 파란 구름은 상하좌우로 랜덤하게 움직이지만, Value를 함께 적용한 하얀 구름은 상하로만 움직입니다. X 좌표에 Value를 적용하여 Wiggle의 영향을 받지 않도록 했기 때문입니다.

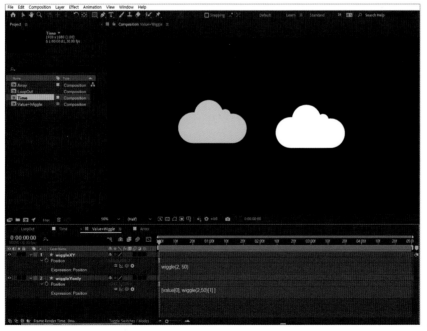

▲ Wiggle과 Value를 적용

Design 실력향상   Expression 표현식 레퍼런스

앞에서 설명한 Expression과 함께 더 자세한 Expression 표현식 레퍼런스는 어도비 공식 홈페이지에서 학습할 수 있습니다.

표현식 언어 참조

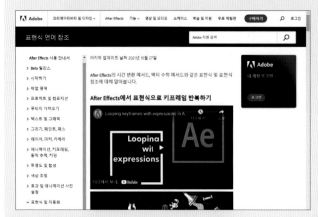

▲ https://helpx.adobe.com/after-effects/using/expression-language-reference.html

After Effects Expression Reference

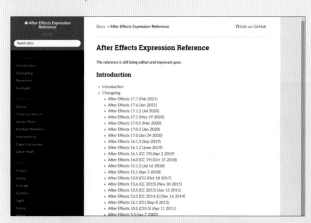

▲ https://ae-expressions.docsforadobe.dev/index.html
  https://ae-scripting.docsforadobe.dev

그 외

아래 사이트는 애프터 이펙트 Expression 학습에 유용한 웹사이트입니다.

http://www.motionscript.com/index.html

아래 사이트는 표현식을 익히는 데 필요한 프로그래밍 학습 웹사이트입니다.

https://grasshopper.app

LESSON

02

디자인 실무 실습 _Training

핵심 기능 Parent, LoopOut, Value, Time, Turbulent Displace, Time Remap, Convert Expression to Keyframes

준비 파일 PART 04\퍼펫다이노_시작.aep

완성 파일 PART 04\퍼펫다이노_완성.aep

퍼펫 핀 애니메이션 만들기

251

01 **aep 파일 열고 애니메이션 확인하기** ① Ctrl + O 를 눌러 **퍼펫다이노_시작.aep** 파일을 엽니다. ②[Project] 패널에서 [댄싱다이노]를 더블클릭하여 컴포지션을 엽니다.

02 ① [눈] 레이어를 제외한 모든 레이어를 선택하고 ② Ⓐ 를 눌러 중심점(Anchor Point)을 확인합니다. 이번 예제에서는 중심점을 각 관절의 회전축으로 설정해두었습니다.

춤추는 동작 애니메이션 만들기

03 **Parent로 연결하기** [눈], [오른팔], [왼팔], [꼬리] 레이어의 Parent를 [4. 몸] 레이어로 설정합니다.

04 **키프레임 설정하기** ①0초 지점에서 ②[몸] 레이어를 클릭하고 ③[Position], [Rotation]의 스톱워치 ⏱ 를 클릭해 키프레임을 설정합니다.

05 Loop 애니메이션 만들기 공룡 캐릭터의 움직임을 Loop 애니메이션으로 만들겠습니다. ①12F 지점으로 이동합니다. ②[Position], [Rotation]의 ◈을 클릭해 같은 값에 키프레임을 설정합니다.

06 [Position], [Rotation]에 키프레임 설정하기 ①6F 지점으로 이동합니다. ②다음 표를 참고하여 [몸] 레이어의 [Position], [Rotation]에 키프레임을 설정합니다. 캐릭터가 앞으로 몸을 숙이고 아래로 조금 이동합니다.

[Position]	340, 560
[Rotation]	-5

07 ①0초 지점에서 [오른팔], [왼팔] 레이어를 함께 선택하고 ②[Rotation]의 스톱워치 ◎를 클릭해 키프레임을 설정합니다. ③12F 지점으로 이동합니다. ④[Rotation]의 ◈을 클릭하여 같은 값에 키프레임을 설정합니다.

08 ①6F 지점으로 이동합니다. ②다음 표를 참고하여 각 레이어의 [Rotation]에 키프레임을 설정합니다. 두 팔이 아래 방향으로 회전합니다.

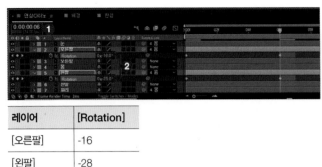

레이어	[Rotation]
[오른팔]	-16
[왼팔]	-28

09 **키프레임 이동하기** ①[오른팔] 레이어의 [Rotation]에 설정한 모든 키프레임을 선택하고 ② Alt + → 를 눌러 1F 뒤로 이동합니다. ③[왼팔] 레이어의 [Rotation]에 설정한 모든 키프레임을 선택하고 ④ Alt + → 를 두 번 눌러 2F 뒤로 이동합니다.

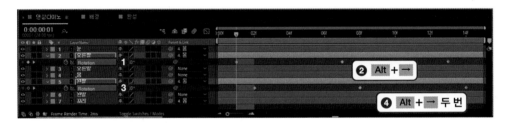

퍼펫 핀 도구로 관절 움직임 제어하기

10 **퍼펫 핀 설정하기** ①0초 지점으로 이동하고 ②[몸] 레이어를 클릭합니다. ③퍼펫 핀 도구 ★를 클릭하고 ④캐릭터의 코 부분을 클릭하여 새로운 핀을 설정합니다. [몸] 레이어에 [Effects]-[Puppet]이 등록된 것을 확인할 수 있습니다.

TIP 이번 단계부터는 퍼펫 핀을 자세히 볼 수 있도록 [Timeline] 패널을 옮긴 상태로 진행합니다.

11 **퍼펫 핀 추가하기** ①다음 그림을 참고하여 머리, 뿔, 엉덩이, 배 부위를 차례로 클릭하여 핀을 추가합니다. ②[Puppet Pin]이 다섯 개 생성되었습니다. ③[Puppet Pin]의 이름을 차례대로 **배, 엉덩이, 헤어, 머리, 코**로 변경합니다.

Design 실력 향상 [Puppet Pin]–[Position] 좌푯값 알아보기

[Composition] 패널에서 대략의 위치를 클릭하여 핀을 생성하였기 때문에 [Position] 값이 실습 예제와 다를 수 있습니다. 실습 도중 [Position] 값을 수정하면 캐릭터의 모양이 달라집니다. 클릭하여 핀을 생성한 위치가 기본값으로 저장되므로 핀의 위치를 조절하면 형태가 변하는 것입니다. 값이 동일하지 않아도 되니, 화면을 참고하여 [배], [엉덩이], [헤어], [머리], [코] 다섯 개의 핀을 생성합니다.

12 **키프레임 설정하기** ①12F 지점에서 ②같은 좌푯값에 다섯 개의 키프레임을 추가합니다. ③6F 지점에서 ④다음 그림을 참고하여 핀의 위치를 조절합니다. 공룡이 팔을 위아래로 움직이고 다리를 구부리며 춤을 추는 동작이 자연스럽게 연출되었는지 확인합니다.

◀ 12F, 6F

◀ 12F, 6F

그림을 보면서 핀을 클릭하였으므로 핀의 위치가 예제와 다를 것입니다. 따라서 현재 좌푯값을 동일하게 하는 것은 중요하지 않습니다. 캐릭터가 고개를 숙이고 등을 굽히는 모습을 생각하면서 핀의 위치를 옮깁니다. 배는 조금 나오고 엉덩이는 조금 들리게 해봅니다.

배나 엉덩이가 출렁거리는 동작을 자연스럽게 표현하려면 앞서 학습한 Bounce Expression을 적용하거나 기본 [Position] 핀이 아닌 [Advanced] 핀으로 변경하여 [Rotation]이나 [Scale]을 조절하는 것도 좋은 방법입니다.

공룡 캐릭터의 눈 위치 조정하기

13 **[눈] 레이어의 위칫값 조절하기** 부자연스러운 공룡 캐릭터의 눈의 위치를 수정합니다. ①[눈] 레이어를 클릭하고 ②다음 표를 참고하여 [Position]에 키프레임을 설정합니다. 핀의 위치가 다르므로 좌푯값은 참고로 하여 눈의 위치를 설정합니다.

Time	[Position]
0초	180, 140
6F	150, 155
12F	180, 140

▲ 0초   ▲ 6F   ▲ 12F

공룡 다리가 구부러지는 애니메이션 만들기

14 **퍼펫 핀 도구로 오른발 위치 조정하기** ①0초 지점으로 이동하고 ②[오른발] 레이어를 클릭합니다. ③퍼펫 핀 도구 ⭐ 를 클릭하고 ④오른쪽 발의 위쪽 끝을 클릭하여 첫 번째 핀을 설정합니다.

15 ①무릎, 발 부분을 차례로 클릭하여 핀을 추가합니다. ②새롭게 생성된 세 개의 [Puppet Pin] 이름을 **발**, **무릎**, **허벅지**로 변경합니다.

16 **키프레임 설정하기** ①12F 지점에서 ◆을 클릭하여 같은 값에 키프레임을 설정합니다. ②6F 지점으로 이동하고 ③오른쪽 다리의 무릎이 구부러지며 들리도록 핀의 위치를 조절합니다. 너무 많이 구부리면 이미지의 왜곡이 심해질 수 있으므로 핀의 위치를 조금씩 이동하면서 변형합니다.

▲ 12F   ▲ 6F

17 **퍼펫 핀 도구로 왼발 위치 조정하기** ①0초 지점으로 이동하고 ②[왼발] 레이어를 클릭합니다. ③14~15처럼 퍼펫 핀 도구 ✪로 왼쪽 발의 위쪽 끝부분부터 무릎, 발을 차례로 클릭하여 세 개의 핀을 설정한 후 핀의 이름을 **발**, **무릎**, **허벅지**로 변경합니다.

18 키프레임 설정하기 ①12F 지점에서 ◆을 클릭하여 같은 값에 키프레임을 설정합니다. ②6F 지점으로 이동하고 왼쪽 다리의 무릎이 구부러지며 들리도록 핀의 위치를 조절합니다.

❶ 12F에 키프레임 설정

❷ 6F에서 핀 조정

▲ 12F   ▲ 6F

19 퍼펫 핀 도구로 꼬리 위치 조정하기 ①0초 지점으로 이동하고 ②[꼬리] 레이어를 클릭합니다. ③14~15처럼 퍼펫 핀 도구 ✚로 꼬리의 안쪽 끝부분부터 차례로 클릭하여 세 개의 핀을 설정한 후 핀의 이름을 **01, 02, 03**으로 변경합니다.

20 키프레임 설정하기 ①12F 지점에서 ②◆을 클릭하여 같은 값에 키프레임을 설정합니다. ②6F 지점으로 이동하고 꼬리가 구부러지며 들리도록 핀의 위치를 조절합니다.

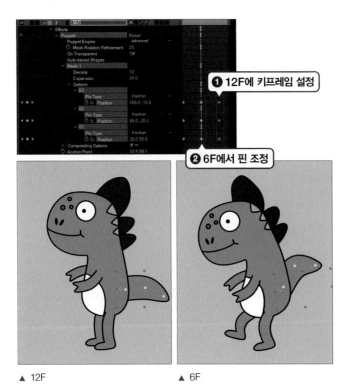

▲ 12F

▲ 6F

21 키프레임 옮기기 [꼬리] 레이어에 설정된 모든 키프레임을 선택하고 Alt + → 를 눌러 1F 뒤로 옮깁니다.

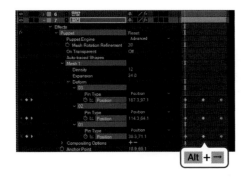

22 **모든 키프레임에 이징 적용하고 춤추는 동작 완성하기** ① Ctrl + A 를 눌러 모든 레이어를 선택하고 ② U 를 눌러 키프레임이 설정된 모든 속성을 엽니다. ③ Ctrl + Alt + A 를 눌러 열린 모든 키프레임을 선택하고 ④ F9 를 눌러 [Easy Ease]를 적용합니다.

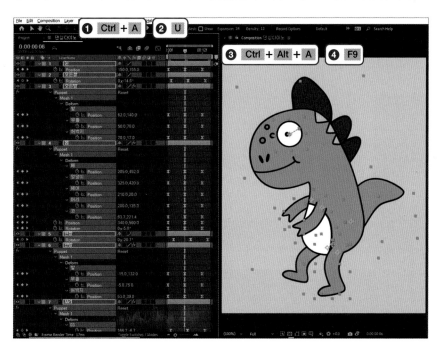

23 팔을 위아래로 움직이고 다리를 들썩이는 공룡 캐릭터의 춤추는 동작이 완성되었습니다. Spacebar 를 눌러 애니메이션을 확인해봅니다.

배경 디자인 애니메이션 만들기

24 **[배경] 컴포지션을 열고 애니메이션 확인하기** ①[Project] 패널에서 [배경]을 더블클릭하여 컴포지션을 엽니다. ②12개의 셰이프 레이어와 하나의 솔리드 레이어가 삽입되어 있는 것을 확인할 수 있습니다. [Timeline] 패널에서 레이어를 확인해봅니다. 3초 지점에서 손가락으로 버튼을 오른쪽으로 슬라이드하는 애니메이션이 제작되어 있습니다.

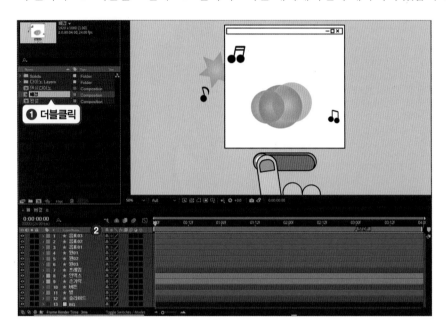

음표 그래픽의 비트감 표현하기

25 **음표 그래픽의 [Scale], [Rotation]에 키프레임 설정하기** ①[음표01], [음표02], [음표03] 레이어를 함께 선택하고 [Scale]과 [Rotation]을 엽니다. ②0초 지점에서 ③세 레이어의 [Scale]과 [Rotation]의 스톱워치 █를 클릭해 키프레임을 설정합니다.

26 ①10F 지점으로 이동하고 ②다음 표를 참고하여 각 레이어의 [Scale]과 [Rotation]을 설정합니다.

레이어	[Scale]	[Rotation]
[음표01]	80%	10
[음표02]	80%	−5
[음표03]	70%	−9

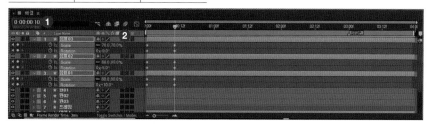

27 모든 키프레임에 이징 적용하기 ①모든 키프레임을 선택하고 ② **F9** 를 눌러 [Easy Ease]를 적용합니다.

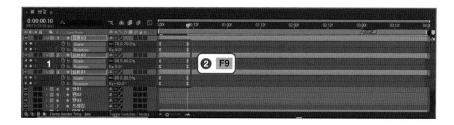

28 LoopOut Expression 추가하기 **Alt** 를 누른 채 [음표 03] 레이어-[Scale]의 스톱워치 를 클릭해 Expression을 적용합니다.

> **TIP** 단축키 **Alt** + **Shift** + **=** 를 누르거나 [Animation]-[Add Expression] 메뉴를 선택해도 Expression을 적용할 수 있습니다.

29 ① [Expression Language Menu: 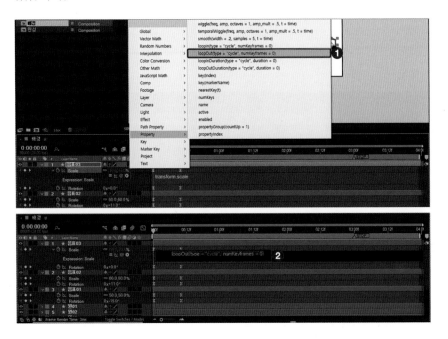]–[Property]–[loopOut(type = "cycle", numKeyframes = 0)]를 선택합니다. ②사이클 동작으로 반복되는 Expression이 적용되었습니다.

30 Expression 수정하기 Expression 에디터 창에서 "cycle"을 "**pingpong**"으로 변경합니다.

31 ① Alt 를 누른 채 [음표03] 레이어–[Rotation]의 스톱워치 를 클릭하여 Expression을 적용합니다. ②**29**처럼 [Expression Language Menu:]–[Property]–[loopOut(type = "cycle", numKeyframes = 0)]를 선택하여 Expression을 적용합니다.

32 Expression 복사하여 다른 레이어에 붙여넣기 ① [음표03] 레이어의 [Scale]을 클릭하고 ② 마우스 오른쪽 버튼을 클릭한 후 [Copy Expression Only]를 선택합니다. Expression만 복사됩니다.

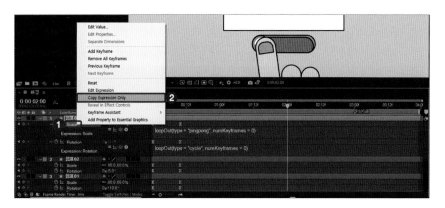

33 ① [음표02] 레이어의 [Scale]을 클릭하고 Ctrl + V 를 눌러 복사된 Expression을 붙여 넣습니다. ② [음표01] 레이어의 [Scale]을 클릭하고 Ctrl + V 를 눌러 한 번 더 붙여 넣습니다.

34 Expression 복사하여 다른 레이어에 붙여넣기 ① [음표03] 레이어의 [Rotation]을 클릭하고 ② 마우스 오른쪽 버튼을 클릭한 후 [Copy Expression Only]를 선택합니다. Expression만 복사됩니다.

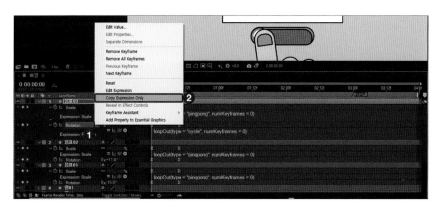

35 ①[음표02] 레이어의 [Rotation]을 클릭하고 Ctrl + V 를 눌러 복사된 Expression을 붙여 넣습니다. ②[음표01] 레이어의 [Rotation]을 클릭하고 Ctrl + V 를 눌러 한 번 더 붙여 넣습니다. 세 개의 음표 레이어의 [Scale]에는 'Pingpong', [Rotation]에는 'Cycle' Loop Expression이 적용되었습니다. 음표가 커졌다가 작아지고 회전하는 동작의 리듬감이 강하게 표현됩니다.

36 **키프레임 옮기기** ①[음표03] 레이어에 설정된 모든 키프레임을 선택하고 ② Alt + ← 를 한 번 눌러 키프레임을 1F 앞으로 이동합니다. ③[음표02] 레이어에 설정된 모든 키프레임을 선택하고 ④ Alt + ← 를 두 번 눌러 키프레임을 2F 앞으로 이동합니다.

시간에 따라 별이 움직이게 만들기

37 **Time Expression 추가하기** ①[별] 레이어를 클릭하고 **R** 을 눌러 [Rotation]을 엽니다. ② **Alt** 를 누른 채 스톱워치 를 클릭하여 Expression을 적용합니다. ③ Expression 에디터 창에 **time * 100 + value**를 입력합니다.

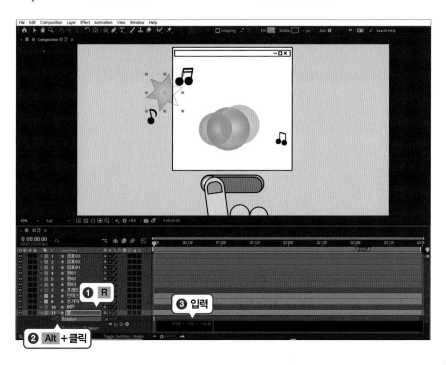

38 **키프레임 설정하기** ①1초 15F 지점으로 이동합니다. ②[별] 레이어-[Rotation]의 스톱워치 를 클릭해 키프레임을 설정합니다.

39 Value Expression으로 키프레임 추가하기 ① 1초 21F 지점으로 이동합니다. ②
[별] 레이어의 [Rotation]에 **250**을 입력합니다. Expression이 적용된 값에 250이 더해져
[Rotation]이 1×+77.5로 표시됩니다. 6F 동안 250만큼 더 크게 회전합니다.

40 [별] 레이어 복제하기 ①[별] 레이어를 클릭하고 Ctrl + C , Ctrl + V 를 눌러 복사
후 붙여 넣습니다. ②다음 표를 참고하여 [별2] 레이어의 속성값을 수정합니다. 별이 오른
쪽 하단으로 이동하고 크기가 더 커집니다.

[Position]	[Scale]
1400, 708	250, 250

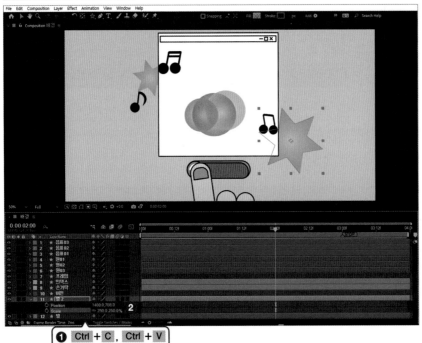

41 [별2] 레이어의 속성 수정하기 다음 표를 참고하여 [별2] 레이어의 속성을 수정합니다. 별의 포인트가 많아지고 뾰쪽해집니다.

[Contents]–[Polystar 1]–[Polystar Path 1]–[Points]	12
[Contents]–[Polystar 1]–[Polystar Path 1]–[Inner Radius]	15

42 Expression 수정하여 반대 방향으로 회전 적용하기 ①[별2] 레이어를 클릭하고 E 를 두 번 눌러 Expression 에디터 창을 엽니다. ②time * -100 + value를 입력합니다. [별2] 레이어가 [별] 레이어의 회전 방향과 반대로 회전합니다.

43 키프레임 이동하기 ①[별2] 레이어의 [Rotation]에 설정한 두 개의 키프레임을 모두 선택하고 ②첫 번째 키프레임이 2초 지점에 오도록 몇 프레임 뒤로 옮깁니다.

TIP 키프레임이 선택된 상태에서 Alt + → 를 누르면 키프레임이 1F 뒤로 이동합니다.

44 2초 6F 지점에서 두 번째 키프레임의 [Rotation]에 **100**을 입력하여 값을 변경합니다. Expression이 적용된 값에 100이 더해져 −125로 표시됩니다.

불규칙하게 움직이는 원형 만들기

45 **Turbulent Displace 효과 적용하기** ① [원01] 레이어를 클릭하고 ② [Effect]−[Distort]−[Turbulent Displace] 메뉴를 선택해 Turbulent Displace 효과를 적용합니다. ③ 다음 표를 참고하여 [Effect Controls] 패널에서 옵션을 설정합니다.

[Amount]	35
[Size]	70

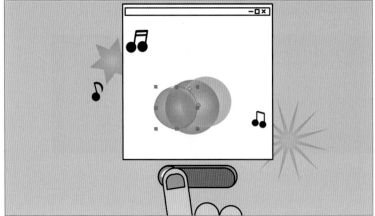

46 Time Expression 추가해 원형이 시간에 따라 계속 변하게 만들기 ① [Effect Controls] 패널에서 Alt 를 누른 채 [Turbulent Displace]의 [Evolution]의 스톱워치 를 클릭해 Expression을 적용합니다. ②Expression 에디터 창에 **time * 500**을 입력합니다.

47 Turbulent Displace 효과 복사해 다른 레이어에 붙여넣기 ①[원01]- [Turbulent Displace]를 클릭하고 Ctrl + C 를 눌러 복사한 후 ②[원02], [원03] 레이어에 붙여 넣습니다. ③ Spacebar 를 눌러 애니메이션을 확인해봅니다. 세 개 원의 움직임이 동일하여 부자연스러워 보입니다.

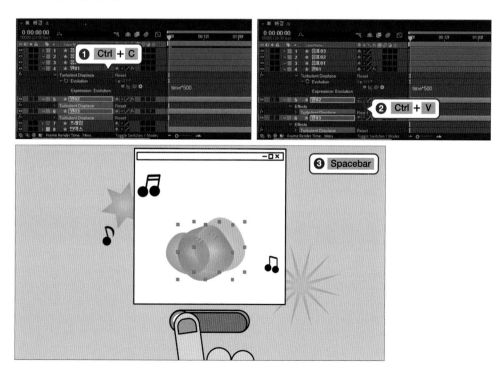

48 Expression 수정하기 다음 표를 참고하여 [원02], [원03] 레이어의 Expression을 수정합니다.

레이어	Expression
[원02]	time * 700
[원03]	time * 300

49 배경 레이어에 Grid 효과 적용하고 옵션 설정하기 ①[BG] 레이어를 클릭하고 ② [Effect] −[Generate]−[Grid] 메뉴를 선택해 Grid 효과를 적용합니다. ③다음 표를 참고 하여 [Effect Controls] 패널에서 옵션을 설정합니다.

[Size From]	Width Slider
[Width]	50
[Border]	4
[Opacity]	60%
[Blending Mode]	Normal

❷ [Effect] −[Generate]−[Grid] 메뉴 선택

50 Spacebar 를 눌러 애니메이션을 확인합니다. 리드미컬하게 움직이는 음표와 별 도형, 불규칙하게 형태가 변하는 원형의 움직임을 표현한 배경 애니메이션이 완성되었습니다.

컴포지션 합쳐서 애니메이션 완성하기

51 **[완성] 컴포지션에 두 개의 컴포지션 삽입하기** ① [완성] 컴포지션을 더블클릭하여 엽니다. ② [Project] 패널에서 [댄싱다이노]와 [배경]을 함께 선택하고 ③ Ctrl + / 를 눌러 [완성] 컴포지션에 삽입합니다. ④ Spacebar 를 눌러 애니메이션을 확인합니다.

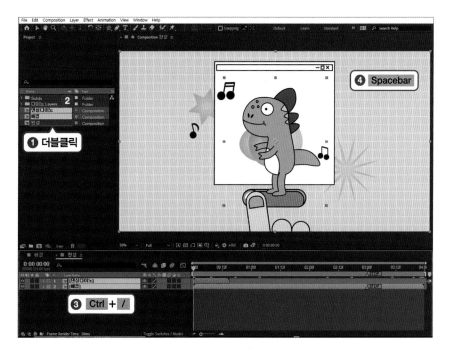

52 공룡의 위칫값 수정하기 ①[댄싱다이노] 레이어를 클릭하고 ②[Position]을 **960,
455**로 설정하여 하얀색 프레임 안에 위치시킵니다.

53 공룡 레이어에 Time Remap 적용하기 ①[댄싱다이노] 레이어가 선택된 상태에서
[Layer]-[Time]-[Enable Time Remapping] 메뉴를 선택합니다. ②[Time Remap]이 등
록되고 레이어의 시작과 끝 지점에 두 개의 키프레임이 생성됩니다.

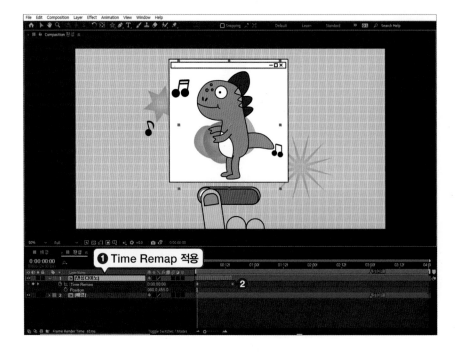

54 레이어의 지속 시간을 컴포지션의 지속 시간과 동일하게 설정하기 ① End 를 눌러 컴포지션의 마지막 지점으로 이동하고 ② Alt +] 를 눌러 현재 시간 만큼 레이어의 지속 시간을 늘려줍니다. 레이어의 지속 시간은 늘어났지만 공룡 캐릭터는 보이지 않습니다. [Time Remap]의 마지막 프레임에는 공룡이 표시되지 않기 때문입니다.

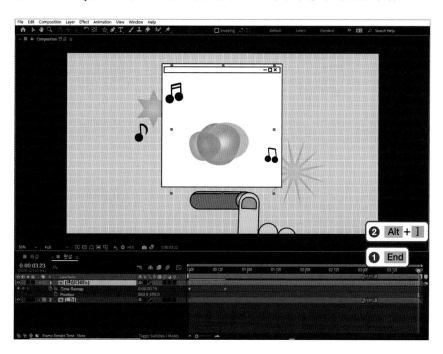

55 ① 14F 지점에서 ② [Time Remap]의 ◆을 클릭하여 키프레임을 추가하고 ③ 15F에 있던 키프레임은 삭제합니다. 이제 컴포지션의 마지막 프레임까지 공룡이 나타납니다.

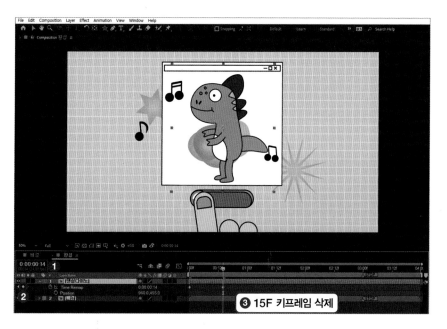

56 **LoopOut Expression 추가하여 춤추는 동작 무한 반복하게 만들기** ① Alt 를 누른 채 [Time Remap]의 스톱워치 ⏱ 를 클릭해 Expression을 적용합니다. ② [Expression Language Menu: ▶]를 클릭하고 [Property]−[loopOut(type = "cycle", numKeyframes = 0)]를 선택합니다. 사이클의 동작으로 반복되는 Expression이 적용됩니다.

57 **[Convert Expression to Keyframes] 설정하여 Expression으로 만들어진 값을 키프레임으로 변환하기** 애니메이션을 재생해봅니다. 버튼이 오른쪽으로 이동한 지점에서 공룡의 동작을 멈추게 하고 싶지만 설정된 Loop Expression 때문에 키프레임을 추가해도 멈추지 않습니다. 앞서 학습했던 Value Expression을 추가해도 원하는 결과는 얻을 수 없습니다. ① 두 개의 키프레임을 선택하고 ② 마우스 오른쪽 버튼을 클릭한 후 [Keyframe Assiatant]−[Convert Expression to Keyframes]를 선택합니다. 프레임마다 키프레임이 생성됩니다.

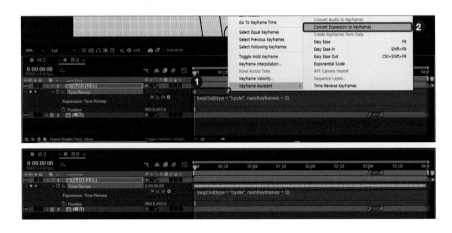

58 ①3초 지점으로 이동합니다. ②3초 이후의 키프레임을 모두 선택하고 Delete 를 눌러 삭제합니다.

59 Alt 를 누른 채 [Time Remap]의 스톱워치 ◉ 를 클릭해 Expression을 삭제합니다. Expression이 삭제되고 키프레임만 남기 때문에 3초에서 공룡의 움직임이 멈춥니다.

60 **[배경] 레이어에 Time Remap 적용하기** 3초 지점에서 배경의 그래픽도 모두 동작을 멈추게 해보겠습니다. ①[배경] 레이어를 클릭하고 [Layer]–[Time]–[Enable Time Remapping] 메뉴를 선택해 Time Remap을 적용합니다. [Time Remap]이 등록되고 레이어의 시작과 끝 지점에 두 개의 키프레임이 생성됩니다. ②3초 지점에서 ③ ◈ 을 클릭하여 키프레임을 추가합니다.

61 키프레임 조절하여 동작 멈추게 설정하기 [Time Remap]에 설정된 마지막 키프레임을 선택하고 Delete 를 눌러 삭제합니다. 3초 지점에서 배경의 움직임도 멈춥니다.

완성 애니메이션 확인하기

62 3초 동안 비트에 맞춰 덩실덩실 춤을 추던 공룡이 버튼을 움직이는 순간 동작을 멈추는 애니메이션이 완성되었습니다.

SELF TRAINING | 퍼펫 핀 도구로 인어공주 표현하기

Part 04\퍼펫_연습.aep 파일을 열면 인어공주 이미지 파일이 삽입되어 있는 것을 확인할 수 있습니다. 다양한 퍼펫 핀 도구를 활용하여 바닷속에서 인어공주가 꼬리를 살랑살랑 움직이는 애니메이션을 제작해봅니다. 물속 동작을 상상하면서 머리카락의 움직임도 만들어봅니다.

▲ 퍼펫 핀 도구로 인어공주 표현하기

CHAPTER 03

Deekay Tool로 만드는
캐릭터 워크 사이클

모션 그래픽 디자인의 필수 기능을 유튜브 영상 강의로 익히세요.
유튜브에서 TORI Studio를 검색하면 더 많은 영상 강의를 확인할
수 있습니다.

LESSON

00 / PREVIEW

애프터 이펙트에서 캐릭터의 다양한 동작을 제어하는 것은 쉽지 않습니다. 제작 과정이 매우 복잡하고 자연스러운 연출을 하는 것이 어렵기 때문입니다. 이때 캐릭터 제작 스크립트(Scripts)를 사용하면 훨씬 편리하고 완성도 있게 캐릭터 애니메이션을 제작할 수 있습니다. 이번 프로젝트 예제에서는 Deekay Tool 스크립트를 활용하여 워크 사이클(Walk Cycle) 애니메이션을 제작해봅니다.

프로젝트 설계
(Pre-Production)

연습 파일 PART 04\워크사이클_시작.aep, 키오.ai

일러스트레이터(Ai) 소스 이미지 작업

이번 프로젝트 예제의 소스 파일인 **키오.ai** 파일을 열어보면 레이어가 분리되어 있는 캐릭터 그림을 확인할 수 있습니다. '키오'는 Deekay Tool 스크립트를 사용하여 애니메이션하기 위한 소스 이미지이므로 [Limb]의 구성이 되는 팔과 다리는 필요하지 않습니다. [Limb]은 팔다리를 의미합니다. 애니메이션 작업 방식에 따라서, 또는 사용할 스크립트에 따라 팔다리의 그래픽이 필요할 수도, 그렇지 않을 수도 있습니다. 따라서 작업 방식이나 스크립트를 고려하여 소스 이미지 작업을 해야 합니다.

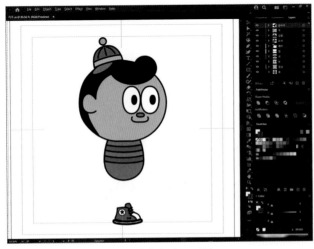

▲ 애니메이션을 위하여 레이어를 분리해놓은 키오.ai 파일

TIP '키오'는 필자의 단편 애니메이션 작품을 위해 개발된 캐릭터입니다. 캐릭터를 수정/편집/변형하거나 무단 전재, 배포를 금합니다. 개인 실습 용도로만 사용합니다.

이번 프로젝트 예제에서는 캐릭터와 배경 이미지가 필요합니다. 구름 같이 단순한 형태는 애프터 이펙트에서 셰이프 레이어로 그리는 것이 효율적이지만, 셰이프 레이어로 그리기 까다로운 일러스트는 일러스트레이터나 포토샵에서 그려두는 것이 좋습니다.

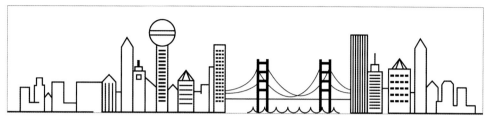

▲ 배경 소스 이미지

연습 파일을 열고 [Project] 패널에서 [키오] 컴포지션을 열어보면, 키오.ai 파일을 불러 와서 몇 가지 작업을 해둔 것을 확인할 수 있습니다. [Timeline] 패널을 보면 다양한 색상 의 마커를 만들고 마커의 이름도 설정해두었습니다. 마커는 총 아홉 개이며 앞에서부터 Contact, Down, Passing, Up, Contact, Down, Passing, Up, Contact순으로 배열되어 있습니다. 이 마커는 캐릭터의 걷기 동작을 아홉 개로 나눈 것이며 해당 마커 지점에서 해 당 자세를 연출하면 됩니다.

TIP 각 자세에 대한 설명은 캐릭터 워크 사이클 애니메이션 기초 이론(293쪽)을 참고합니다.

▲ 마커가 설정되어 있는 워크사이클_시작.aep 파일

중심점(Anchor Point)의 위치가 중요한 [몸], [얼굴], [모자] 레이어의 중심점은 미리 조절해두었으며, 눈과 코 같은 표정 레이어의 Parent가 되는 널 레이어를 만든 후 Parent 연결작업도 미리 적용해두었습니다.

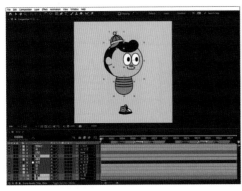

▲ 미리 설정한 중심점 이동

▲ 널 레이어 생성 후 Parent 연결 작업 완료

LESSON

02

프리 스텝 트레이닝
(Pre-Step Training)

Deekay Tool 설치하기

이번 프로젝트 예제에서는 Deekay Tool 스크립트를 사용합니다. aescript+aeplugins 웹 사이트의 Deekay Tool 페이지(https://aescripts.com/deekay-tool)에 접속한 후 [TRY] 를 클릭하여 트라이얼 버전을 다운로드할 수 있습니다.

01 Deekay Tool 페이지에서 [TRY]를 클릭하여 트라이얼 버전을 다운로드합니다.

TIP Deekay Tool을 활용한 이유는 무료 트라이얼을 제공하고 제어가 쉽기 때문입니다. 또한 많은 프리셋 을 제공하여 애니메이션 초보자도 손쉽게 다양한 동작을 만들 수 있습니다. 대표 무료 스크립트인 Duik Bessel도 장점이 많지만 제어가 복잡하고 프리뷰나 렌더링이 너무 오래 걸리는 단점이 있습니다.

02 트라이얼 설치 파일을 다운로드한 후 압축 파일을 풀면 다음과 같이 열립니다.

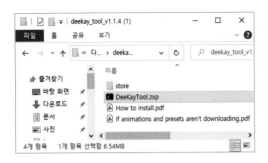

03 ①ZXP Install 페이지(https://aescripts.com/learn/zxp-installer)에 접속하여 OS에 맞는 ZXP Installer를 다운로드하여 설치합니다. ②설치한 ZXP Installer를 실행하고 DeeKayToolMDS.zxp 파일을 열어 설치를 마칩니다.

04 ①애프터 이펙트를 열고 [Window]-[Extensions]-[DeeKay Tool Extension] 메뉴를 선택하면 ②패널을 열고 사용할 수 있습니다. 단, 트라이얼 버전은 사용 기간이 7일입니다. 이 예제의 학습을 시작하는 시점에서 설치합니다. ③트라이얼 기간이 끝나더라도 한 번 만들어둔 [Limb] 컨트롤러는 사라지지 않지만 새 [Limb]을 만들거나 만들어둔 [Limb]의 스타일을 추가하는 등의 작업은 불가능합니다. 설치한 Deekay Tool 스크립트의 트라이얼 버전이 만료되어 사용할 수 없다면 **워크사이클_완성.aep** 파일의 [Project] 패널에서 [Solids] 폴더 안에 있는 [키오_pose] 파일을 열고 걷기 동작을 만들어볼 수 있습니다.

[Deekay Tool] 패널 알아보기

캐릭터 리깅 작업은 [Rig] 탭을 활용합니다. 먼저 [Limb]
을 만들고 [Style]을 추가하는 순서로 작업합니다. 새로운
[Limb]은 [Default], [Arm], [Leg], [Body] 중에 선택할 수
있습니다. 만들어지는 [Limb]의 모양과 림(Limb)을 조절하
는 컨트롤러의 구성은 동일하며 레이어의 이름만 다릅니다.
예를 들어 [Leg]를 선택하면 다리에 관련된 용어인 Hip과
Ankle이, [Arm]을 선택하면 팔과 관련된 용어인 Shoulder
와 Wrist로 림이 생성됩니다. 레이어의 이름을 변경하면 프
로그래밍 오류가 생기므로 처음부터 적절한 림 타입을 선택
하는 것이 좋습니다.

림(Limb) 타입 만들기

림 타입을 [Leg]로 설정하고 [+Create]를 클릭하면 Hip과 Ankle 조절점을 가진 컨트롤러
레이어가 생성됩니다. [+Create]를 클릭할 때 다양한 단축키를 활용해 원하는 조합의 림
을 만들 수 있습니다.

[+Create]를 클릭하면 림 스타일을 설정하는 [New Limb Style] 옵션이 나타납니다.

[Outline]이나 [Caps]에 체크하고 [Accept]를 클릭하면 새로운 림이 생성됩니다. 이때 [Autorotate]를 활성화하면 [Autorotate] 컨트롤러 레이어가 함께 생성되며, 발의 회전값에 따라 회전하는 신발 레이어를 Parent로 연결할 수 있어 편리합니다.

단축키 Alt +클릭 | 기본 설정값으로 새로운 림이 생성됩니다.
Alt + Shift +클릭 | [Autorotate]를 포함한 기본 설정값의 새로운 림이 생성됩니다.

세 개의 레이어가 생성됩니다. [--Limb--Ankle]은 발목의 위치를 조절하는 컨트롤러 레이어이며, [--Limb--Hip]은 몸과 맞닿아 있는 힙 조인트(Joint)의 위치를 조절하는 컨트롤러 레이어입니다. [--Limb--Limb]은 다리 이미지 레이어입니다. [--Limb--Ankle]과 [--Limb--Hip] 레이어는 가이드 레이어이며 렌더링 시 표시되지 않습니다.

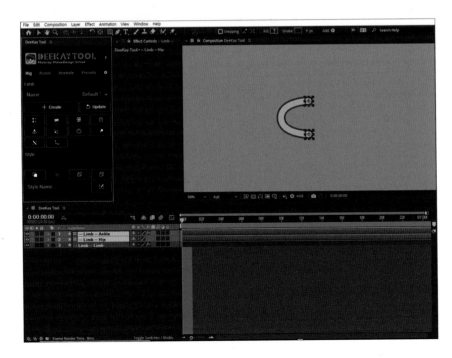

[--Limb--Ankle] 레이어를 클릭하고 E 를 두 번 눌러 Expression 에디터 창을 열어 봅니다. 수많은 Expression이 프로그래밍되어 있는 것을 확인할 수 있습니다. 다른 레이어도 각기 다른 Expression이 적용되어 있습니다. 레이어의 이름과 효과들이 모두 Expression으로 연결되어 있으므로 레이어 이름 등을 변경하면 Expression 오류가 되어 림이 더 이상 작동하지 않을 수 있으니 유의해야 합니다.

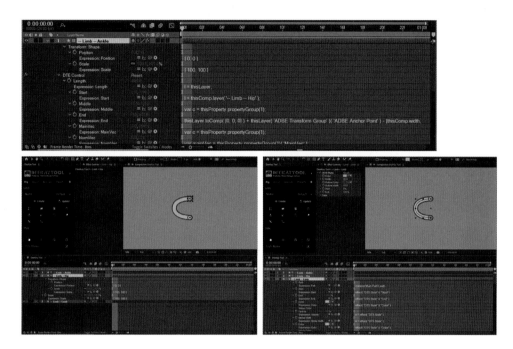

다리 만들기

[--Limb--Limb] 레이어의 [Effect Controls]를 열어보면 [DTS Style]이 등록된 것을 확인할 수 있습니다. 다리 모양을 만드는 옵션입니다. 림의 색상과 굵기, 아웃라인의 색상과 굵기를 설정할 수 있고 [Caps]에서 [Circle], [Flat], [Square]를 설정할 수도 있습니다.

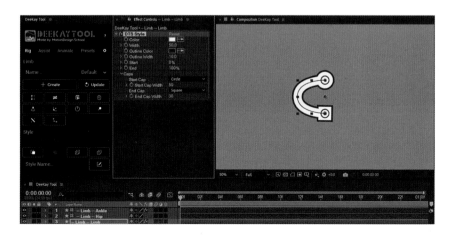

[−−Limb−−Ankle] 레이어를 클릭하고 [Effect Controls]를 열어보면 [DTE Control]이 등록된 것을 확인할 수 있습니다. 림의 길이와 휘는 방향, 중간 포인트 위치, 휘어지는 정도 등을 설정합니다. 컨트롤러 설정 후 [Composition] 패널에서 컨트롤러를 직접 클릭하여 움직이거나 [Timeline] 패널에서 [Position] 값을 변경하여 움직일 수 있습니다.

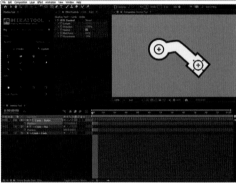

팔 만들기

[Limb] 타입을 [Arm]으로 설정하고 Alt + Shift 를 누른 채 [+Create]를 클릭하여 [Autorotate]를 포함한 기본값의 림을 생성합니다. [−−Limb−−AutoRotate] 레이어가 추가되고 네 개의 레이어가 생성됩니다.

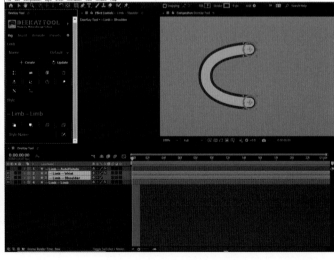

별 도구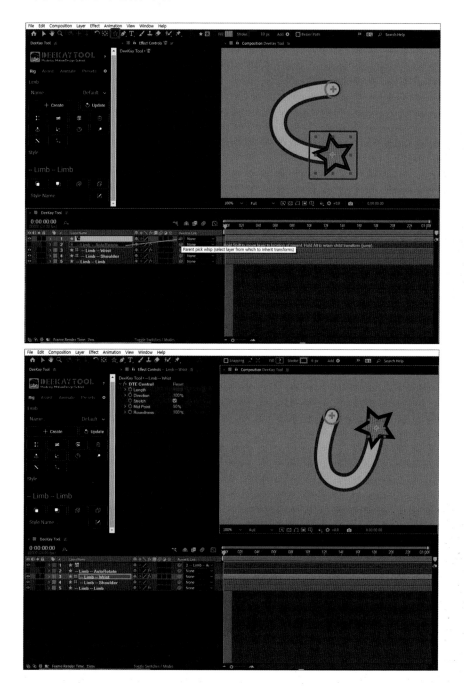로 손 부분에 간단하게 별 모양을 하나 그려봅니다. 그런 다음 [--Limb--AutoRotate] 레이어와 Parent로 연결하면 손목이 움직일 때 그 동작에 따라 자연스럽게 별이 회전합니다. 다리는 신발과 같은 그래픽을 따로 그리고 같은 방법으로 Parent 기능을 적용해 작업할 수 있습니다.

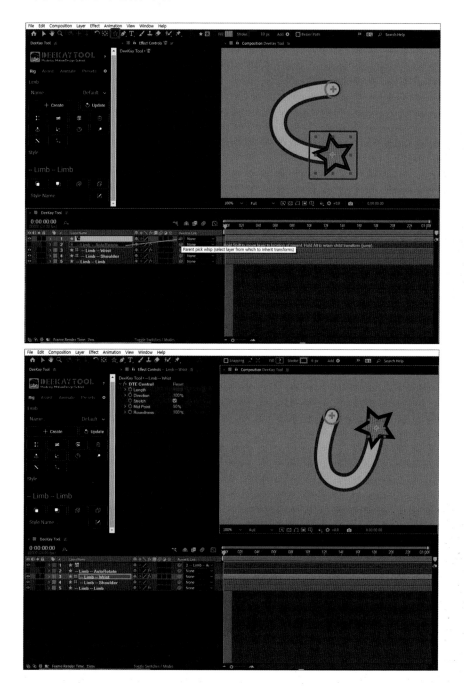

그래픽 추가하기

이미 만들어둔 림에 스타일을 추가하여 양말이나 옷소매와 같은 그래픽을 추가할 수 있습니다. [--Limb--Limb] 레이어의 [DTS DTS Style]을 선택하고 [DeeKay Tool] 패널에서 선택한 스타일을 복제하거나 새로운 스타일을 추가할 수 있습니다. [DTS Style 2]가 등록되며 색상이나 굵기 등의 옵션을 조절하여 다음 그림과 같이 옷소매를 그릴 수 있습니다.

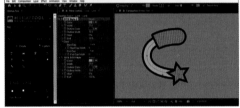

뛰는 동작 만들기

캐릭터의 림을 모두 만들고 Parent로 연결합니다. [DeeKay Tool] 패널에서 [Animate] 탭을 클릭하고 [Set Up Rig]를 클릭한 후 [Gallery]에서 프리셋을 선택합니다. 빠르게 뛰기, 화난 걸음 동작 등 다양한 걷기, 뛰기 동작을 자동으로 애니메이션할 수 있습니다.

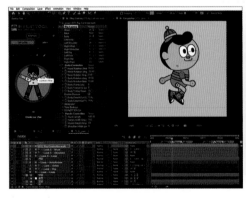

TIP 자세한 사용법은 Deekay Tool 개발자가 제공하는 공식 튜토리얼 유튜브(https://youtu.be/jXNAOS9vf1k)에서 확인할 수 있습니다.

캐릭터 워크 사이클 애니메이션 기초 이론

사람이 걷는 동작은 우리가 수도 없이 보고 행동하는 아주 보편적인 동작이므로 애니메이션하는 작업이 그다지 어려워 보이지 않습니다. 그러나 기초 지식 없이 걷기 동작을 만들어보면 난관에 부딪히는 경우가 많습니다. 실제로 애니메이션 분야에서 공 튀기기와 캐릭터의 워크 사이클 동작은 가장 먼저 배우는 기초 과정이면서도 난이도가 높은 애니메이션에 꼽힙니다. 이번 프로젝트 예제를 실습할 때도 단순히 똑같은 좌푯값을 입력하여 똑같은 결과물을 내는 것은 학습에 큰 도움이 되지 않습니다. 걷기 동작을 이해하고 올바른 작업 순서에 따라 동작을 제어하는 것이 중요합니다.

다음은 워크 사이클을 잘 이해할 수 있는 아홉 개의 동작을 그린 그림입니다.

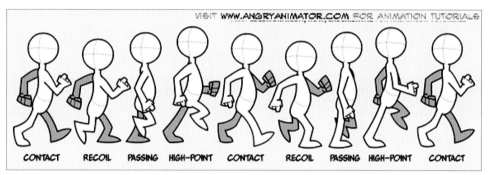

▲ 워크 사이클 아홉 개의 동작(출처 : https://www.angryanimator.com/word/2010/11/26/tutorial-2-walk-cycle)

이족 보행 동작이 아홉 개의 단계로 이루어져 있지만 워크 사이클은 네 가지 다른 자세로 설명할 수 있습니다. 양쪽 다리가 벌어지고 바닥에 닿아 있는 Contact 자세를 시작으로, 걷기 동작에서 자세가 가장 낮고 반동을 만드는 Recoil 자세, 한쪽 다리만 땅을 지지하고 전진하는 Passing 자세, 걷기 동작에서 자세가 가장 높은 High-Point 자세가 있습니다. 용어를 쉽게 이해하기 위해 Recoil은 Down으로, High-Point는 Up으로 지칭하겠습니다.

이 네 가지 자세 중에서 가장 중요한 자세는 Contact 자세입니다. 이 포즈가 잘못 설정되면 걷기 동작이 매우 어색해질 수 있습니다. 이족 보행의 워크 사이클에서 가장 중요한 동작은 다리와 발 동작이며 팔 동작은 발의 회전과 반대로 설정합니다. 따라서 다리의 움직임을 먼저 만들고 팔의 움직임을 제어하는 순서로 애니메이션하는 것이 좋습니다.

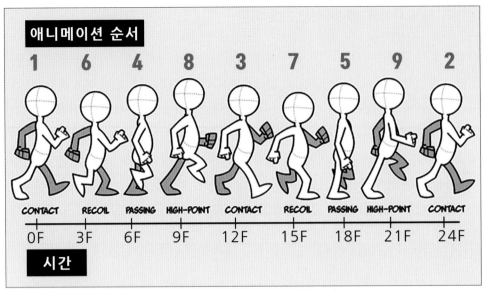

▲ 키프레임 설정과 애니메이션 순서

키프레임 애니메이션을 제작할 때에는 다음 그림과 같이 Contact 자세에 첫 번째로 키프레임을 설정하고, Loop(반복) 동작을 고려하여 마지막 프레임에 동일한 자세로 키프레임을 추가합니다. 세 번째 키프레임은 두 다리와 모양은 같으나 앞뒤 다리의 위치가 반대되도록 하는 새로운 Contact 자세를 만듭니다. 그리고 양쪽 Contact의 중간에서 Passing, 즉 통과 자세에 키프레임을 설정합니다. 이어서 세 번째, 두 번째의 중앙에 있는 또 다른 Passing에서 두 다리의 위치를 바꿉니다. 이후에는 Down과 Up을 차례로 작업합니다. 하나의 걷기 사이클은 1초 정도가 적당하며 영상의 FPS(Frames per second)가 24F인 경우에는 위 그림과 같이 3F 간격으로 작업합니다. 키프레임 설정의 순서는 0F → 24F → 12F → 6F → 18F → 3F → 15F → 9F → 21F으로 설정하는 것이 효율적입니다. 또한 자연스러운 워크 사이클을 만들기 위해서는 다리와 팔의 움직임은 물론 몸의 반동과 머리의 기울기 등도 고려해야 합니다.

LESSON

03

디자인 실무 실습
_Training

핵심 기능 DeeKay Tool, CC Repe Tile, LoopOut, Trim
Paths, Repeater, Time Remap
준비 파일 PART 04\워크사이클_시작.aep
완성 파일 PART 04\워크사이클_완성.aep

워크 사이클 애니메이션 만들기

01 aep 파일 열고 프로젝트 시작하기 ① Ctrl + O 를 눌러 **워크사이클_시작.aep** 파일을
엽니다. ②[Project] 패널에서 [키오]를 더블클릭하여 컴포지션을 엽니다. 캐릭터 리깅의
기초 단계인 중심점 이동과 Parent 작업을 미리 해두었습니다. 레이어들을 하나씩 클릭하
여 확인해봅니다.

02 원하는 레이어만 선택하기　노란색 라벨을 가진 레이어를 마우스 오른쪽 버튼으로 클릭하고 [Select Label Group]을 선택합니다. 노란색 라벨의 레이어가 모두 선택됩니다.

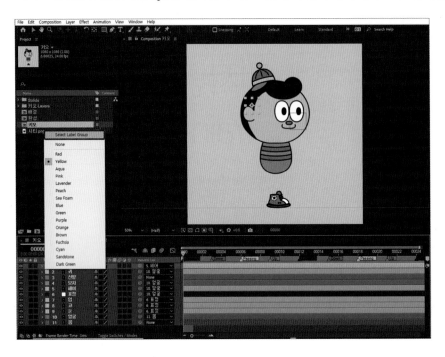

03 Shy 레이어로 설정하기　① 을 클릭해 선택된 레이어를 Shy 레이어로 설정하고 ② [Timeline] 패널에서 을 클릭해 Shy 레이어로 설정된 레이어를 감춥니다.

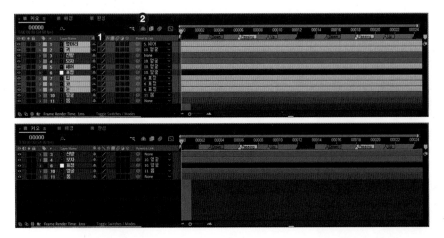

> **TIP**　캐릭터 애니메이션은 정교한 작업이므로 하나의 컴포지션에 많은 레이어가 삽입됩니다. Shy 레이어 기능을 적용하면 필요한 레이어만 [Timeline] 패널에 남겨둘 수 있어 효율적으로 작업할 수 있습니다. Shy 레이어로 설정한 레이어는 [Timeline] 패널에서만 감춰지고 [Composition] 패널에는 영향을 미치지 않습니다.

키오 캐릭터의 다리 만들기

04 [Window]–[Extensions]–[DeeKay Tool] 메뉴를 선택해 [DeeKay Tool] 패널을 엽니다.

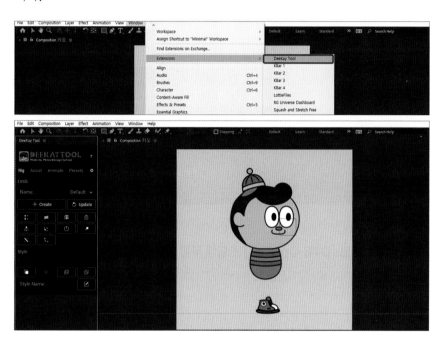

05 **림 생성하여 다리 만들기** ①[Default]를 클릭해 [Leg]를 선택하고 ②[+Create]를 클릭합니다. ③[New Limb Style]에서 [Autorotate], [Outline], [Caps]에 체크하고 ④ [Accept]를 클릭합니다. ⑤화면의 중앙에 새로운 림이 생성되었습니다.

TIP DeeKay Tool 스크립트로 생성한 레이어는 [--Limb--Limb]과 같이 미리 설정된 이름으로 등록됩니다. 레이어 이름을 변경하면 Expression 오류가 표시되므로 레이어의 이름은 변경하지 않습니다.

06 [DTS Style] 옵션 설정하기 ① [--Limb--Limb] 레이어를 클릭합니다. ②다음 표를 참고하여 [Effect Controls] 패널에서 [DTS Style]을 설정합니다.

[Color]	캐릭터의 얼굴과 같은 연보라색
[Width]	35
[Outline Color]	캐릭터의 Stroke와 같은 짙은 회색
[Outline Width]	6

07 다리 컨트롤러 이동하고 [DTE Control] 조절해 무릎 관절 구부리기 ① [--Limb--Ankle]과 [--Limb--Hip] 레이어를 함께 선택하고 ②다음 그림을 참고하여 캐릭터의 다리 부분으로 내립니다.

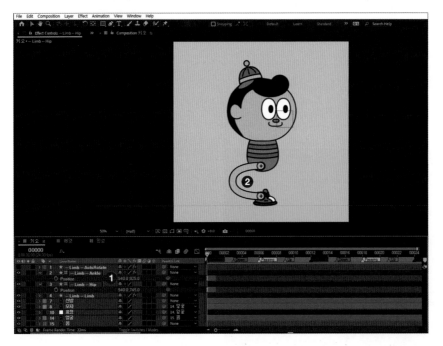

> **TIP** 이번 예제에서는 [--Limb--Ankle]-[Position]은 540, 925, [--Limb--Hip]-[Position]은 540, 745로 설정했습니다. [Position]의 정확한 위칫값을 입력하지 않아도 됩니다.

08 ①[--Limb--Ankle] 레이어를 클릭하고 ②다음 표를 참고하여 [Effect Controls]
패널에서 [DTE Control]을 설정합니다. ③[Composition] 패널에서 [--Limb--Ankle]
컨트롤러를 클릭하고 앞뒤로 움직여 봅니다. ④ Ctrl + Z 를 눌러 제자리로 돌아옵니다.

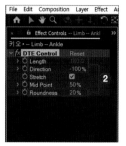

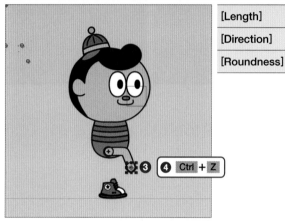

[Length]	180
[Direction]	−100%
[Roundness]	20%

09 **[신발] 레이어의 Parent를 [--Limb--AutoRotate]로 설정하기** ①[신발] 레이
어를 가장 위로 배치합니다. ②🌀을 드래그하여 [--Limb--AutoRotate] 레이어와 연결
합니다. ③[Composition] 패널에서 [--Limb--Ankle] 컨트롤러를 선택하고 앞뒤로 움
직여봅니다. ④신발의 회전값이 자동으로 변경되는지 확인하고 Ctrl + Z 를 눌러 제자리
로 돌아옵니다.

10 **[DTS Style] 복제하고 양말 그리기** ①[--Limb--Limb] 레이어의 [Contents]–
[DTS Style]을 선택합니다. ② Shift 를 누른 채 [DeeKay Tool] 패널의 🔲 을 클릭하여 스타
일을 복제합니다. ③동일한 설정을 가진 [DTS Style 2]가 등록됩니다.

11 다음 표를 참고하여 [Effect Controls] 패널에서 [DTS Style 2]를 설정합니다. 오렌지
색 양말이 그려집니다.

[Color]	캐릭터의 티셔츠와 같은 오렌지색
[Width]	40
[Start]	65%
[Caps]–[Start Cap]	Flat

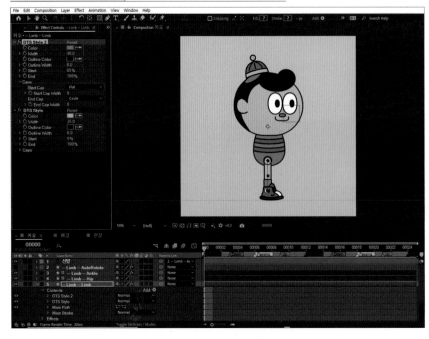

12 **다리를 그린 림 복사하여 반대쪽 다리 만들기** ①[--Limb--Limb] 레이어를 클릭합니다. ②[DeeKay Tool] 패널에서 █을 클릭하여 림을 복제합니다.

13 ①[--Limb 2--Ankle]과 [--Limb 2--Hip] 레이어를 함께 선택하고 ②다음 그림을 참고하여 캐릭터의 다리를 오른쪽으로 20px 정도 이동합니다.

TIP 이번 예제에서는 [--Limb 2--Ankle]-[Position]은 560, 925, [--Limb 2--Hip]-[Position]은 560, 745로 설정했습니다. [Position]의 정확한 위칫값을 입력하지 않아도 됩니다.

14 ①[--Limb 2--Limb] 레이어를 클릭합니다. ②[Effect Controls] 패널에서 [DTS Style], [DTS Style 2]의 [Color]를 원래 색상보다 조금 어둡게 변경합니다. 새로 만든 다리를 뒤에 배치할 것이므로 색상을 조금 어둡게 조절하는 것입니다.

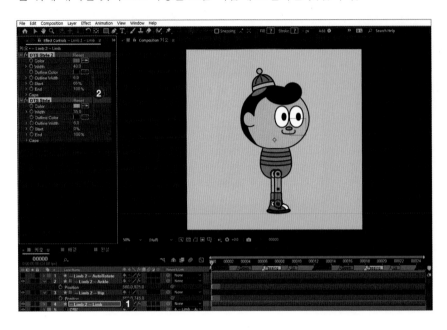

15 [신발] 레이어의 Parent를 [--Limb--AutoRotate]로 설정하기 ①[신발] 레이어를 클릭하고 Ctrl + D 를 눌러 복제한 후 ②복제된 [신발 2] 레이어를 가장 위에 배치합니다. ③두 번째로 만든 다리가 있는 위치로 신발을 옮깁니다.

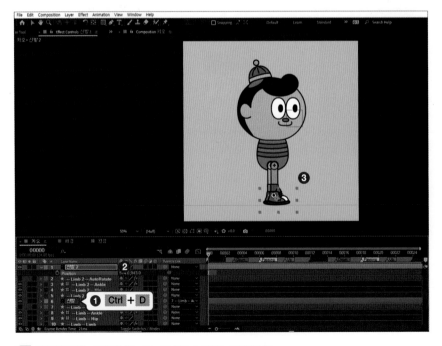

TIP 이번 예제에서는 [신발 2]-[Position]을 574, 943으로 설정했습니다.

16 ①[신발 2] 레이어의 을 드래그하여 [--Limb 2--AutoRotate] 레이어와 연결합니다. ②[Composition] 패널에서 [--Limb--Ankle] 컨트롤러를 클릭하고 앞뒤로 움직여봅니다. ③신발의 회전값이 자동으로 변경되는지 확인하고 Ctrl + Z 를 눌러 제자리로 돌아옵니다.

17 [신발 2] 레이어와 네 개의 [Limb 2] 설정 레이어들을 선택하고 가장 아래에 배치합니다.

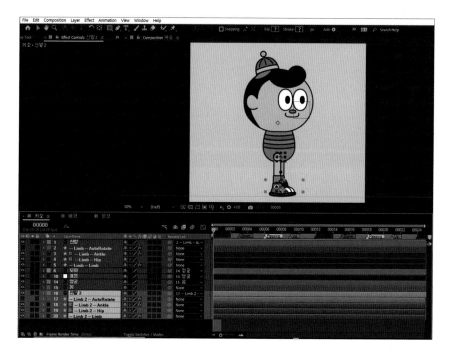

키오 캐릭터의 팔 만들기

18 림 생성하여 팔 만들기 ①[DeeKay Tool] 패널에서 [Default]를 클릭해 [Arm]을 선택하고 ②[+Create]를 클릭합니다. ③[New Limb Style]에서 [Outline], [Caps]에 체크하고 ④[Accept]를 클릭합니다. ⑤화면의 중앙에 새로운 림이 생성되었습니다.

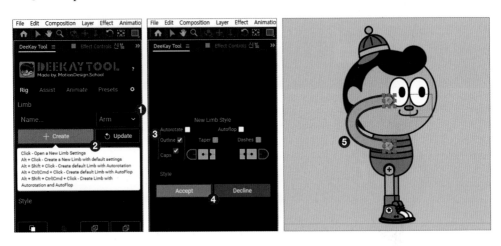

19 [DTS Style] 옵션 설정하기 ①[--Limb 3--Limb] 레이어를 클릭합니다. ②다음 표를 참고하여 [Effect Controls] 패널에서 [DTS Style]을 설정합니다. 동그란 손이 있는 팔이 생성됩니다.

[Color]	캐릭터의 얼굴과 같은 연보라색
[Width]	35
[Outline Color]	캐릭터의 Stroke와 같은 짙은 회색
[Outline Width]	6
[Caps]-[End Cap Width]	24

20 컨트롤러 이동하고 [DTE Control] 조절해 팔 구부리기 ① [--Limb 3--Wrist], [--Limb 3--Shoulder] 레이어를 함께 선택하고 ②다음 그림을 참고하여 캐릭터의 팔을 어깨 지점으로 내립니다.

TIP 이번 예제에서는 [—Limb 3—Wrist]-[Position]은 540, 825, [—Limb 3—Shoulder]-[Position]은 540, 625로 설정했습니다.

21 ①[--Limb 3--Wrist] 레이어를 클릭하고 ②다음 표를 참고하여 [Effect Controls] 패널에서 [DTE Control]을 설정합니다.

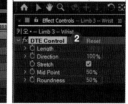

[Length]	180
[Direction]	100%
[Roundness]	50%

22 [DTS Style] 복제해 캐릭터 옷소매 만들기

① [--Limb 3--Limb] 레이어의 [Contents]-[DTS Style]을 선택한 상태에서 ② Shift 를 누른 채 [DeeKay Tool] 패널의 🔲 을 클릭하여 스타일을 복제합니다. ③동일한 설정을 가진 [DTS Style 2]가 등록됩니다. 다음 표를 참고하여 [DTS Style 2]를 설정합니다. 초록색 반팔 소매가 그려집니다.

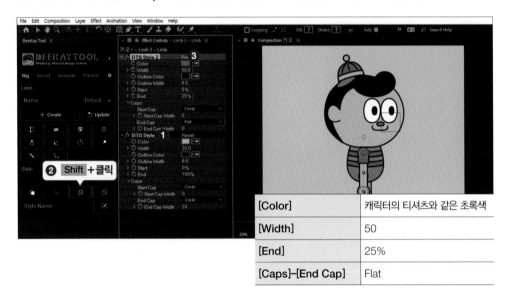

[Color]	캐릭터의 티셔츠와 같은 초록색
[Width]	50
[End]	25%
[Caps]-[End Cap]	Flat

23 팔을 그린 림 복사해 반대쪽 팔 만들기

① [--Limb 3--Wrist] 레이어를 클릭합니다. ② [DeeKay Tool] 패널에서 🔳 을 클릭하여 림을 복제합니다. ③세 개의 레이어가 새로 생성됩니다.

24 ①[--Limb 4--Limb] 레이어를 클릭합니다. ②[Effect Controls] 패널에서 [DTS Style], [DTS Style 2]의 [Color]를 원래 색상보다 조금 어둡게 변경합니다. ③세 개의 [-- Limb 4] 컨트롤러 레이어를 가장 아래에 배치합니다.

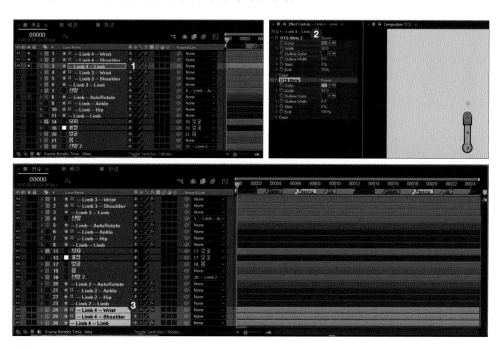

TIP 작업 과정에서 비슷한 이름의 레이어가 많다면 🔳을 잠시 켜서 작업 레이어만 보이게 한 후 설정을 변경하는 것이 좋습니다.

25 팔과 다리의 [Limb] 레이어를 [몸] 레이어와 Parent로 연결하기 ①[--Limb 3-- Shoulder] , [--Limb--Hip], [--Limb 2--Hip], [--Limb 4--Shoulder] 레이어의 Parent를 [몸] 레이어로 설정합니다. 어깨와 다리가 몸을 따라 움직이도록 설정한 것입니다. ②[몸] 레이어의 [Position]이나 [Rotation] 등을 움직여보고 연결이 알맞게 되어 있는지 확인한 후 ③ Ctrl + Z 를 눌러 다시 제자리로 돌아옵니다.

26 Shy 레이어로 설정하기 ①다음 그림을 참고하여 걷기 동작 애니메이션 작업에 필요 없는 레이어를 모두 선택하고 ②**中**을 클릭해 Shy 레이어로 설정합니다. 11개의 레이어만 남고 [Timeline] 패널에서 모두 감추어졌습니다.

▲ Shy 레이어로 감춰도 [Composition] 패널에는 변화가 없음

키오 캐릭터의 몸 움직임 만들기

27 [몸] 레이어의 [Position] 좌표 분리하기 ①[몸] 레이어를 클릭하고 [Position] 과 [Rotation]을 엽니다. ②[Position]을 마우스 오른쪽 버튼으로 클릭하고 [Separate Dimensions]를 선택해 X, Y 좌표를 분리합니다.

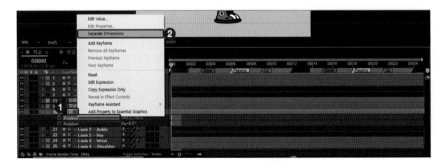

28 **[Position], [Rotation] 애니메이션 시작하기** ①0초 지점에서 ②[몸] 레이어의 [Y Position]을 **770**, [Rotation]을 **3**으로 설정하고 ③스톱워치 ○ 를 클릭해 키프레임을 설정합니다. 앞으로 전진하며 걸을 때에 상체가 숙여지기도 하고 다리를 뻗을 때는 몸의 위치가 올라가기도 합니다. 걷는 동작을 생각하면서 [Position]과 [Rotation]에 움직임을 적용합니다.

29 **키프레임 설정하기** 12F 지점과 24F 지점에서 같은 값의 키프레임을 추가합니다. 팔과 다리의 위치만 바뀔 뿐 동일한 포즈이므로 같은 키프레임을 설정하는 것입니다.

30 [Position], [Rotation] 값 수정하고 키프레임 설정하기 ① 3F 지점에서 ② [몸]
레이어의 [Y Position]을 785, [Rotation]을 5로 설정합니다. ③ 15F 지점에서 ④ [몸] 레
이어의 3F에 설정된 [Y Position], [Rotation] 키프레임을 복사하여 붙여 넣습니다. [Y
Position]은 785, [Rotation]은 5로 설정됩니다.

31 ① 9F 지점에서 ② [몸] 레이어의 [Y Position]을 740, [Rotation]을 -2로 설정합니다.

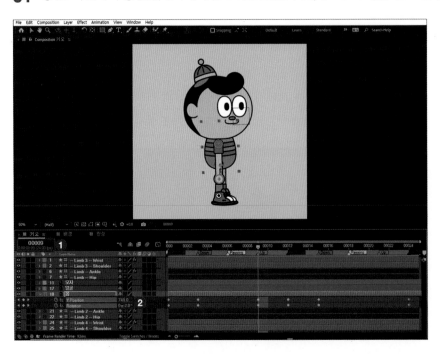

32 ①21F 지점에서 ②[몸] 레이어의 9F에 설정된 [Y Position], [Rotation] 키프레임을 복사하여 붙여 넣습니다. [Y Position]은 740, [Rotation]은 −2로 설정됩니다. [몸] 레이어의 애니메이션 작업이 완료되었습니다. Spacebar 를 눌러 애니메이션을 재생해보면 제자리에서 무릎을 굽혔다가 펴는 동작이 나타납니다.

33 팔과 연결된 림을 보이지 않게 설정하기 두 팔과 연결된 여섯 개 레이어의 👁️을 클릭하여 [Composition] 패널에서 보이지 않게 합니다. 걷기 동작에서 중요한 것은 발의 움직임이므로 팔은 잠시 감추어두고 발 동작을 먼저 작업하기 위해서입니다.

TIP 그림의 위치에 대한 이해를 돕기 위해 Alt + `를 눌러 [Proportional Grid]를 활성화해두었습니다. 그리드를 끈 비활성화 상태로 실습해도 됩니다.

34 Shy 레이어 설정하기 ①다음 그림을 참고하여 애니메이션 작업이 필요하지 않은 레이어들을 선택하고 ②🏢을 클릭하여 Shy 레이어로 설정합니다. ③일곱 개의 레이어만 표시됩니다.

▲ Shy 레이어로 감춰도 [Composition] 패널에는 변화가 없음

35 두 다리의 컨트롤러에 [Position] 키프레임 설정하여 걷는 동작 만들기 ① 0초 지점에서 모든 림 레이어를 선택하고 **P**를 눌러 [Position]을 엽니다. ②다음 표를 참고하여 키프레임을 설정합니다. 양쪽 무릎이 구부러지고 두 발이 바닥에 닿아 있도록 조절하며, 뒤에 있는 발이 땅을 지지하고 앞에 있는 다리의 무릎이 구부러지며 땅을 딛도록 합니다.

레이어	[Position]
[--Limb--Ankle]	456, 885
[--Limb--Hip]	92.7, 254.5
[--Limb 2--Ankle]	634, 927
[--Limb 2--Hip]	135, 260

TIP 림의 정확한 좌푯값은 중요하지 않습니다. 좌푯값은 참고용이며 그림을 보면서 다리의 모양을 만들 듯이 조절합니다. 애니메이션의 마지막 단계에서 모션 패스를 조절하면 좌푯값은 달라질 수 있습니다.

36 24F 지점에서 같은 값으로 키프레임을 추가합니다.

TIP 워크 사이클은 걷기가 반복되는 동작이므로 하나의 사이클을 만든 후 반복 적용합니다. 따라서 첫 번째 키프레임과 마지막 키프레임의 좌푯값이 같아야 Loop 동작을 만들 수 있습니다.

37 ①12F 지점에서 ②다음 표를 참고하여 앞뒤의 발이 서로 바뀌도록 [Position]을 설정합니다. 그림을 보면서 다리 모양을 만들어봅니다.

레이어	[Position]
[--Limb--Ankle]	636, 923
[--Limb--Hip]	132.7, 254.4
[--Limb 2--Ankle]	432, 893
[--Limb 2--Hip]	79, 259

38 ①6F 지점으로 이동합니다. ②뒤에 있는 발이 땅을 짚고 앞에 있는 발은 완전히 바닥에서 떨어진 채 전진하듯 무릎을 굽히는 동작을 만들어봅니다. 좌푯값은 참고로 하고 그림을 보면서 자세를 만들어봅니다.

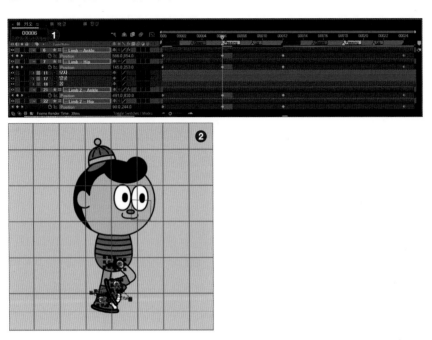

39 ①18F 지점으로 이동합니다. ②6F 지점과 반대로 앞에 있는 발이 땅을 짚고 뒤에 있는 발이 전진하듯 무릎을 굽히는 동작을 만들어봅니다. 6F에서의 동작과 같은 자세이며 앞뒤 다리가 반대로 위치하면 됩니다.

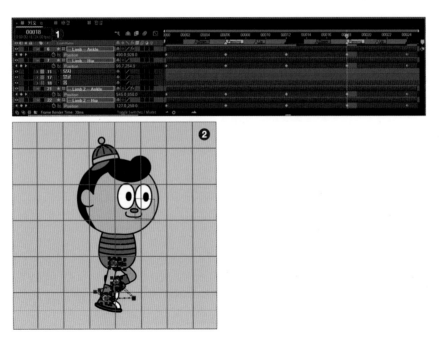

40 Down 동작 애니메이션하기 ①3F 지점으로 이동합니다. ②걷기 동작에서 가장 자세가 낮은 지점입니다. 앞에 있는 발의 무릎이 구부러지고 뒤에 있는 발이 땅을 지지하도록 조절합니다.

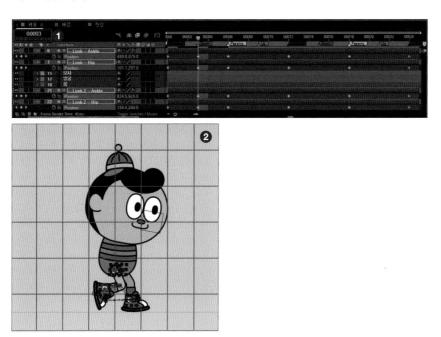

41 ①15F 지점으로 이동합니다. ②3F 지점과 반대로 앞에 있는 발이 땅을 지지하고 뒤에 있는 발의 무릎이 구부러지게 조절합니다.

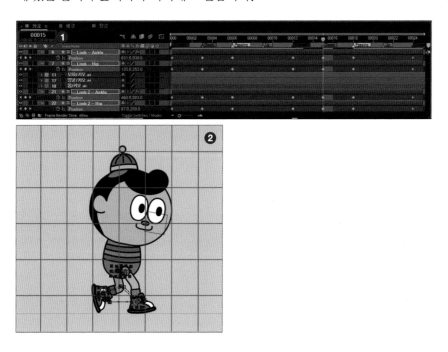

42 Up 동작 애니메이션하기 ①9F 지점으로 이동합니다. ②Up 동작은 걷기에서 가장 자세가 높은 지점입니다. 앞에 있는 발의 무릎이 구부러지고 뒤에 있는 발이 무릎을 편 채로 땅을 지지하도록 조절합니다.

43 ①21F 지점으로 이동합니다. ②9F 지점과 반대로 앞에 있는 발이 무릎을 편 채로 땅을 지지하고 뒤에 있는 발의 무릎이 구부러지게 조절합니다.

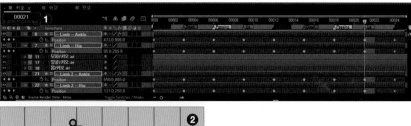

44 모든 키프레임에 이징 적용하기 ① Ctrl + A 를 눌러 모든 레이어를 선택하고 ② U 를 눌러 키프레임이 설정된 속성을 엽니다. ③ Ctrl + Alt + A 를 눌러 표시된 모든 키프레임을 선택하고 ④ F9 를 눌러 [Easy Ease]를 적용합니다.

45 몸과 두 다리의 키프레임 설정 작업이 완료되었습니다. 애니메이션을 확인해봅니다.

46 발에 베지어 곡선 만들기 ① [--Limb--Ankle]-[Position]에 설정된 모든 키프레임을 선택합니다. ② 기준점 조절 도구 ▶ 로 [Composition] 패널에 있는 조절점 중 하나를 클릭하여 베지어 곡선을 만듭니다.

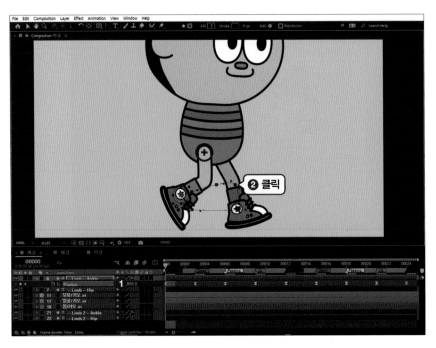

> **TIP** 인체의 동작은 로봇과 같이 직선적으로 움직이지 않습니다. 호를 그리며 다리가 움직이도록 조절하면 더욱 자연스러운 동작을 연출할 수 있습니다.

47 모션 패스 다듬기 [Composition] 패널의 보기 설정을 확대하고 발이 타원을 그리며 움직이는지 확인합니다. 자전거의 체인을 생각하며 발 구르기의 동작을 떠올려보면 타원형의 움직임을 이해할 수 있습니다. 조절점과 베지어 핸들을 조금씩 조절하여 부드러운 곡선으로 모션 패스를 다듬습니다.

48 모션 패스 다듬기 ①[--Limb 2--Ankle]-[Position]에 설정된 모든 키프레임을 선택합니다. ②**46~47**에서 진행한 [--Limb--Ankle] 레이어 작업과 동일한 방법으로 모션 패스를 다듬습니다.

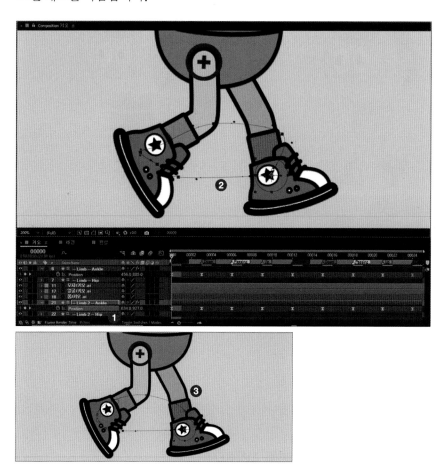

49 모션 패스 다듬기 두 다리의 [Hip]도 작은 타원을 그리며 앞뒤로 움직이도록 모션 패스를 다듬습니다.

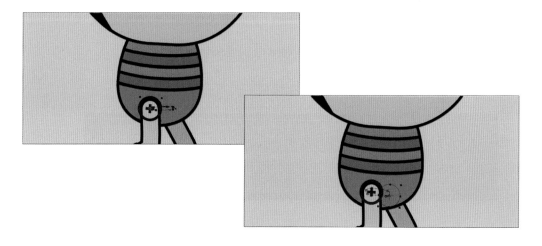

50 몸과 두 다리의 애니메이션이 완성되었습니다. Spacebar 를 눌러 애니메이션을 확인해보고 어색한 부분이 있다면 조절점을 조금씩 움직이면서 세밀하게 수정합니다.

키오 캐릭터의 얼굴과 모자에 걷기 반동 적용하기

51 **얼굴과 모자의 [Position], [Rotation]에 키프레임 설정하기** ①0초 지점에서 [얼굴/키오.ai], [모자/키오.ai] 레이어를 선택하고 [Position]과 [Rotation]을 엽니다. ②다음 표를 참고하여 각 레이어의 [Position]과 [Rotation]에 키프레임을 설정합니다.초

레이어	[Position]	[Y Position]	[Rotation]
[모자/키오.ai]	150.5, −1		0
[얼굴/키오.ai]		97	3

52 **같은 값으로 키프레임 추가하기** 12F 지점과 24F 지점에서 같은 값으로 키프레임을 추가합니다.

53 **키프레임 설정하기** ①3F 지점으로 이동합니다. ②다음 표를 참고하여 얼굴과 모자의 [Position], [Rotation]에 키프레임을 설정합니다.

레이어	[Position]	[Y Position]	[Rotation]
[모자/키오.ai]	152, 8.8		5
[얼굴/키오.ai]		99	5

54 ①15F 지점으로 이동합니다. ②3F 지점의 얼굴과 모자에 설정된 [Position], [Rotation] 값을 복사하여 붙여 넣습니다.

❷ 3F 키프레임 복사하여 붙여넣기

55 ①9F 지점으로 이동합니다. ②다음 표를 참고하여 얼굴과 모자의 [Position], [Rotation]에 키프레임을 설정합니다. 9F 지점은 걷기 동작에서 가장 높은 자세, 몸을 길게 뻗으면서 허리와 머리가 뒤로 젖혀지고 그 반동으로 모자가 튕겨 오르는 동작을 표현한 것입니다.

레이어	[Position]	[Y Position]	[Rotation]
[모자/키오.ai]	150, −15		-5
[얼굴/키오.ai]		88	-4

56 ①21F 지점으로 이동합니다. ②9F 지점의 얼굴과 모자에 설정된 [Position]과 [Rotation] 값을 복사하여 붙여 넣습니다.

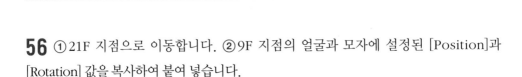

❷ 9F 키프레임 복사하여 붙여넣기

57 **모든 키프레임에 이징 적용하기** ① Ctrl + Alt + A 를 눌러 열려 있는 모든 키프레임을 선택합니다. ② F9 를 눌러 [Easy Ease]를 적용합니다.

❶ Ctrl + Alt + A

❷ F9

58 키프레임 이동하기 ①[모자/키오.ai] 레이어의 [Rotation]에 설정된 모든 키프레임을 선택하고 ② Alt + ← 를 한 번 눌러 키프레임을 1F 앞으로 이동합니다.

TIP 위칫값과 회전값에 짧은 시간 차이를 만들면 반동에 의한 디테일 동작을 추가할 수 있습니다.

키오 캐릭터가 양팔을 흔드는 애니메이션 만들기

59 모든 레이어를 보이게 설정하기 ①[Timeline] 패널에서 █을 클릭해 감추어둔 레이어를 표시합니다. ②두 팔의 [Limb] 컨트롤 레이어를 모두 선택하고 ③ ◉을 클릭해 보이게 합니다. ④레이어의 █을 클릭해 Shy 기능을 해제합니다.

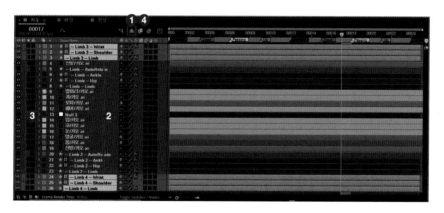

60 █을 클릭해 Shy 레이어를 활성화합니다.

61 두 어깨와 손목 움직임 애니메이션 만들기 ① 0초 지점에서 ② 두 팔의 컨트롤 레이어인 [--Limb 3--Wrist], [--Limb 3--Shoulder], [--Limb 4--Wrist], [--Limb 3--Shoulder] 레이어의 [Position]을 엽니다. ③ 다음 표를 참고하여 키프레임을 설정합니다. ④ 24F 지점에도 동일한 값에 키프레임을 설정합니다.

레이어	[Position]
[--Limb 3--Wrist]	720, 655
[--Limb 3--Shoulder]	135, 150
[--Limb 4--Wrist]	400, 760
[--Limb 4--Shoulder]	85, 150

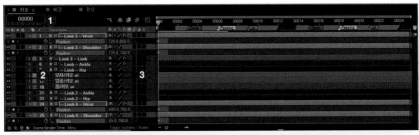

▲ 24F

62 ①12F 지점에서 ②다음 표를 참고하여 앞뒤 팔 컨트롤러 레이어의 [Position]에 키프레임을 설정합니다.

◀ 12F

레이어	[Position]
[--Limb 3--Wrist]	402, 753
[--Limb 3--Shoulder]	91, 152
[--Limb 4--Wrist]	734, 656
[--Limb 4--Shoulder]	145, 147

TIP 좌푯값은 참고로 하고 팔을 앞뒤로 흔들며 걷는 동작을 생각하여 애니메이션하는 것이 좋습니다.

63 ①6F 지점으로 이동합니다. ②다음 표를 참고하여 팔의 궤적이 역삼각형을 그리도록 컨트롤러 레이어의 [Position]에 키프레임을 설정합니다.

◀ 6F

레이어	[Position]
[--Limb 3--Wrist]	605, 792
[--Limb 3--Shoulder]	113, 151
[--Limb 4--Wrist]	569, 798
[--Limb 4--Shoulder]	115, 148

64 ①18F 지점에서 ②다음 표를 참고하여 네 개 컨트롤러 레이어의 [Position]에 키프레임을 설정합니다.

레이어	[Position]
[---Limb 3---Wrist]	561, 784
[---Limb 3---Shoulder]	113, 151
[---Limb 4---Wrist]	567, 788
[---Limb 4---Shoulder]	115, 149

▲ 18F

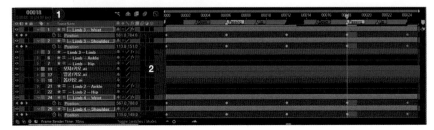

65 키프레임에 이징 적용하기 모든 키프레임을 선택하고 F9 를 눌러 [Easy Ease]를 적용합니다.

모든 키프레임 선택 후 F9

66 어깨와 손목의 모션 패스 다듬기 [--Limb 3--Wrist], [--Limb 3--Shoulder], [--Limb 4--Wrist] 레이어의 모션 패스를 보면서 곡선을 부드럽게 다듬어 줍니다.

▲ [--Limb 3--Wrist]

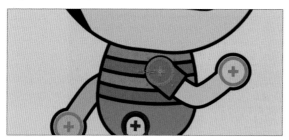

▲ [--Limb 3--Shoulder]

▲ [--Limb 4--Wrist]

67 Spacebar 를 눌러 애니메이션을 확인해봅니다. 키오 캐릭터의 워크 사이클 애니메이션이 완성되었습니다.

불꽃이 터지는 도시 배경 만들기

68 불꽃 모양 그리기 ①[배경] 컴포지션을 엽니다. ②펜 도구 🖊️를 클릭하고 ③[Fill]은 [None], [Stroke]는 [Solid], [Stroke Color]는 **흰색(#FFFFFF)**, [Stroke Width]는 **4px**로 설정합니다. ④[Composition] 패널 화면의 정중앙을 클릭하고 ⑤ Shift 를 누른 채 약간 위쪽 지점을 클릭하여 짧은 직선을 그립니다.

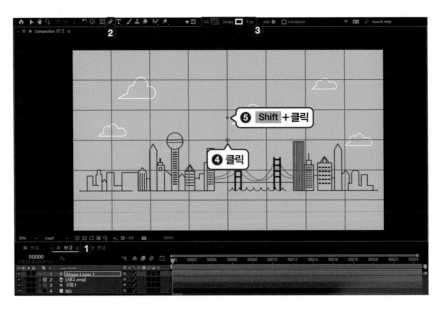

단축키 | Proportional Grid 활성화/비활성화 | Alt + '

69 직선에 [Trim Paths] 적용하고 키프레임 설정하기 ①[Shape Layer 1]의 [Add: ●] −[Trim Paths]를 선택합니다. ②다음 표를 참고하여 [Contents]−[Trim Path 1]의 [Start] 와 [End]에 키프레임을 설정합니다.

Time	0초	9F
[Start]	0%	100%
[End]	0%	100%

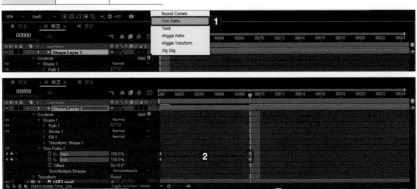

70 **모든 키프레임에 이징 적용하기** ①[Start]와 [End]에 설정된 모든 키프레임을 선택하고 ② F9 를 눌러 [Easy Ease]를 적용합니다.

71 **그래프 에디터 열고 가속도 조절하기** 그래프 에디터 창을 열어 가속도를 조절합니다. [Start]와 [End]의 Speed 그래프를 다음과 같이 조절합니다. 동작의 시작에서 최대 가속을 하고 동작의 끝에서 최대 감속을 합니다.

72 **키프레임 이동하기** ①[Shape Layer 1]–[Start]에 설정된 두 개의 키프레임을 선택하고 ② Alt + → 를 세 번 눌러 키프레임을 3F 뒤로 이동합니다. 애니메이션을 재생해보면 짧은 선이 위로 이동하는 것처럼 생겼다가 사라집니다.

73 [Repeater] 적용하여 선을 여러 개 복사하기

①[Shape Layer 1] 레이어의 [Add: ▶] –[Repeater]를 선택합니다. ②[Trim Path 1] 아래에 [Repeater 1]이 등록됩니다. 다음 표를 참고하여 [Repeater 1]의 옵션을 설정합니다. 방사형으로 원을 그리는 선이 12개 복사됩니다.

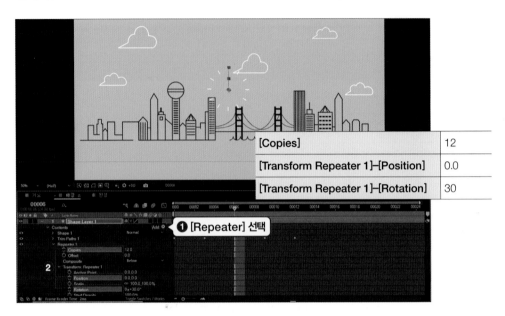

[Copies]	12
[Transform Repeater 1]–[Position]	0.0
[Transform Repeater 1]–[Rotation]	30

74 직선을 복사하여 다양하게 연출하기

①5F 지점으로 이동합니다. ②[Shape Layer 1] 레이어의 [Shape 1]을 선택하고 Ctrl + D 를 눌러 셰이프를 복제합니다. ③복제된 [Shape 2]–[Path 1]을 선택합니다. ④[Composition] 패널에서 위의 조절점을 클릭하고 아래로 약간 내려줍니다.

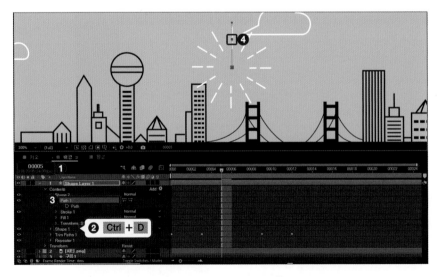

> **TIP** [Shape 1]과 [Shape 2]의 패스(셰이프)가 동일하므로 하나만 선택하기가 어려울 수 있습니다. 이때 [Shape 1]의 👁을 클릭하여 잠시 보이지 않도록 하고 [Shape 2]의 패스 조절점을 선택합니다.

75 74처럼 직선을 한 번 더 복사해 다양하게 연출합니다. ①[Shape Layer 1] 레이어의 [Shape 2]를 선택하고 Ctrl + D 를 눌러 세이프를 복제합니다. ②복제된 [Shape 3]-[Path 1]을 선택합니다. ③[Composition] 패널에서 위의 조절점을 클릭하고 아래로 약간 내려줍니다. 세 개의 선이 각기 다른 길이로 표현됩니다.

76 Spacebar 를 눌러 애니메이션을 재생해봅니다. 불꽃이 터지는 듯한 표현이 연출되었습니다.

77 불꽃 복사하고 크기와 위치를 랜덤하게 설정하기 ① 다음 그림을 참고하여 [Shape Layer 1] 레이어를 네 번 복제한 후 이름을 **불꽃~불꽃 4**로 변경합니다. ② 위칫값(Position) 과 크기(Scale)를 랜덤하게 조절합니다. 정확한 좌푯값은 중요하지 않으며 그림을 참고하여 자유롭게 배치합니다.

TIP 크기(Scale)를 많이 조절하면 선이 얇아질 수 있습니다. 선이 너무 얇다면 [Stroke Width]를 굵게 조절합니다.

78 여기저기에서 각기 다른 크기의 불꽃이 터지는 듯한 표현이 연출되었습니다. Spacebar 를 눌러 재생해보면 같은 시간에 불꽃이 터지는 부분이 부자연스럽습니다.

79 인 점을 랜덤하게 설정하기 [불꽃]~[불꽃 4] 레이어의 인 점을 조금씩 다르게 설정합니다. 시차를 두고 불꽃이 터지는 연출을 할 수 있습니다. 애니메이션을 재생해봅니다. 여러 개의 불꽃이 시차를 두고 여기저기에서 터지는 듯한 표현이 연출되었습니다.

캐릭터, 배경 컴포지션을 포함한 완성 컴포지션 만들기

80 [완성] 컴포지션에 [캐릭터], [배경] 컴포지션 삽입하기 ①[완성] 컴포지션을 엽니다. ②[Project] 패널에서 [키오]와 [배경] 컴포지션을 선택하고 ③ Ctrl + / 를 눌러 [완성] 컴포지션으로 삽입시킵니다.

[키오] 컴포지션에는 여러 개의 마커가 설정되어 있습니다. [키오] 컴포지션을 레이어로 두면 레이어 마커처럼 표시됩니다. 마커가 필요 없다면 마커 중 하나를 마우스 오른쪽 버튼으로 클릭하고 [Delete All Markers]를 선택하여 모든 마커를 지울 수 있습니다.

81　두 개의 레이어에 [Time Remap] 적용하고 레이어 길이 조절하기　① [키오]와 [배경] 레이어를 함께 선택하고 [Layer]-[Time]-[Enable Time Remapping] 메뉴를 선택합니다. ②[Time Remap]이 적용되고 시작과 마지막 지점에 각각 두 개의 키프레임이 설정되었습니다.

82　키프레임 정리하기　25F에 있는 두 번째 키프레임은 유효하지 않으므로 아무 이미지도 표시되지 않습니다. ①24F 지점에서 ② ◈을 클릭해 키프레임을 생성하고 ③25F 지점에 있는 키프레임을 클릭한 후 ④ Delete 를 눌러 삭제합니다.

83 두 레이어의 길이를 컴포지션과 동일하게 설정합니다. 컴포지션의 마지막까지 배경 과 키오 캐릭터가 나타납니다.

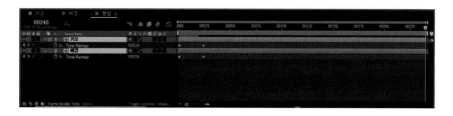

84 **[Time Remap]에 LoopOut 적용하기** ① Alt 를 누른 채 [키오] 레이어–[Time Remap]의 스톱워치 를 클릭해 Expression을 적용합니다. ②[Expression Language Menu:]–[Property]–[loopOut(type = "cycle", numKeyframes = 0)]를 선택합니다. ③[배경] 레이어도 같은 방법으로 동일한 Expression을 적용합니다.

85 **[배경] 레이어에 CC Repe Tile 효과 적용하기** 실제로 걷는 것처럼 배경도 함께 이동하게 설정합니다. ①[배경] 레이어를 클릭하고 ②[Effect]-[Stylize]-[CC Repe Tile] 메뉴를 선택해 CC Repe Tile 효과를 적용합니다.

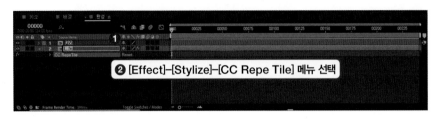

TIP 캐릭터는 걷는데 배경이 멈춰 있으면 애니메이션이 부자연스럽습니다. 캐릭터가 앞으로 걷는 것처럼 보이려면 배경이 뒤로 움직여야 합니다. [배경] 레이어를 왼쪽으로 옮겨보면 빈 화면이 나옵니다. [배경] 레이어가 이동해도 그림이 반복되어 나타나도록 설정해야 합니다.

86 **배경의 [Position]에 키프레임 설정하기** ① 다음 표를 참고하여 [배경] 레이어의 [Position]에 키프레임을 설정합니다. 컴포지션이 끝나는 지점에서 배경이 완전히 화면 밖으로 사라집니다. ②[배경] 레이어에 적용한 [CC Repe Tile]의 [Expand Right]를 컴포지션의 가로 크기인 **1920**으로 설정합니다. 그림이 복제되어 오른쪽으로 컴포지션 크기만큼 나타납니다.

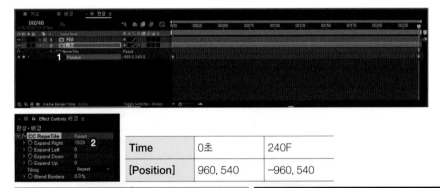

Time	0초	240F
[Position]	960, 540	−960, 540

▲ 0초

▲ 240F

87 키오 캐릭터가 불꽃이 팡팡 터지는 도시를 배경으로 걷고 있는 애니메이션이 완성되었습니다. 애니메이션을 재생해봅니다.

SELF TRAINING | 캐릭터의 걷는 동작 만들기

캐릭터의 워크 사이클 애니메이션을 좀 더 학습하고자 할 때는 자신이 직접 만든 캐릭터를 불러와서 자세를 만들어보는 것이 좋습니다. 일러스트레이터나 포토샵 등에서 자신의 캐릭터를 그려봅니다. 다리 동작의 제어가 핵심이므로 처음에는 다리만 있는 캐릭터를 그리는 것도 좋습니다. 레이어가 많아지면 제어가 어려우므로 최대한 단순한 구조의 캐릭터를 그리면 좋습니다. 애니메이션할 요소들을 레이어로 분리하고 애프터 이펙트로 불러와서 DeeKay Tool 등의 스크립트를 이용하여 직접 애니메이션해봅니다. 이 책은 프로젝트 예제의 진행 과정을 설명하기 위해 옵션(좌푯값)을 제공했지만, 책과 같은 좌푯값을 입력하는 것은 학습하는 데 큰 도움이 되지 않습니다. 따라서 자신의 캐릭터를 만든 후 직접 다양한 자세를 애니메이션해보길 바랍니다.

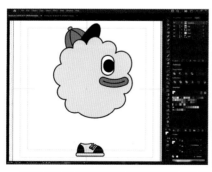 

▲ 필자의 단편 애니메이션용으로 개발된 얼굴과 몸이 하나이고 다리만 있는 캐릭터 '몽C'

스타일리시 모션 그래픽

GOAL

애프터 이펙트에서 아이소메트릭을 구현하는 방법은 두 가지입니다. 첫 번째는 카메라 설정을 변경하고 3D 큐브 등을 만드는 방법, 두 번째는 몇 가지 수학 계산으로 2D 그래픽을 3D처럼 보이도록 제작하는 방법입니다. PART 05에서는 수학 계산을 이용하는 방법으로 아이소메트릭을 구현해보겠습니다.

아이소메트릭(Isometric)은 등각 투영을 말하며 3차원 개체를 2차원에서 시각적으로 표현하는 방법입니다. 세 개의 좌표축이 동일하게 축소되어 표시되고 그중 두 축 사이의 각도가 120°인 축척 투영법입니다. 시각적으로 3D처럼 보이지만 원근법이 무시되어 소실점 개념이 없습니다. 아이소메트릭은 게임에서 많이 사용해 우리 눈에 익숙하고, 3D 프로그램 없이 3D와 유사한 장면을 연출할 수 있어서 다양한 그래픽 디자인 분야에서 활발하게 활용되고 있습니다.

CHAPTER 01

플랫 디자인
with 아이소메트릭

검색, 쇼핑, 영상 시청, SNS 등 일상생활에서 가장 많이 활용하는 디바이스는 모바일 폰입니다. 따라서 모바일 폰을 활용한 마케팅의 중요성은 점점 커지고 있습니다. 이번 프로젝트 예제에서는 모바일 폰에서 쇼핑 앱이 열리면서 다양한 장소에서 포인트가 적립된다는 메시지의 마케팅 영상을 제작해보겠습니다.

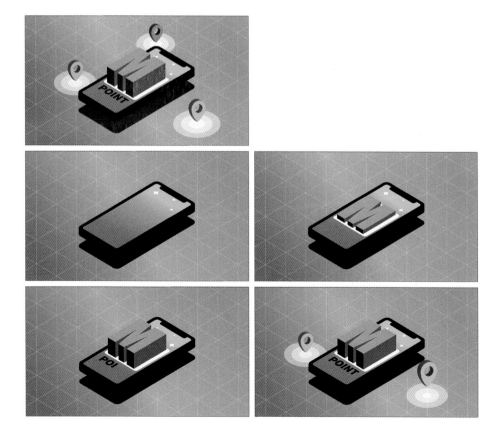

LESSON

01

프로젝트 설계 (Pre-Production)

모바일 폰은 광고나 홍보 영상에서 자주 등장하는 소재입니다. 모바일 폰 그래픽을 제작할 때 아이소메트릭(Isometric) 기법을 활용하면 2D 그래픽보다 현실감 있고 아름답게 표현할 수 있습니다. 애프터 이펙트에서 셰이프 레이어를 만들고 몇 가지 수학적 좌표를 설정하면 아이소메트릭 뷰를 만들 수 있습니다. 이 방식은 일러스트레이터에서 만든 이미지 소스를 애니메이션할 때 더 효과적입니다.

아이소메트릭 소스를 만드는 방법

디자인에 아이소메트릭 그래픽을 활용할 때는 애프터 이펙트에서 제작하는 것이 효과적일 수도 있고, 일러스트레이터에서 제작해야만 하는 그래픽이 있습니다. 따라서 각 특성을 알고 적절한 프로그램을 활용하여 소스를 제작해야 합니다. 이번 프로젝트 예제는 '여기저기에서 포인트가 쌓인다'는 광고의 한 부분입니다. 모바일 폰 안에 애니메이션이 필요한 요소가 있으므로, 애프터 이펙트에서 그래픽 소스를 제작하는 것이 좋습니다. 글자 'M'을 애프터 이펙트로 만들려면 Cinema 4D 렌더러가 필요합니다. 제작은 손쉽게 할 수 있으나 프리뷰, 렌더링 시간이 오래 걸리므로 비효율적입니다. 따라서 모바일 폰 모양의 소스는 애프터 이펙트에서, 글자 'M'의 위치 표시 아이콘은 일러스트레이터에서 제작하겠습니다.

LESSON

02

프리 스텝 트레이닝 (Pre-Step Training)

일러스트레이터에서 아이소메트릭 그래픽을 제작하는 방법을 알아봅니다. 이 과정의 결과물은 프로젝트 예제의 준비 파일에 삽입되어 있으므로 실습을 따라 하지 않아도 무방합니다.

일러스트레이터에서 아이소메트릭 그래픽 만들기

01 ① 일러스트레이터를 실행하고 **M**를 입력합니다. ② 글자 'M'이 선택된 상태에서 [Effect]−[3D and Materials]−[3D(Classic)]−[Extrude & Bevel] 메뉴를 선택합니다.

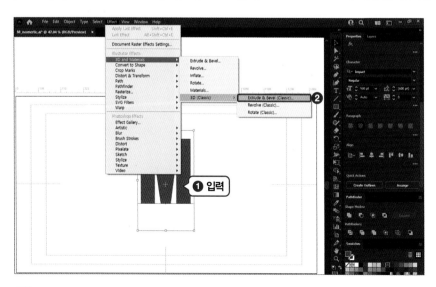

TIP 글자를 입력할 때 서체는 상관없습니다. 단, 장식이 많은 서체는 글자를 애니메이션할 때 제어하기 까다로우므로 고딕 서체를 추천합니다.

02 ①[3D Extrude & Bevel Options] 패널에서 [Position]을 [Isometric Top]으로 설정하고 ②[Extrude Depth]는 **250pt**로 설정해줍니다. ③[OK]를 클릭합니다.

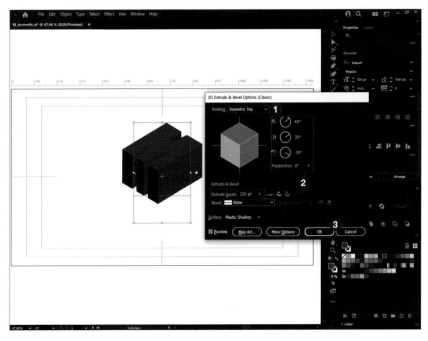

TIP 일러스트레이터에서 아이소메트릭 그래픽을 만들고 애프터 이펙트에서 [Path]를 선택하여 형태가 변하는 애니메이션을 제작할 계획이라면 [Extrude Depth] 값을 크게 설정하는 것이 좋습니다. [Extrude Depth] 값이 작으면 [Path]의 조절점들이 가까워져 원하는 조절점을 선택하기가 힘듭니다.

03 [Object]-[Expand Appearance] 메뉴를 선택합니다. 이때 아이소메트릭이 적용된 글자 'M'이 선택된 상태여야 합니다.

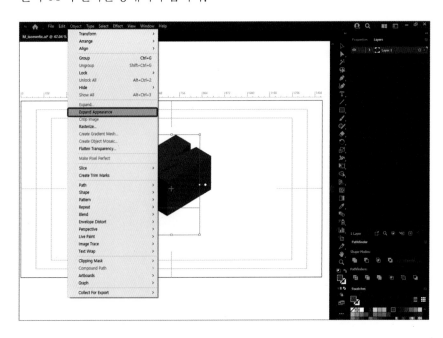

04 [Layer] 패널을 보면 글자가 각각의 면으로 분리되었습니다. 그래픽 요소가 많을수록 제어가 어려우므로 여러 개로 분리된 면 오브젝트를 합칩니다. 색상 때문에 여러 개로 분리된 면 오브젝트를 선택하고 [Pathfinder]-[Unite] 메뉴를 선택해 면을 합칩니다.

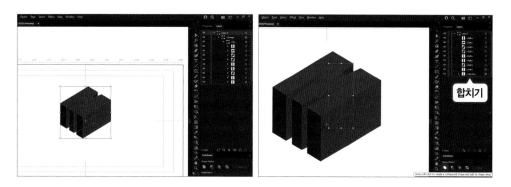

05 ①[Layer 1]을 선택하고 마우스 오른쪽 버튼을 클릭해 [Release to Layers (Sequence)]를 선택합니다. 모든 면이 레이어로 분리됩니다. ②필요 없는 레이어는 삭제하고 레이어의 이름도 알아보기 쉽도록 변경합니다. 필요하다면 레이어 라벨 색상도 재설정하면 좋습니다. ③아이소메트릭 글자를 저장합니다.

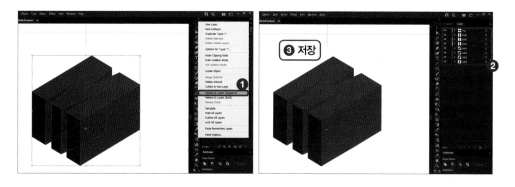

06 ①애프터 이팩트에서 Ctrl + I 를 눌러 앞서 제작한 아이소메트릭 글자(Ai 파일)를 선택합니다. ②[Import Kind]는 [Composition]으로, [Footage Dimensions]는 [Layer Size]로 설정하고 불러옵니다.

07 ① 모든 레이어를 선택하고 마우스 오른쪽 버튼을 클릭하여 [Create]−[Create Shapes from Vector Layer] 메뉴를 선택합니다. ② 변환된 셰이프 레이어가 생성되면 ③ 일러스트레이터에서 만든 벡터 레이어(Ai 레이어)들은 삭제합니다.

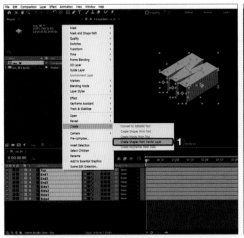
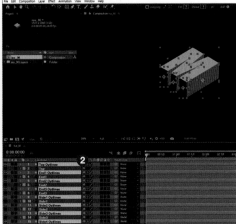

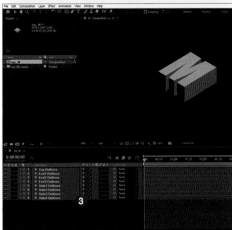

LESSON
03

디자인 실무 실습
_Training

핵심 기능 Isometric Transform, Blending mode,
Repeater, Gradient Editor, Posterize Time
준비 파일 PART 05\아이소메트릭_시작.aep
완성 파일 PART 05\아이소메트릭_완성.aep

아이소메트릭 디자인하기

01 aep 파일 열고 프로젝트 시작하기 ① Ctrl + O 를 눌러 **아이소메트릭_시작.aep** 파일을 엽니다. ②[Project] 패널에서 [아이소메트릭]을 더블클릭하여 컴포지션을 엽니다. [Timeline] 패널을 보면 [가이드] 레이어만 활성화되어 표시되어 있습니다.

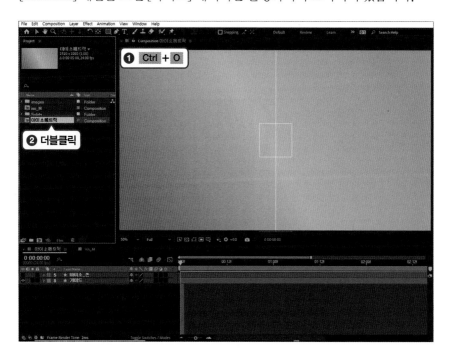

02 레이어 구성 확인하기 [가이드] 레이어를 클릭하고 [Contents]를 확인합니다. 직선을 그린 [Shape 1]과 정사각형을 그린 [Rectangle 1]이 삽입되어 있습니다.

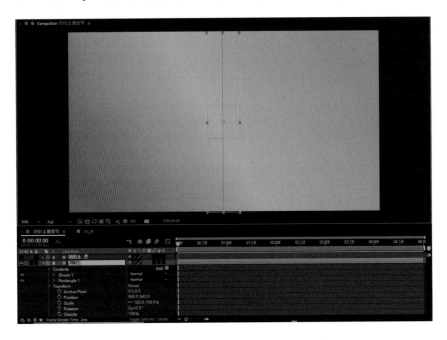

배경으로 사용할 아이소메트릭 패턴 만들기

03 [Repeater] 두 번 추가하여 격자 패턴 만들기 ① [Rectangle 1]의 [Add: ▶]−[Repeater]를 선택합니다. [Rectangle 1] 하위에 [Repeater 1] 속성이 등록되었습니다. ② 다음 표를 참고하여 옵션을 설정합니다.

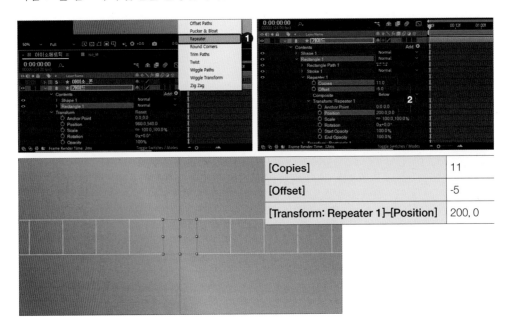

[Copies]	11
[Offset]	-5
[Transform: Repeater 1]−[Position]	200, 0

04 ① 03처럼 [Rectangle 1]에 [Repeater]를 적용합니다. [Rectangle 1] 하위에 [Repeater 2] 속성이 등록되었습니다. ② 다음 표를 참고하여 옵션을 설정합니다.

[Copies]	11
[Offset]	-5
[Transform: Repeater 2]–[Position]	0, 200

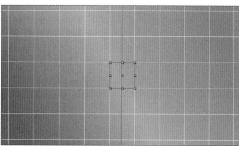

05 **셰이프 레이어의 [Transform] 조절하여 가이드용 그리드 만들기** 다음 표를 참고하여 [Rectangle 1]–[Transform Rectangle 1]의 옵션을 설정합니다.

[Scale]	100, 86.6%
[Skew]	30
[Rotation]	30°

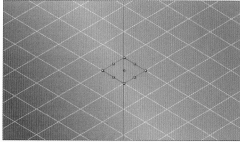

Design 실력향상 그리드 만들기

아이소메트릭 그리드를 만드는 방법은 여러 개의 수학 공식을 활용할 수 있습니다. 예를 들어 일러스트레이터에서 아이소메트릭 그리드를 만들려면 먼저 격자무늬를 만든 후에 [Scale]의 [Horizontal]은 100%, [Vertical]은 86.6%로 설정하고 [Shear]–[Angle]을 [Horizontal Axis], 30°로 설정합니다. 마지막으로 [Rotation]을 30°로 설정하여 아이소메트릭 그리드를 제작합니다. 이와 동일한 방식으로 같은 공식을 활용하되, 애프터 이펙트의 셰이프 레이어에는 [Shear] 값이 없으므로 유사한 [Skew]를 사용합니다.

06 직선에 [Repeater] 추가하고 아이소메트릭 패턴 완성하기 ① [가이드] 레이어의 [Contents]−[Shape 1]을 클릭하고 [Repeater]를 적용합니다. [Shape 1] 하위에 [Repeater 1] 속성이 등록되었습니다. ② 다음 표를 참고하여 옵션을 설정합니다.

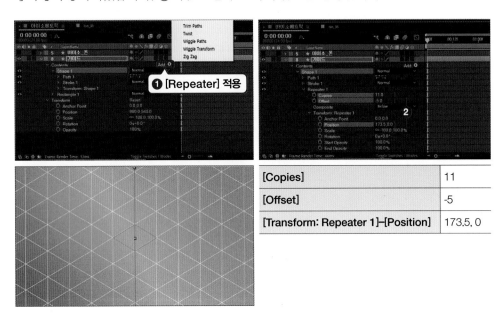

[Copies]	11
[Offset]	-5
[Transform: Repeater 1]−[Position]	173.5, 0

07 블렌딩 모드 변경하기 [가이드] 레이어의 블렌딩 모드를 [Soft Light]로 설정합니다. 아이소메트릭 그리드 역할을 하면서 배경 패턴이 되는 직선이 배경 그러데이션 색상과 부드럽게 합성됩니다.

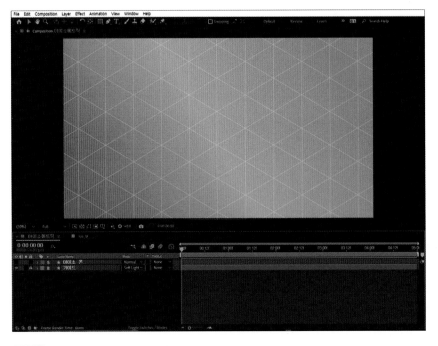

TIP F4 를 눌러 블렌딩 모드 속성을 활성화합니다.

3D 룩킹 모바일 폰 그래픽 만들기

08 모바일 폰과 아이콘 그래픽 확인하기 ① [아이소_폰] 레이어의 👁을 클릭하여 레이어가 보이도록 합니다. ② [Contents]를 열어보면 [아이소메트릭] 그룹 하위에 가장자리가 둥근 두 개의 사각형이 그려져 있습니다. ③ Spacebar 를 눌러 애니메이션을 확인해봅니다. [아이콘] 이름의 가운데 사각형이 보이지 않다가 커지면서 나타나는 애니메이션이 제작되어 있습니다.

09 모바일 폰의 [Transform]에 아이소메트릭 설정하기 다음 표를 참고하여 [아이소_폰]−[Contents]−[아이소메트릭]−[Transform: 아이소메트릭]의 옵션을 설정합니다. 2D였던 폰이 3D 좌표에 있는 것처럼 표현됩니다.

[Scale]	100, 86.6%
[Skew]	30
[Rotation]	30°

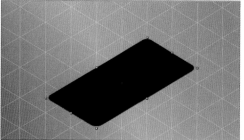

Design 실력 향상   셰이프 레이어를 3D 룩킹으로 표현하기

모바일 폰은 3D처럼 보이는 오브젝트이지만 실제로는 2D 그래픽입니다. 따라서 하나의 셰이프 레이어에 모든 요소를 그려 표현하는 것이 효과적입니다. 하나의 셰이프 레이어에 [Isometric Group]을 만들고, 아이소메트릭 속성이 필요한 오브젝트를 삽입합니다. 그런 다음 아이소메트릭 좌표가 필요하지 않은 오브젝트는 [Contents] 하위에 위치시킵니다. 모바일 폰의 앞면과 뒷면은 아이소메트릭으로, 라운드를 표현해야 하는 옆면은 [Shape]로 등록하는 것이 좋습니다.

10 [윗면] 복제하고 [아랫면], [스크린] 레이어 만들기 ①[아이소_폰] 레이어의 [Contents] –[아이소메트릭]–[윗면]을 클릭하고 `Ctrl` + `D` 를 눌러 복제합니다. ②복제된 레이어 를 [윗면] 레이어 아래로 내리고 이름을 **아랫면**으로 변경합니다. ③[아랫면]–[Rectangle Path 1]의 [Position]을 **50, 50**으로 변경합니다.

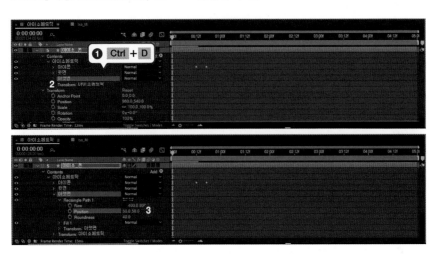

11 ①[아이소_폰]–[Contents]–[아이소메트릭]–[윗면]을 클릭하고 `Ctrl` + `D` 를 눌러 복제한 후 레이어 이름을 **스크린**으로 변경합니다. ②[스크린]–[Rectangle Path 1]의 [Size]를 **350, 750**으로, [Roundness]를 **20**으로 변경합니다.

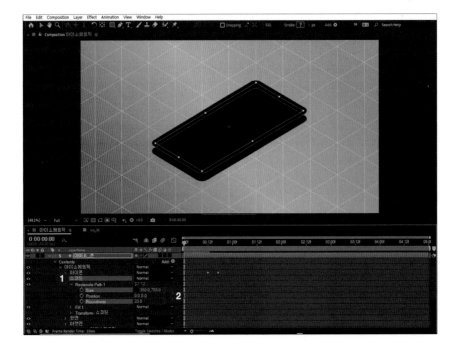

12 [스크린] 레이어에 그러데이션 색상 적용하기 ①[아이소_폰]-[Contents]-[아이소메트릭]-[스크린]이 선택된 상태에서 Alt 를 누른 채 도구바의 [Fill Color]를 클릭하여 [Gradient Color]로 [Fill] 속성을 변경합니다. ②[Gradient Fill 1]이 등록됩니다. ③[Fill Color]를 클릭하여 [Gradient Editor] 패널을 열고 ④다음 그림을 참고하여 색상을 설정합니다. 색상은 자유롭게 선택해도 됩니다.

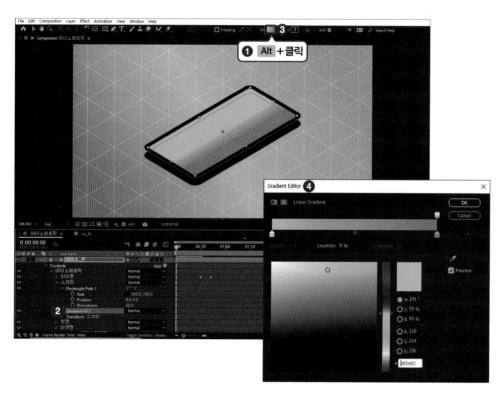

13 [Composition] 패널에서 그레이디언트 조절점을 움직여서 그러데이션의 방향을 다음 그림과 같이 설정합니다.

> **TIP** 그레이디언트 조절점을 움직이기 어렵다면 [스크린]-[Gradient Fill 1]-[End Point] 값을 0, -200정도로 설정합니다.

14 [윗면] 레이어 복제하여 모바일 폰 상단의 스피커 표현하기 ①[아이소_폰]–[Contens] –[아이소메트릭]–[윗면] 레이어를 클릭하고 `Ctrl` + `D` 를 눌러 복제한 후 [스크린] 레이어 위로 올리고 이름을 **탑**으로 변경합니다. ②다음 표를 참고하여 [탑]–[Rectangle Path 1]의 옵션을 설정합니다.

[Size]	250, 50
[Position]	0, −370
[Roundness]	15

15 펜 도구로 모바일 폰 밑면 그리기 ①[아이소_폰] 레이어를 클릭하고 ②다음 그림을 참고하여 펜 도구 🖋로 모바일 폰의 밑면을 그립니다. ③[Fill Color]는 검은색으로 설정합 니다. [Shape 1]이 등록됩니다.

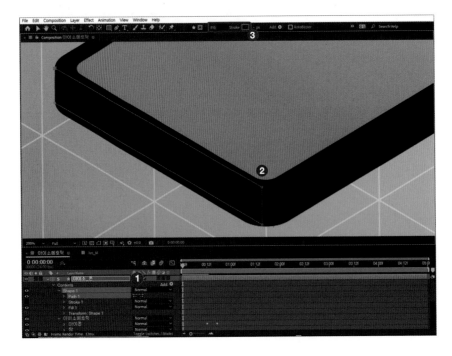

16 펜 도구로 모바일 폰 옆면 그리기 [아이소_폰] 레이어가 선택된 상태에서 다음 그림을 참고하여 펜 도구 ✏로 모바일 폰의 옆면을 그립니다. [Shape 2]가 등록됩니다.

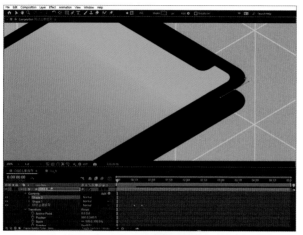

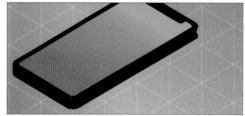

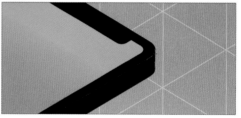

17 모바일 폰 옆면에 그러데이션 설정하여 입체감 표현하기 ①12처럼 그러데이션을 설정합니다. [아이소_폰]-[Contents]-[Shape 2]의 [Fill] 속성을 [Gradient Color]로 변경합니다. ②[Gradient Editor] 패널을 열고 다음 그림을 참고하여 색상을 설정합니다. 왼쪽은 검은색, 오른쪽은 어두운 회색으로 설정합니다. 모바일 폰의 옆면에 그러데이션을 삽입하여 입체감이 살아납니다.

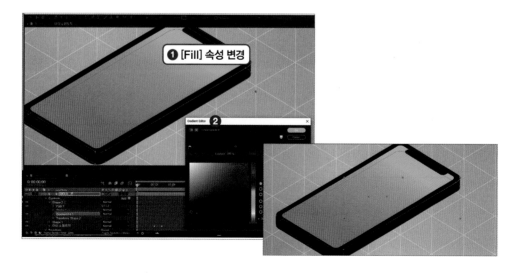

18 모바일 폰의 아랫면 복사하여 그림자 표현하기 ①[아이소_폰]−[Contents]−[아이소메트릭]−[아랫면]을 클릭하고 Ctrl + D 를 눌러 복제한 후 레이어를 [아랫면] 아래로 내리고 이름을 **그림자**로 변경합니다. ②다음 표를 참고하여 [그림자]−[Rectangle Path 1]의 옵션을 설정합니다. 아이소메트릭 기법으로 3D 모바일 폰을 그렸습니다.

[Position]	150, 150
[Transform: 그림자]−[Opacity]	70%

글자 'M'이 납작했다가 솟아오르는 애니메이션 만들기

19 레이어 확인하기 ①[iso_M] 컴포지션을 확인합니다. ②[Timeline] 패널에서 Ctrl + A 를 눌러 모든 레이어를 선택하고 ③ U 를 눌러 키프레임을 설정한 속성을 열어봅니다. [Top] 레이어는 [Position]에, 나머지 레이어는 [Path]에 각각 두 개의 키프레임이 설정되어 있습니다. ④ Spacebar 를 눌러 애니메이션을 재생해봅니다. 움직임은 없습니다.

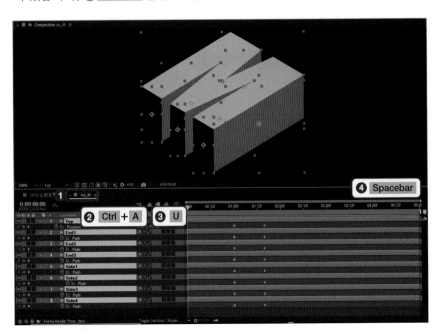

20 ①1초 지점으로 이동합니다. ②[Top] 레이어의 [Position]에 설정되어 있는 키프레임을 선택하고 ③ Shift + ↓ 를 13번 누릅니다. Y축으로 130px 만큼 아래로 내려갑니다.

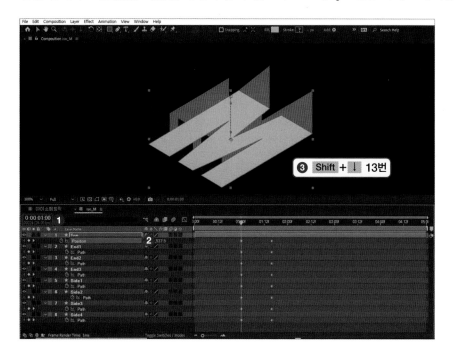

21 **셰이프 레이어의 [Path] 위치를 조절하여 아래에서 위로 커지는 모양 만들기** ①[Top] 레이어의 👁을 클릭하여 잠시 보이지 않게 합니다. ②[End1] 레이어의 [Path]에 설정된 첫 번째 키프레임을 선택하고 ③위의 두 개의 조절점을 선택한 후 Shift + ↓ 를 13번 누릅니다. ④사각형의 모양이 완전히 납작해져서 보이지 않습니다.

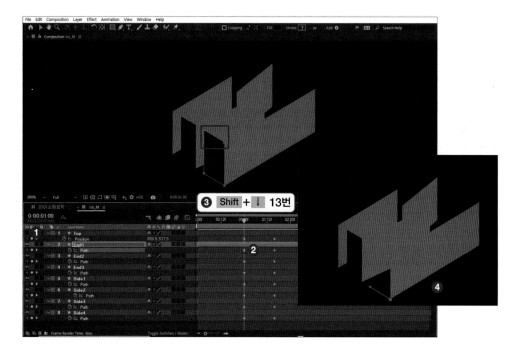

22 ①같은 방법으로 [End2] 레이어의 [Path]에 설정된 첫 번째 키프레임을 선택하고 ② 위의 두 개의 조절점을 선택한 후 Shift + ↓ 를 13번 누릅니다.

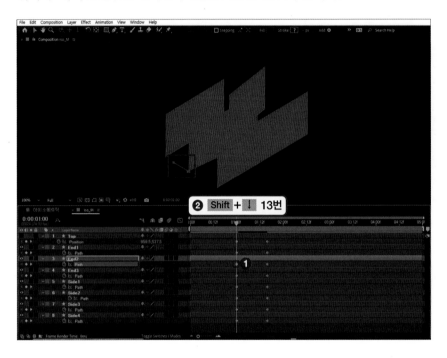

23 같은 방법으로 [End3] 레이어와 [Side1]~[Side4] 레이어도 동일한 방법으로 [Path] 에 설정된 첫 번째 키프레임을 선택하고 위의 두 개의 조절점을 선택한 후 Shift + ↓ 를 13 번 누릅니다. 글자 'M'의 모든 면이 납작해져서 더 이상 보이지 않습니다.

24 ①[Top] 레이어의 👁을 클릭하여 다시 보이게 합니다. ② Spacebar 를 눌러 애니메이션을 재생해보면 납작했던 'M'이 서서히 위로 커집니다.

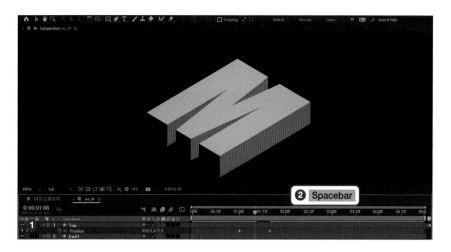

툭툭 끊기는 애니메이션 만들기

25 **조정 레이어 추가하고 Posterize Time 효과 적용하기** ① Ctrl + Alt + Y 를 눌러 조정 레이어를 추가합니다. ②[Adjustment Layer 1] 레이어가 선택된 상태에서 [Effect]–[Time]–[Posterize Time] 메뉴를 선택해 Posterize Time 효과를 적용합니다. ③ [Posterize Time]의 [Frame Rate]를 **4**로 설정합니다. ④ Spacebar 를 눌러 애니메이션을 재생합니다. 1초에 4F만 재생되므로 동작이 툭툭 끊어지는 듯 표현됩니다. 포인트가 단계적으로 쌓이는 느낌을 표현한 것입니다.

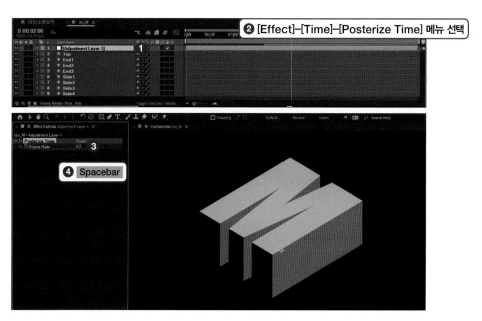

글자 'M'과 모바일 폰 합성하기

26 [아이소메트릭] 컴포지션에서 글자 'M' 합성하기 ①[아이소메트릭] 컴포지션을 클릭합니다. ②▦을 클릭해 Shy 기능을 해제한 후 ③[iso_M]의 ◉을 클릭하여 레이어가 보이도록 합니다.

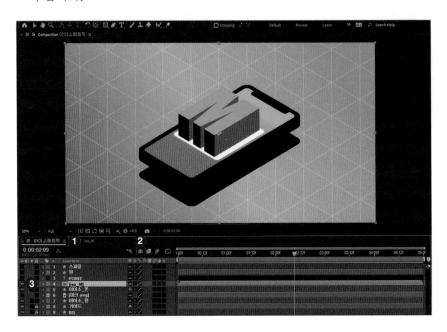

27 글자가 등장하는 인 점 조절하기 ①1초 1F 지점에서 ②[iso_M] 레이어가 선택된 상태에서 Alt + [를 눌러 레이어의 인 점을 조절합니다. 1초까지 보이지 않다가 1초 1F부터 레이어가 나타납니다.

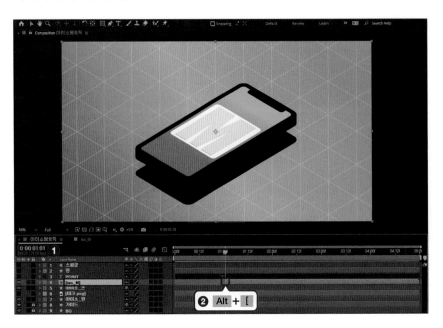

28 텍스트 레이어를 셰이프 레이어로 변환하기 ①[POINT] 레이어의 👁을 클릭하여 보이게 합니다. ②레이어를 마우스 오른쪽 버튼으로 클릭해 [Create]-[Create Shape from Text]를 선택합니다.

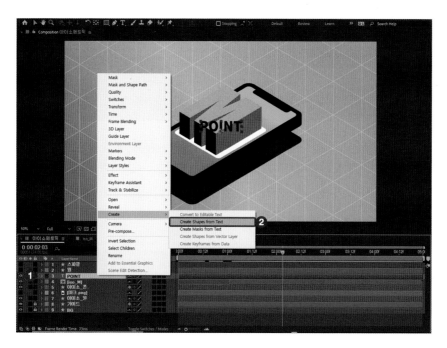

29 다섯 개의 텍스트를 그룹화하기 ①[POINT Outlines] 레이어의 ▶를 클릭하여 [Contents]를 열어봅니다. 각 글자가 분리되어 있습니다. ②[P]부터 [T]를 모두 선택하고 Ctrl + G 를 눌러 그룹을 만듭니다. ③[Group 1]이 등록됩니다. Ctrl + X 를 눌러 잘라냅니다.

30 **그룹 텍스트를 [아이소메트릭]에 삽입하기** ① [아이소_폰] 레이어의 [Contents]−[아이소메트릭]을 클릭하고 **Ctrl** + **V** 를 눌러 붙여 넣은 후 ② [아이콘] 위로 올려줍니다.

31 **모바일 폰 안에 그룹 텍스트 위치시키기** [Contents]−[아이소메트릭]−[Group 1]−[Transform: Group 1]의 [Position]을 **2.5, 230**으로 설정합니다. 글자가 아이콘 아래로 위치됩니다.

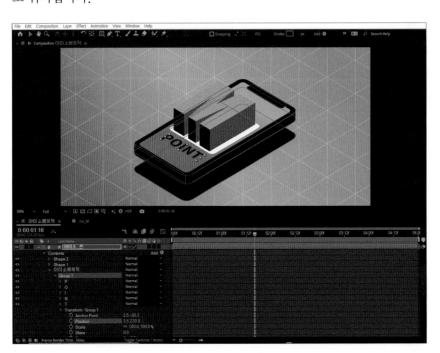

32 텍스트에 투명도, 키프레임 설정하기 ①2초 지점으로 이동합니다. ②[아이소_폰] 레이어를 클릭하고 ③**Opacity**를 검색합니다. ④[Group 1]의 [P]~[T]의 [Transform]- [Opacity]를 모두 **0%**로 설정하고 ⑤키프레임을 설정합니다.

> **TIP** 텍스트 레이어에서 글자가 하나씩 입력되는 애니메이션을 만들려면 [Effects & Preset] 패널에서 [Animation Preset]-[Text]-[Animate In]-[Typewriter]를 적용합니다. 이렇게 애니메이션을 만들고 셰이프 레이어로 변환하면 그 애니메이션은 텍스트 레이어의 속성에 키프레임이 설정된 것이므로 애니메이션이 모두 사라집니다. 따라서 번거롭지만 각 텍스트 레이어에 [Opacity]를 설정하여 애니메이션합니다.

33 ①2초 1F 지점으로 이동하고 ②[Group 1]의 [P]~[T] 레이어의 [Transform]- [Opacity]를 **100%**로 설정합니다.

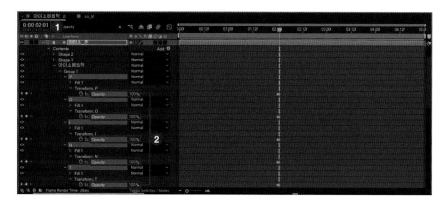

34 키프레임 이동하기 한 글자씩 차례로 나타나도록 키프레임을 3F 정도 뒤로 밀어줍니다. ①[O]에 설정된 키프레임을 **3F** 뒤로 밀고 나머지들도 각각 **3F**씩 뒤로 밀어서 순차적으로 글자가 나타나게 합니다. ② Spacebar 를 눌러 애니메이션을 재생해봅니다. 'POINT' 가 앞에서부터 한 글자씩 생성됩니다.

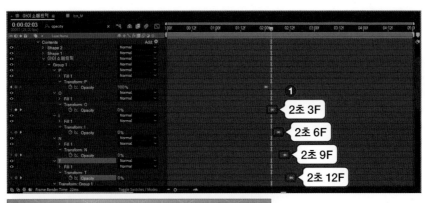

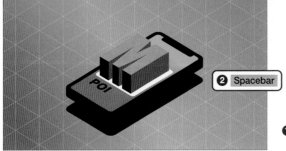

TIP 키프레임을 선택하고 Alt + ← , → 를 누르면 앞뒤로 이동할 수 있습니다.

반짝이는 스파클 표현하기

35 [스파클] 레이어 확인하기 ①[스파클] 레이어의 👁을 클릭하여 보이게 하고 ② U 를 눌러 설정된 키프레임을 확인해봅니다. ③ Spacebar 를 눌러 보면 도형의 크기가 커졌다가 작아지는 반복 애니메이션을 확인할 수 있습니다.

36 [스파클] 레이어 잘라내고 [아이소메트릭]에 삽입하기 ①[스파클]-[Contents]-[스파클]을 클릭하고 Ctrl + X 를 눌러 잘라냅니다. ②0초 지점에서 ③[아이소_폰] 레이어의 [Contents]-[아이소메트릭]을 클릭하고 Ctrl + V 를 눌러 붙여 넣은 후 [스파클]의 위치를 가장 상단에 올려줍니다.

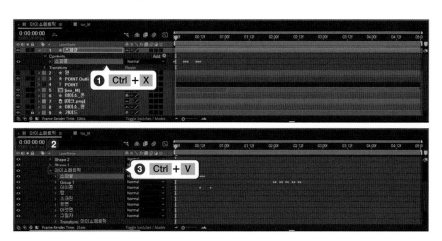

37 [원] 레이어 확인하기 ①[원] 레이어의 ◉을 클릭하여 보이게 하고 ② U 를 눌러 설정된 키프레임을 확인해봅니다. ③ Spacebar 를 눌러 보면 도형의 크기가 커지는 애니메이션을 확인할 수 있습니다.

38 [원] 레이어의 그룹 잘라내고 [아이소_원] 레이어에 붙여넣기 ① [원]−[Contents]−[Group 1]을 클릭하고 `Ctrl` + `X` 를 눌러 잘라냅니다. ②0초 지점에서 ③미리 만들어둔 [아이소_원] 레이어의 [Contents]−[Isometric]을 클릭하고 `Ctrl` + `V` 를 눌러 붙여 넣습니다.

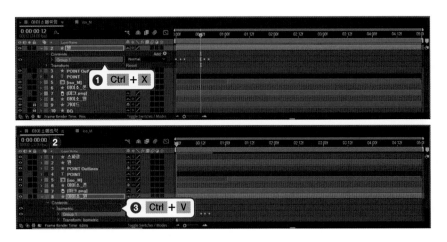

좌표를 표시하는 위치 마크 그래픽 표현하기

39 원 도형을 위치 마크 근처로 옮기기 ①1초 지점으로 이동합니다. ②[마크.png] 레이어의 👁을 클릭하여 보이게 하고 ③위치 마크 도형이 있는 위치로 원 도형을 옮깁니다. 예제에서는 [아이소_원] 레이어의 [Position]을 **435, 560**으로 설정했습니다.

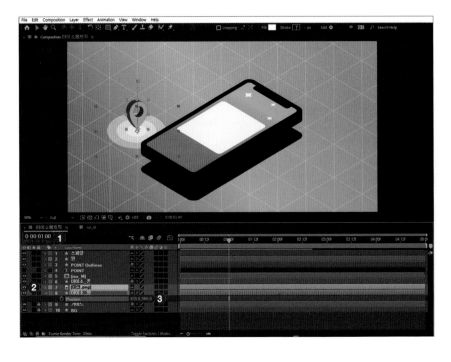

40 원 도형과 위치 마크를 Parent로 연결하고 복제하기 ①[마크.png] 레이어의 Parent를 [아이소_원] 레이어로 설정합니다. ②[마크.png]와 [아이소_원] 레이어를 선택하고 Ctrl + D 를 두 번 눌러 레이어를 두 개씩 복제한 후 다음 그림과 같이 레이어의 순서를 설정합니다.

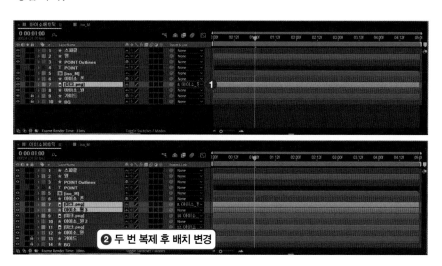

41 위치 변경하기 다음 표를 참고하여 [아이소_원 2]와 [아이소_원 3] 레이어의 [Position]을 설정합니다. 위치 마크 도형은 Parent로 연결되어 있으므로 자동으로 위치가 조절됩니다.

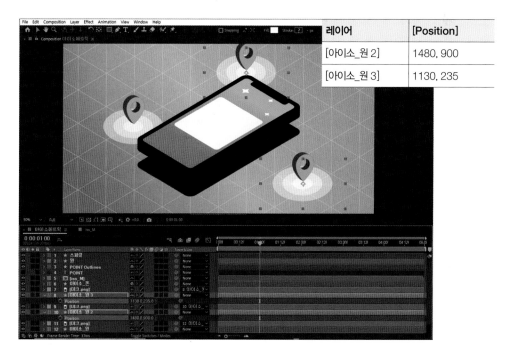

레이어	[Position]
[아이소_원 2]	1480, 900
[아이소_원 3]	1130, 235

42 위치 마크 도형의 인 점 옮기기 ① 2초 12F 지점으로 이동합니다. ② [마크.png]와 [아이소_원] 레이어를 함께 선택하고 ③ **[** 를 눌러 인 점을 옮깁니다.

43 [아이소_원 2], [아이소_원 3], [마크.png] 레이어도 5F~7F씩 시차를 두고 나타나도록 인 점을 조절합니다. 약간의 시차를 두고 랜덤하게 좌표 표시 그래픽이 등장하도록 하면 됩니다.

44 위치 마크 그래픽의 크기 다양하게 조절하기 다음 표를 참고하여 [아이소_원 2]와 [아이소_원 3] 레이어의 [Scale]을 설정합니다.

레이어	[Scale]
[아이소_원 2]	110%
[아이소_원 3]	90%

45 **위치 표시에 Hue/Saturation 효과 적용하고 복사하기** ①[마크.png] 레이어 중 하나를 선택하고 ②[Effect]-[Color Correction]-[Hue/Saturation] 메뉴를 선택합니다. ③ [Effect Controls] 패널에서 [Master Hue]를 **-18°**로 설정하여 색상을 변경합니다. 밝은 초록색으로 바뀝니다. ④[Effect Controls] 패널에서 [Hue/Saturation]을 클릭하여 Ctrl + C 를 눌러 복사합니다.

46 **복사한 Hue/Saturation 효과 붙여 넣고 색상 변경하기** ①또 다른 [마크.png] 레이어를 클릭하고 Ctrl + V 를 눌러 복사한 효과를 붙여 넣습니다. ②[Effect Controls] 패널에서 [Master Hue]를 **-152°**로 설정하여 색상을 변경합니다. 노란색으로 바뀝니다.

[Timeline] 패널 정리하고 애니메이션 완성하기

47 셰이프 레이어로 변환한 텍스트 레이어와 콘텐츠를 잘라내서 필요 없어진 레이어를 선택하고 Delete 를 눌러 삭제합니다.

48 모든 작업이 완료되었습니다. Spacebar 를 눌러 애니메이션을 확인합니다.

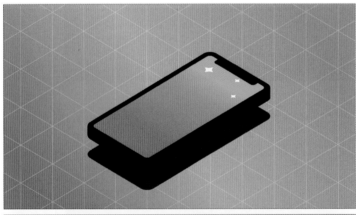

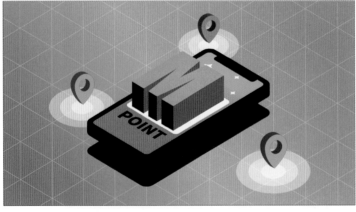

—

CHAPTER 02

차 브랜드 광고
with 리퀴드 애니메이션

LESSON

PREVIEW

물결의 파장이나 흐름을 촬영한 비디오 푸티지를 소스로 하는 Displacement map 효과를 적용하여 액체를 표현할 수 있습니다. Wave Warp, Ripples, Turbulent Displace 효과를 활용하여 다양한 리퀴드(Liquid) 표현을 해보겠습니다.

LESSON 01

리퀴드 애니메이션 설계 원칙

리퀴드 애니메이션

리퀴드 애니메이션이란 액체의 물성을 표현하는 애니메이션을 말하며, 최근 돋보이는 모션 그래픽 트렌드입니다. 액체는 정형화된 형태를 가지고 있지 않고 불규칙적으로 움직이기 때문에 애프터 이펙트의 [Transform] 속성으로는 표현할 수 없습니다.

리퀴드 애니메이션의 형태는 매우 다양하며 그 형태에 따라서 제작 방식도 다릅니다. 표현하고자 하는 액체의 형태가 움직이는 동작을 따라 생기고 퍼지고 사라지는 트레일(Trail)인지, 물방울이 튀기는 모양의 스플래쉬(Splash)인지, 혹은 물방울(Drop 또는 Blob)인지를 설정해야 하고, 그 액체가 물처럼 점도가 약한지, 꿀처럼 점도가 강한지도 설정해야 합니다.

▲ 프레임 바이 프레임 애니메이션으로 제작한 트레일 액체 표현
(출처 : https://vimeo.com/273906503)

트레일이나 스플래쉬 형태는 애프터 이펙트를 활용하여 제작하는 데 한계가 있습니다. 이때에는 한 프레임씩 그림을 그리는 프레임 바이 프레임 애니메이션으로 제작한다면 훨씬 더 자연스럽게 액체의 움직임을 표현할 수 있습니다. 단, 프레임 바이 프레임 애니메이션은 제작 시간이 많이 소요되고 전문적인 스킬이 필요합니다. 또한 한 번 그린 후에는 편집이 어렵고 수정도 쉽지 않습니다. 리퀴드 애니메이션이라고 해서 물과 같은 액체만을 그리는 것이 아니며, 대부분 몰핑(Morphing) 애니메이션에서 형태가 변하는 과정을 액체처럼 표현하는 방식으로 활용됩니다.

▲ 프레임 바이 프레임 애니메이션으로 제작한 몰핑 트레일(출처 : https://www.youtube.com/watch?v=w_GdJmPaLuc)

애프터 이펙트에서 액체 표현하기

애프터 이펙트에서 액체를 표현하면 제작 시간을 단축할 수 있고 비교적 쉽고 빠르게 효과를 연출할 수 있습니다. 또한 편집이나 수정이 매우 쉽고 어려운 스킬도 필요하지 않습니다. 다만 표현의 한계가 있어 현실과 같은 사실적인 표현은 어렵습니다. 제작 시간을 단축하면서 액체의 표현을 자연스럽고 아름답게 구현하려면 애프터 이펙트에서 동작을 만든 후 애니메이트나 포토샵에서 트레일이나 스플래쉬 형태를 추가해야 합니다.

애프터 이펙트에서 액체 표현에 자주 활용하는 효과 조합이 몇 가지 있습니다. 다음 그림은 두 개의 원형 도형에 Gaussian Blur, Levels, Turbulent Displace 효과를 차례로 적용하여 제작한 액체 표현입니다. 먼저 Gaussian Blur를 적용해서 픽셀을 흐리게 하여 두 도형이 겹쳐 보이도록 만든 후 Levels의 대비를 크게 주어 하나의 덩어리로 만듭니다. 마지막으로 변형 효과인 Turbulent Displace를 적용하여 불규칙한 형태를 만들었습니다.

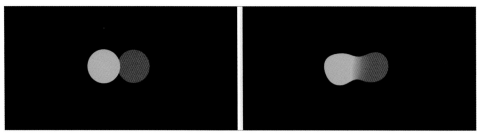

▲ Gaussian Blur, Levels, Turbulent Displace 효과를 적용한 액체 표현

액체를 표현할 때 사용하는 다양한 효과

물과 같은 액체의 파장을 표현할 때는 Ripples, 파도와 같은 물결의 흔들림을 표현할 때는 Wave Warp을 활용할 수 있으며, 물방울 트레일을 표현할 때는 Particle을 활용할 수 있습니다. 액체 표현에 스타일을 부여하기 위해서 형태를 러프하게 만들어주는 Roughen Edges, 트레일을 표현할 수 있는 Echo도 활용할 수 있습니다. 이 밖에도 손가락으로 밀어내면서 모양을 변형시키는 CC Smear, 액체의 패턴을 표현하기 좋은 Fractal Noise도 활용할 수 있습니다.

▲ Fractal Noise, Particle, Roughen Edges 등의 효과를 적용한 액체 표현
(출처 : https://dribbble.com/shots/4897351-K-Liquid-Motion)

02 LESSON

프로젝트 설계 (Pre-Production)

이번 프로젝트 예제는 인트로와 엔딩의 구조를 가지는 두 개의 신(Scenes)으로 구성되어 있습니다. 먼저 뜨거운 태양과 이글거리는 파도, 시원한 바람에 살랑살랑 흔들리는 나무와 구름으로 하와이의 풍경을 표현합니다. 해변가에 파도가 밀려 들어오며 로고가 그려지듯 이 생성되고, 인트로 영상이 엔딩의 티백 라벨 안으로 들어가면서 장면이 전환됩니다. 인트로에서의 뜨거운 느낌을 엔딩에서는 차가운 느낌으로 급격히 변화시켜 더운 지역에서 추출한 찻잎이지만 상쾌한 풍미를 가진 차 브랜드의 특성을 표현했습니다.

▲ 인트로 스케치

▲ 엔딩 스케치

LESSON

03

디자인 실무 실습 _Training

핵심 기능 Wave warp, Simple Choker, Turbulent Displace, Grow Bounds, CC Bend it, Transform
준비 파일 PART 05\알로하광고_시작.aep
완성 파일 PART 05\알로하광고_완성.aep

리퀴드 애니메이션 만들기

01 aep 파일 열고 프로젝트 시작하기 ① `Ctrl` + `O` 를 눌러 **알로하광고_시작.aep** 파일을 엽니다. ②[Project] 패널에서 [1.알로하]를 더블클릭하여 컴포지션을 엽니다. ③ [Timeline] 패널을 보면 여러 개의 셰이프 레이어, ai 그래픽 레이어, 하나의 컴포지션 레이어가 삽입되어 있습니다. 레이어의 구성을 살펴보고 애니메이션을 재생해봅니다. 움직임은 없습니다.

02 사각형 셰이프 레이어에 Wave Warp 효과 적용하기 ①[웨이브] 레이어를 클릭하고 ②[Effect]−[Distort]−[Wave Warp] 메뉴를 선택합니다. ③다음 표를 참고하여 [Effect Controls] 패널에서 [Wave Warp] 옵션을 설정합니다. 직선이 구불구불하게 표현됩니다.

[Wave Height]	30
[Wave Width]	250
[Wave Speed]	0.2

▲ 0초

▲ 5초 1F

03 Wave Warp 효과 복제하여 수정하기 ①[Effect Controls] 패널에서 [Wave Warp]를 클릭하고 Ctrl + D 를 눌러 효과를 복제합니다. ②다음 표를 참고하여 [Wave Warp 2]의 옵션을 설정합니다. 모양이 균일하여 파도의 모양으로 다소 부자연스러웠던 웨이브 패턴이 조절됩니다.

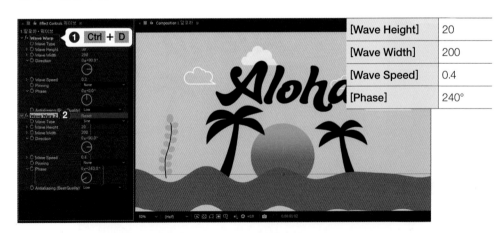

[Wave Height]	20
[Wave Width]	200
[Wave Speed]	0.4
[Phase]	240°

TIP [웨이브] 레이어의 사각형 아랫면에도 웨이브가 나타나서 배경이 노출됩니다. 사각형 크기를 크게 조절해도 효과의 특성상 아랫면의 웨이브 노출은 조절되지 않습니다. 다음 단계에서 Transform 효과를 적용해 크기를 조절하겠습니다.

04 파도 그래픽에 Transform 효과 적용하여 크기 조절하기 ①[웨이브] 레이어를 클릭하고 ②[Effect]-[Distrot]-[Transform] 메뉴를 선택합니다. ③[Effect Controls] 패널에서 [Transform]-[Scale]을 **110**으로 설정합니다. 아랫면의 웨이브가 더 이상 화면에 나타나지 않습니다.

05 파도 그래픽 단면 정리하기 [Composition] 패널을 확대합니다. 웨이브의 단면이 매끄럽지 않습니다. [Wave Warp], [Wave Warp 2]의 [Antialiasing]을 [High]로 설정하여 단면을 깔끔하게 변경합니다.

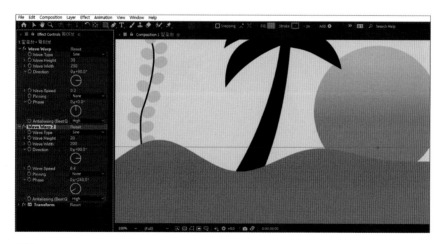

> **TIP** [Antialiasing]을 [High]로 설정하면 애니메이션 재생 시 프리뷰 등 렌더링 시간이 너무 오래 걸립니다. 다음 단계에서 단면을 매끄럽게 처리할 수 있도록 Simple Choker 효과를 적용하겠습니다.

06 Simple Choker 효과 적용하기 ①[웨이브] 레이어를 클릭하고 ②[Effect]-[Matte]
-[Simple Choker] 메뉴를 선택합니다. ③[Effect Controls] 패널에서 [Choke Matte]를 **5**
로 설정합니다. 가장자리 부분이 축소되면서 단면이 매끄러워집니다. ④[Effect Controls]
패널에서 [Transform]을 드래그하여 [Simple Choker] 아래로 내려줍니다.

> **TIP** 프리뷰에 시간이 많이 소요된다면 **05**에서 조절한 [Antialiasing]을 [Low]로 변경합니다.

07 [웨이브] 레이어 복제하고 설정 변경하기 ①[웨이브] 레이어를 클릭하고 `Ctrl` + `D` 를
눌러 레이어를 복제합니다. ②[웨이브 2] 레이어의 [Fill Color]를 해의 오렌지색으로 설정
하고 ③[Stroke Color]는 흰색, [Stroke Width]는 **7px**로 설정합니다.

> **TIP** [Fill Color]를 클릭하면 [Fill Color] 대화상자가 나타납니다. 이때 스포이트를 클릭한 후 해의 오렌지색 부분을
> 클릭하면 같은 색상을 선택할 수 있습니다. 예제와 동일한 색상을 선택하려면 #F58156으로 설정합니다.

08 [Wave Warp] 값 수정하여 다른 모양의 파도 그래픽 만들기 ①[웨이브 2] 레이어를 클릭합니다. ②[Effect Controls] 패널에서 [Wave Warp]를 선택하고 Ctrl + D 를 눌러 효과를 복제합니다. ③다음 표를 참고하여 [Wave Warp]와 [Wave Warp 2]의 옵션을 수정합니다.

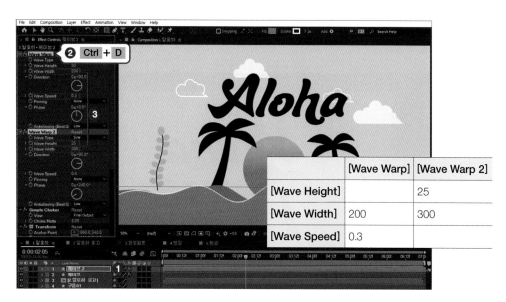

	[Wave Warp]	[Wave Warp 2]
[Wave Height]		25
[Wave Width]	200	300
[Wave Speed]	0.3	

09 [웨이브] 레이어 복제하고 설정 변경하기 ①[웨이브] 레이어를 클릭하고 Ctrl + C 를 눌러 복사한 후 ②[웨이브 2] 레이어를 클릭하고 Ctrl + V 를 눌러 붙여 넣습니다. ③[웨이브 2] 레이어 위에 [웨이브 3] 레이어가 생성됩니다. [Fill Color]를 해의 윗부분 노란색으로 설정합니다.

10 [Wave Warp] 값 수정하여 다른 모양의 파도 그래픽 만들기 [웨이브 3] 레이어의 [Wave Warp]와 [Wave Warp 2]의 옵션을 다음과 같이 수정합니다.

	[Wave Warp]	[Wave Warp 2]
[Wave Height]	20	20
[Wave Width]	250	400
[Wave Speed]	0.4	0.2

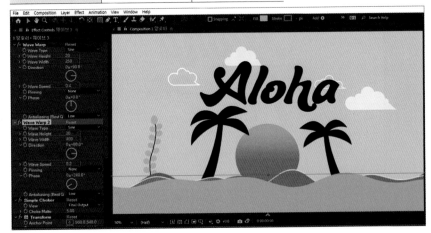

11 파도 그래픽의 위칫값 수정하기 ① [웨이브]~[웨이브 3] 레이어의 순서를 다음과 같이 변경합니다. ② 다음 표를 참고하여 레이어의 [Y Position]을 수정합니다.

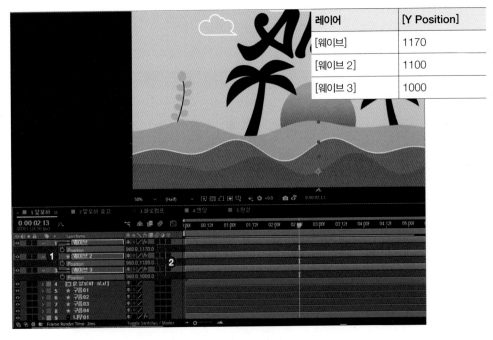

레이어	[Y Position]
[웨이브]	1170
[웨이브 2]	1100
[웨이브 3]	1000

TIP Ctrl + Alt + ↑ , ↓ 를 눌러 레이어 순서를 위, 또는 아래로 이동할 수 있습니다.

12 파도 그래픽의 위칫값 수정하기 ①[웨이브 2], [웨이브 3] 레이어를 함께 선택하고 Ctrl + C 를 눌러 복사합니다. ②[해] 레이어를 클릭하고 Ctrl + V 를 눌러 붙여 넣습니다. ③[해] 레이어 위에 [웨이브 4]와 [웨이브 5] 레이어가 생성되면 두 레이어를 [해] 레이어 아래로 옮깁니다. ④다음 표를 참고하여 레이어의 [Y Position]를 수정합니다.

레이어	[Y Position]
[웨이브 4]	820
[웨이브 5]	920

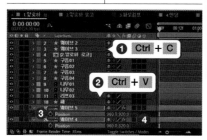

13 [Wave Warp] 값 수정하여 다른 모양의 파도 그래픽 만들기 [웨이브 5] 레이어의 [Wave Warp]와 [Wave Warp 2]의 옵션을 다음과 같이 수정합니다.

	[Wave Warp]	[Wave Warp 2]
[Wave Height]	20	25
[Wave Width]	250	300
[Wave Speed]	0.2	0.4
[Phase]	140°	

14 **[Wave Warp] 값 수정하여 다른 모양의 파도 그래픽 만들기** [웨이브 4] 레이어의 [Wave Warp]와 [Wave Warp 2]의 옵션을 다음과 같이 수정합니다. 서로 다른 모양으로 랜덤하게 움직이는 파도 애니메이션이 완성되었습니다.

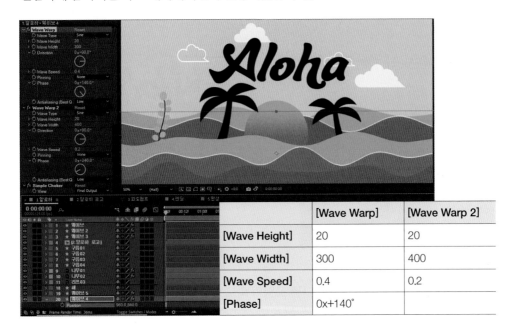

	[Wave Warp]	[Wave Warp 2]
[Wave Height]	20	20
[Wave Width]	300	400
[Wave Speed]	0.4	0.2
[Phase]	0x+140°	

둥실거리는 구름 그래픽 표현하기

15 **[구름] 레이어에 Expression 추가하고 Value, Wiggle 적용하기** ① [구름01] 레이어의 [Position]을 엽니다. ② Alt 를 누른 채 스톱워치 🕒 를 클릭해 Expression을 적용합니다. ③Expression 에디터 창에 **[value[0], wiggle(1,20)[1]]**를 입력합니다. 구름이 제자리에서 상하로만 둥실둥실 움직입니다. **TIP** Value와 Wiggle 표현식은 249쪽을 참고합니다.

16 Expression 복사하여 다른 구름에 붙여넣기 ①마우스 오른쪽 버튼으로 [구름01] 레이어의 [Position]을 클릭하고 [Copy Expression Only]를 선택합니다. Expression이 복사됩니다. ②[구름02]~[구름04] 레이어를 함께 선택하고 ③ Ctrl + V 를 눌러 복사한 Expression을 붙여 넣습니다. 동일한 표현식이 적용됩니다.

TIP 애니메이션을 재생해보면 같은 Expression이라도 동작이 조금씩 다르게 적용되는 것을 확인할 수 있습니다. 따라서 Expression을 조절하지 않아도 됩니다. 구름 동작을 좀 더 다양하게 표현하려면 Wiggle 값을 수정합니다.

휘어지는 나뭇가지 그래픽 표현하기

17 [리프03] 레이어에 CC Bend it 효과 적용하기 ①[리프03] 레이어를 클릭하고 [Effect]-[Distort]-[CC Bend it] 메뉴를 선택합니다. ②[Effect Controls] 패널에서 [CC Bend it]-[Bend] 값을 조절해보면 ③레이어의 영역을 벗어나는 부분의 그림이 잘려나가서 보이지 않는 것을 확인할 수 있습니다.

18 [Start]와 [End]에 Expression 적용하기 [CC Bend it]의 [Start]와 [End]에 toComp(value);을 입력합니다. 그림이 화면에서 사라집니다.

Design 실력향상   toComp(value) 표현식

[CC Bend it]–[Bend] 값을 조절하여 휘는 애니메이션을 만들 때 [Start]와 [End]의 좌푯값도 같이 따라 움직여야 그림이 잘려나가지 않습니다. toComp(value) 표현식을 적용하여 [Start]와 [End]의 좌푯값이 자동으로 조절되게 합니다.

19 [Composition] 패널에서 [Start]와 [End]의 조절점을 직접 클릭하여 다음 그림과 같이 옮깁니다. [Start] 조절점은 나뭇가지 아래쪽으로 옮기고 [End] 조절점은 여백을 둔 채 나뭇가지 위로 옮깁니다.

20 키프레임 설정하기 다음 표를 참고하여 [리프03] 레이어의 [Rotation]과 [CC Bend it]-[Bend]에 키프레임을 설정합니다.

Time	0초	1초 12F
[CC Bend it]-[Bend]	10	-10
[Rotation]	5	-10

▲ 0초

▲ 1초 12F

Design 실력 향상 [Rotation], [CC Bend it]-[Bend] 키프레임을 동시에 적용하는 이유

[Rotation]은 회전값이고 [Bend]는 휘어지는 값입니다. 좌우로 움직이는 개념은 비슷하지만 회전과 휘어짐은 다릅니다. [Rotation]만 조절한다면 유연성이 없는 딱딱한 물체의 움직임으로 보입니다. 특히 나뭇잎이나 나뭇가지와 같이 부드러운 물체가 바람에 살랑살랑 흔들리는 표현을 할 때 무언가 아쉬운 결과물이 나옵니다. 부드러운 물체에 움직임을 적용할 때는 먼저 기본 회전을 만들고 휘어짐을 추가한 후 두 동작의 시차를 만듭니다. 그렇게 하면 바람에 살랑살랑 움직이는 동작을 자연스럽게 연출할 수 있습니다.

---

21 모든 키프레임에 이징 적용하기 ①[리프03] 레이어에 설정된 모든 키프레임을 선택하고 ② F9 를 눌러 [Easy Ease]를 적용합니다.

22 [Rotation]과 [CC Bend it]−[Bend]에 Expression 적용하기 [Rotation]과

[CC Bend it]−[Bend]에 **loopOut("pingpong")**를 입력해 Expression을 적용합니다. 애
니메이션을 재생해보면 18에서 [Start]와 [End]에 toComp(value) 표현식을 설정했는데도
나뭇가지가 잘려나가서 보이지 않습니다. [Bend]에 회전값까지 추가되면서 영역을 벗어
나기 때문입니다.

> **TIP** Alt 를 누른 채 해당 옵션의 스톱워치 를 클릭하여 Expression을 적용합니다.

23 Grow Bounds 효과 적용하여 이미지 영역 확대하기 ①[리프03] 레이어를 클릭하

고 ②[Effect]−[Utility]−[Grow Bounds] 메뉴를 선택합니다. ③[Effect Controls] 패널에
서 [Grow Bounds]를 [CC Bend it] 위로 올리고 [Pixels]의 수치를 나뭇가지 그래픽이 잘
리지 않을 정도로 크게 설정해봅니다. 예제에서는 **100**으로 설정했습니다. 절대적인 수치
는 아니며 그림을 보면서 수치를 조절해야 합니다.

레이어에 효과를 적용했을 때 Distort(변형), Gaussian(픽셀 흐림) 등은 레이어의 영역을 벗어나면 그 효과가 잘리고 그 이상의 범위에는 그림이 표시되지 않는 경우가 있습니다. 이때 Grow Bounds 효과를 적용하여 영역을 확장시키면 적용한 효과가 잘리지 않게 표현할 수 있습니다.

24 [Rotation] 키프레임을 옮겨 회전과 휘어짐 사이의 시차 만들기 ①[리프03] 레이어의 [Rotation]에 설정된 두 개의 키프레임을 선택하고 ② Alt + ← 를 여덟 번 눌러 키프레임을 8F 앞으로 옮깁니다. 동작에 오버랩을 두면 더욱 자연스러운 동작이 연출됩니다.

25 ①■을 클릭해 감추어둔 레이어들을 표시합니다. ②여러 모양의 나뭇잎이나 나뭇가지를 그린 [리프04]~[리프 02] 레이어의 ◉을 클릭하여 [Composition] 패널에 표시합니다. ③ Spacebar 를 눌러 애니메이션을 재생해봅니다. 앞서 적용한 CC Bend it, Grow Bounds 효과가 적용되고 애니메이션 작업이 설정된 것을 확인할 수 있습니다.

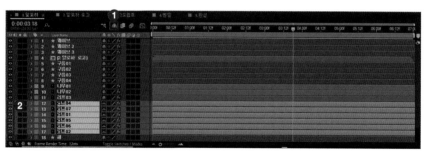

TIP 이번 단계는 [리프03] 레이어와 작업 과정이 동일하므로 학습 편의를 위하여 애니메이션을 미리 만들어두었습니다.

첫 번째 신 배경 애니메이션 완성하기

26 [알로하] 컴포지션 작업 완료하기 오른쪽에 있는 구름이 나뭇잎보다 앞에 있습니다. ①[구름04] 레이어를 [리프02] 레이어 아래에 위치시킵니다. 첫 번째 신인 [알로하] 컴포지션의 작업이 완료되었습니다. ② Spacebar 를 눌러 애니메이션을 재생합니다. 뜨거운 태양과 서늘한 바람을 태양의 색상과 일렁이는 파도, 그리고 바람에 흔들리는 나뭇가지 등으로 표현했습니다.

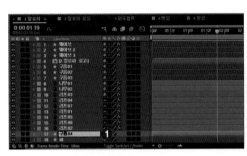

해변에 들이치는 파도가 로고를 그리는 애니메이션 만들기

27 레이어 확인하기 ①[3.파도컴프] 탭을 클릭합니다. ② Spacebar 를 눌러 애니메이션을 재생해봅니다. 다른 색상의 사각형 네 개가 아래에서 위로 움직이는 애니메이션이 제작되어 있고 로고도 삽입되어 있습니다.

28 **파도 그래픽에 Turbulent Displace 효과 적용하고 옵션 설정하기** ① [파도 4] 레이어를 클릭하고 ② [Effect]−[Distort]−[Turbulent Displace] 메뉴를 선택합니다. ③ 다음 표를 참고하여 [Effect Controls] 패널에서 옵션을 설정합니다. 사각형이 구겨지듯이 형태가 변형됩니다.

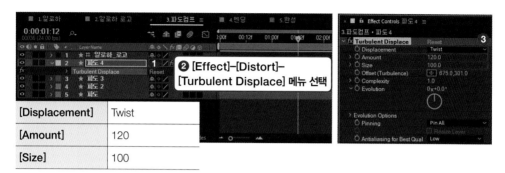

[Displacement]	Twist
[Amount]	120
[Size]	100

Design 실력향상   Turbulent Displace 효과

Turbulent Displace 효과는 [Distort] 메뉴에 표함된 효과입니다. Distort는 변형, 왜곡이라는 의미로, 형태에 변형을 줄 수 있는 효과입니다. Turbulent는 난기류, 또는 요동친다는 의미이며, Turbulent Displace는 요동치며 형태가 어떠한 영향을 받아서 변화되는 효과입니다.

29 **[Turbulent Displace]−[Evolution]에 Time 표현식 적용하기** [파도 4] 레이어의 [Turbulent Displace]−[Evolution]에 Expression을 적용하고 **time * 120**을 입력합니다.

TIP Time 표현식에 대한 자세한 내용은 247쪽을 참고합니다.

30 **[Turbulent Displace] 복사하여 다른 레이어에 붙여넣기** ①[Effect Controls] 패널에서 [Turbulent Displace]를 선택하고 Ctrl + C 를 눌러 효과를 복사합니다. ②[파도 3]~[파도] 레이어를 함께 선택하고 Ctrl + V 를 눌러 붙여 넣습니다. 동일한 효과가 적용됩니다.

31 **Time 표현식 변경하여 파도의 변형 속도 조절하기** ①[파도 3] 레이어의 [Evolution]에 적용된 Expression을 **time * 150**으로 수정합니다. 파도 모양의 변형 속도가 더 빨라집니다. ②③[파도 2], [파도] 레이어의 [Evolution]에 적용된 Expression을 **time * 100**으로 수정합니다. 파도 모양의 변형 속도가 조금 느려집니다.

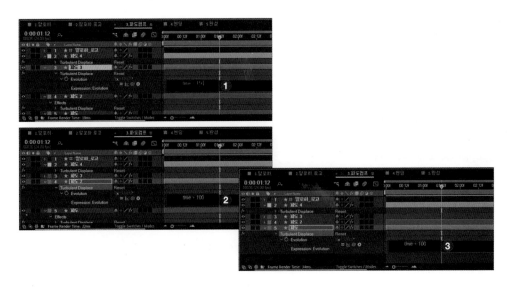

32 가이드 레이어로 설정한 [알로하_로고] 레이어의 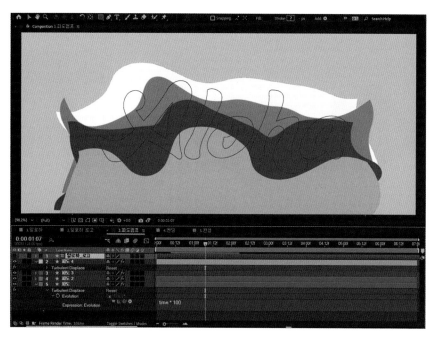을 클릭하여 보이지 않게 합니다.

로고 'Aloha' 안에서만 그래픽이 보이게 설정하기

33 컴포지션 삽입하고 [Preserve Underlying Transparency] 활성화하기 ①

[2. 알로하 로고] 탭을 클릭합니다. ②[Project] 패널에서 [3. 파도컴프]를 드래그하여 [2. 알로하 로고] 컴포지션에 삽입합니다. ③[3. 파도컴프] 레이어의 을 클릭하여 [Preserve Underlying Transparency]를 활성화합니다. [3. 파도컴프] 레이어가 로고를 그린 [알로하] 레이어의 영역에만 표시됩니다.

34 Spacebar 를 눌러 애니메이션을 재생해봅니다. 파도가 밀려오면서 로고가 생성되는 애니메이션을 기획하였으나 처음부터 로고가 나타나 있습니다.

35 **[3.파도컴프] 복제하기** ①[Project] 패널에서 [3.파도컴프]를 선택하고 Ctrl + D 를 눌러 복제합니다. ②[3.파도컴프 2] 컴포지션이 생성되면 더블클릭하여 [3.파도컴프 2] 컴포지션을 엽니다.

36 **파도 그래픽 추가하기** ①[파도 4] 레이어를 클릭하고 Ctrl + D 를 눌러 레이어를 복제합니다. ②[파도 5] 레이어가 생성되면 인 점을 **19F**로 설정합니다.

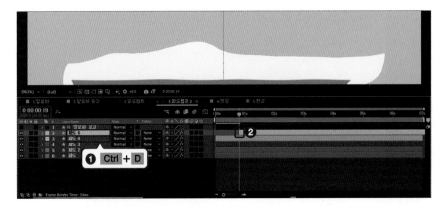

TIP 시간을 19F 지점으로 이동하고 [파도 5] 레이어를 선택한 후 █를 누르면 인 점이 해당 시간으로 정확하게 이동합니다.

37 **파도 그래픽이 로고를 벗어나지 않도록 키프레임 조절하기** ① 2초 10F 지점에서 ② [파도 5] 레이어의 [Position]의 ◈을 클릭해 키프레임을 추가합니다. ③ 세 번째 키프레임를 삭제합니다. 마지막 노란색이 로고 밖으로 벗어나지 않고 중앙에 멈추도록 설정한 것입니다.

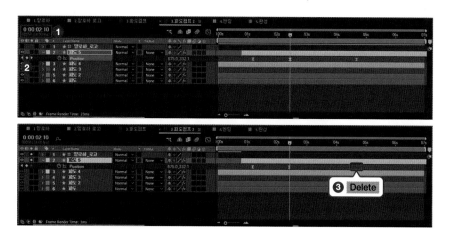

38 ①3초 지점에서 ②[파도 5] 레이어의 [Scale]을 **125.6, 182.7%**로 설정하여 노란색이 로고를 벗어나지 않도록 크기를 키웁니다. ③ Spacebar 를 눌러 애니메이션을 재생해봅니다. 재미있는 동작의 연출을 위하여 동작의 중간에 노란색 파도 사이가 살짝 벌어지도록 했습니다.

▲ 1초 22F

▲ 3초

39 컴포지션 삽입하기 ①[2. 알로하 로고] 탭을 클릭해 컴포지션을 엽니다. ②[Project]
패널에서 [3. 파도컴프 2]를 드래그하여 [2. 알로하 로고] 컴포지션에 삽입합니다. 이때 [알
로하] 레이어 바로 위에 위치시킵니다.

40 [알로하] 레이어에 [Track Matte] 설정하기 ①[알로하] 레이어의 [Track Matte]를
[Alpha Matte "[3. 파도컴프 2]"]로 설정합니다. ② Spacebar 를 눌러 애니메이션을 재생해
봅니다. 처음에는 로고가 보이지 않다가 파도가 쓸고 지나가면서 로고가 생성됩니다.

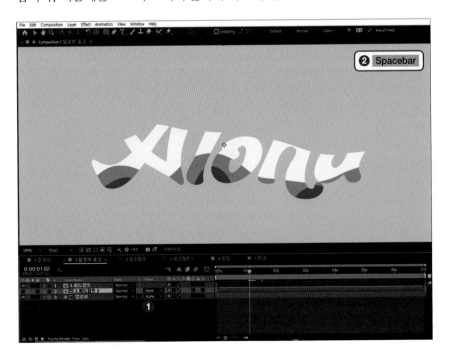

41 ①[3. 파도컴프] 레이어의 인 점을 2F 뒤로 밉니다. 로고 애니메이션이 완성되었습니다. ② Spacebar 를 눌러 애니메이션을 재생해봅니다. 시작하는 인 점에는 화면이 비어 있다가 파도가 쓸고 올라가면서 로고가 생성되고 마지막 파도 이후에는 원래의 로고 색상으로 화면에 남게 됩니다.

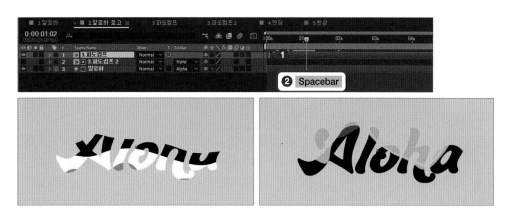

두 번째 신 로고 애니메이션 만들기

42 **컴포지션 열어 애니메이션 확인하기** ①[4.엔딩] 탭을 클릭하여 컴포지션을 엽니다. ② Spacebar 를 눌러 애니메이션을 재생해봅니다. 구름이 제자리에서 둥실둥실 떠다니고 나무가 바람에 살랑살랑 움직입니다. 앞서 학습한 내용과 동일한 방법으로 제작한 애니메이션을 미리 설정해두었습니다.

43 라인을 그린 레이어에 키프레임 설정하기 ① [라인] 레이어를 클릭하고 ② 다음 표를 참고하여 [Contents]–[Shape 1]–[Transform: Shape 1]–[Scale]에 키프레임을 설정합니다. 선이 중앙을 중심으로 양옆으로 퍼지듯이 커집니다.

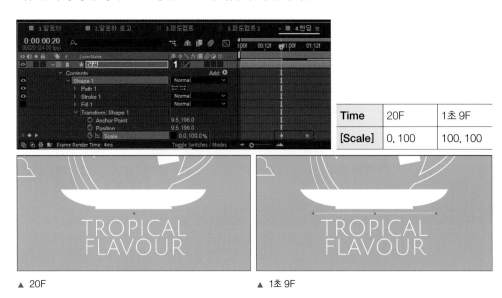

Time	20F	1초 9F
[Scale]	0, 100	100, 100

▲ 20F   ▲ 1초 9F

44 글자를 입력한 레이어에 키프레임 설정하기 ① [텍스트] 레이어를 클릭하고 ② 다음 표를 참고하여 [Position]에 키프레임을 설정합니다. 글자가 위에서 아래로 내려옵니다.

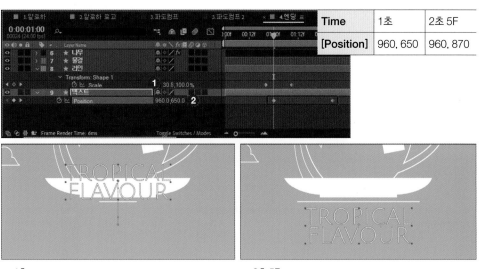

Time	1초	2초 5F
[Position]	960, 650	960, 870

▲ 1초   ▲ 2초 5F

45 모든 키프레임에 이징 적용하기 ① [라인]과 [텍스트] 레이어에 설정된 모든 키프레임을 선택하고 ② F9 를 눌러 [Easy Ease]를 적용합니다.

46 속도 조절하기 ① 그래프 에디터 창을 열고 ②③ [텍스트] 레이어의 [Position]과 [라인] 레이어의 [Scale]의 Speed 그래프의 모양을 다음과 같이 조절합니다. 부드러운 감속으로 동작이 서서히 멈춥니다.

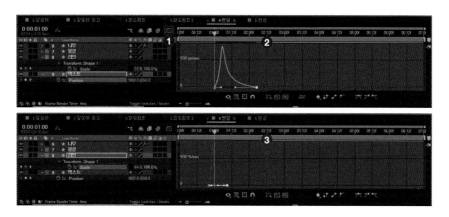

47 글자를 가리는 사각형 그리기 ① 1초 지점으로 이동합니다. ② 아무 레이어도 선택되어 있지 않은 상태에서 사각형 도구 ▦ 를 클릭하고 ③ 글자와 소서 아래에 있는 선을 모두 가리는 사각형을 그립니다. 색상은 자유롭게 선택합니다.

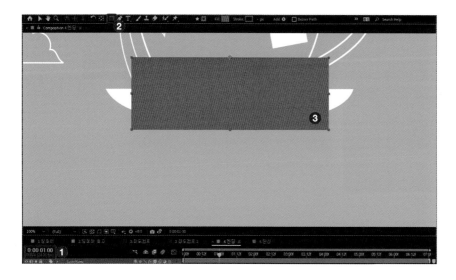

48 [Track Matte] 적용하여 라인 아래에만 글자가 표시되게 하기 ①[Shape Layer 1] 레이어의 이름을 **텍스트_매트**로 변경하고 [텍스트] 레이어 바로 위에 위치시킵니다. ②[텍스트] 레이어의 [Track Matte]를 [Alpha Inverted Matte "텍스트_매트"]로 설정합니다. 라인을 기준으로 라인 아래로만 글자가 화면에 표시됩니다.

찻잔 안에 차가 찰랑이는 애니메이션 만들기

49 [물결] 레이어에 Ripple 효과 적용하기 ①[물결] 레이어를 클릭하고 ②[Effect]–[Distort]–[Ripple] 메뉴를 선택합니다. ③다음 표를 참고하여 [Effect Controls] 패널에서 [Ripple] 옵션을 설정합니다.

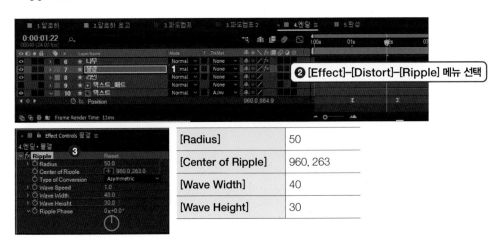

[Radius]	50
[Center of Ripple]	960, 263
[Wave Width]	40
[Wave Height]	30

50 키프레임 설정하기 ①12F 지점에서 [Ripple]–[Radius]의 스톱워치🖾를 클릭해 키프레임을 설정합니다. ②2초 지점에서 ③[Radius]를 **10**으로 설정합니다. 물결의 파장이 잠잠해집니다.

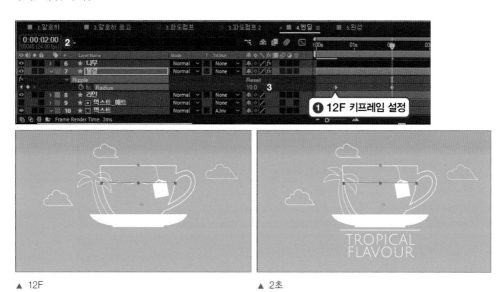

▲ 12F   ▲ 2초

51 Spacebar 를 눌러 애니메이션을 재생해봅니다. 시원한 바람이 느껴지는 배경에 야자수와 구름이 움직이고 찻잔 안의 물결은 파장이 강했다가 점차 잠잠해집니다. 로고는 찻잔을 기준으로 자연스럽게 아래로 움직이며 나타납니다.

컴포지션 합쳐서 완성 컴포지션 만들기

52 레이어를 잘라내고 [5.완성] 컴포지션에 삽입하기 ① █을 클릭해 감추어둔 레이어들을 표시합니다. ②[실]과 [라벨_매트] 레이어를 함께 선택하고 `Ctrl` + `X` 를 눌러 잘라냅니다. ③[5.완성] 탭을 클릭하여 컴포지션을 엽니다. ④ `Ctrl` + `V` 를 눌러 잘라낸 레이어를 붙여 넣습니다. 이때 레이어의 순서는 [실]이 가장 위에, 그 아래에 [라벨_매트]가 오도록 합니다. ⑤[실] 레이어의 인 점을 4초로 이동합니다.

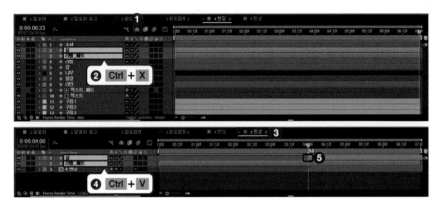

> **TIP** 4초 지점은 두 개의 신이 교차되는 지점입니다.

53 [5.완성] 컴포지션에 첫 번째 신 [1. 알로하] 컴포지션 삽입하기 [Project] 패널에서 [1. 알로하]를 드래그하여 [5.완성] 컴포지션에 삽입합니다. 이때 [4.엔딩] 레이어 바로 위로 위치시킵니다.

> **TIP** [Project] 패널에서 소스를 선택하고 `Ctrl` + `/` 를 누르면 활성화되어 있는 컴포지션에 레이어로 삽입됩니다.

54 첫 번째 신 [1. 알로하] 컴포지션이 두 번째 신의 찻잔 안에 있는 티백 라벨이 되도록 [Position], [Scale], [Rotation]에 키프레임 설정하기 ①4초 지점으로 이동합니다. ②[1.알로하] 레이어의 [Position], [Scale], [Rotation]의 스톱워치▣를 클릭해 키프레임을 설정합니다.

55 키프레임 설정하기 ①4초 14F 지점으로 이동합니다. ②다음 표를 참고하여 [1.알로하] 레이어의 [Position], [Scale], [Rotation]의 키프레임을 설정합니다.

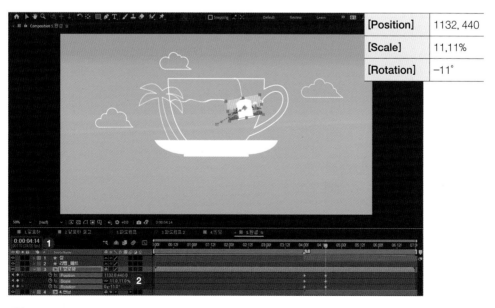

[Position]	1132, 440
[Scale]	11,11%
[Rotation]	−11°

TIP [1.알로하] 컴포지션(첫 번째 신)이 찻잔에 걸려 있는 티백의 라벨처럼 보이도록 위치, 크기, 회전을 조절했습니다.

56 [알로하] 레이어의 [Track Matte] 설정하기 [알로하] 레이어의 [Track Matte]를 [Alpha Matte "라벨_매트"]로 설정합니다. 첫 번째 신이 티백의 라벨 안에만 표시됩니다.

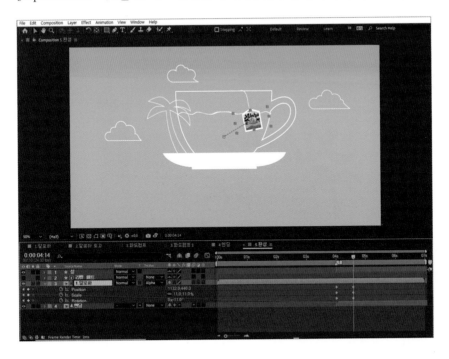

57 애니메이션 확인하기 ①4초 14F 지점으로 이동합니다. ②[실], [라벨_매트], [4.엔 딩] 레이어의 Parent를 [1.알로하]로 설정합니다. ③ Spacebar 를 눌러 애니메이션을 재생 해봅니다. 다른 시간에도 첫 번째 신인 [1.알로하] 컴포지션이 티백의 라벨 안에 삽입되어 있습니다. 그렇지만 4초 지점 앞에서는 그림이 잘려서 빈 화면이 됩니다.

▲ 4초 5F   ▲ 4초 14F

58 [Path]에 키프레임 설정하기 ①4초 3F 지점에서 ②[라벨_매트] 레이어의 [Contents]
–[Group 1]–[Path 1]–[Path]의 스톱워치 를 클릭해 키프레임을 설정합니다.

59 패스를 움직여 사각형 라벨 모양으로 변경하기 ①4초 지점으로 이동합니다. ②다음
그림처럼 오각형 패스를 컴포지션 크기와 동일한 사각형으로 변경합니다.

60 [Position], [Scale], [Rotation]에 키프레임 설정하기 ①4초 3F 지점으로 이동
합니다. ②다음 표를 참고하여 [1. 알로하] 레이어의 [Position], [Scale], [Rotation]에 키프
레임을 설정합니다.

[Position]	1070.6, 550.7
[Scale]	115, 115%
[Rotation]	+3°

TIP Spacebar 를 눌러 애니메이션을 재생해봅니다. 4초 지점에서 트랜지션이 시작되는데 동작이 밋밋해 보입니다. 서서
히 작아지는 것이 아닌 원래의 크기보다 더 커지면서 반대 방향으로 회전했다가 급격히 작아지도록 설정한 것입니다.

61 **[Keyframe Assistant] 적용하기 동작 다듬기** ① [1. 알로하] 레이어의 [Position], [Scale], [Rotation]의 첫 번째 키프레임에는 Ctrl + Shift + F9 를 눌러 [Easy Ease Out]을, 중간 키프레임에는 F9 를 눌러 [Easy Ease]를, 마지막 키프레임에는 Shift + F9 를 눌러 [Easy Ease In]을 설정합니다. ② [Scale]에 설정된 마지막 키프레임을 2F 뒤로 밉니다. 모든 키프레임이 같은 위치에 있는 것보다 더 자연스럽게 표현됩니다.

플래시 효과 적용하여 애니메이션 완성하기

62 **조정 레이어 추가하기** Ctrl + Alt + Y 를 눌러 조정 레이어를 추가합니다.

63 **플래시 효과 적용하기** ①0초 지점으로 이동합니다. ② `Ctrl` + `5` 를 눌러 [Effects & Presets] 패널을 열고 ③**flash**를 검색합니다. ④[Adjustment Layer 1] 레이어를 클릭하고 ⑤[Fade - flash to white]를 더블클릭하여 적용합니다.

64 **키프레임 이동하기** ①[Adjustment Layer 1] 레이어를 클릭하고 `U`를 눌러 설정된 키프레임을 열어봅니다. ②두 번째 키프레임을 5F 지점으로 옮깁니다.

65 **인 점 조절하여 플래시 효과를 자연스럽게 연결하기**　[Adjustment Layer 1] 레이어의 인 점을 4초 지점으로 밉니다. 두 개의 장면이 급격하게 변하는 지점에서 플래시 효과를 삽입하여 자연스럽게 연결했습니다.

▲ 4초　　　　　　　　　　　　　　　　　　　▲ 4초 3F

66 Aloha 브랜드의 트로피컬 플레이버 티 광고가 완성되었습니다. 애니메이션을 재생해봅니다.

Composition Flowchart 기능 활용하여 프로젝트 구조 이해하기

현재 진행하는 프로젝트의 구조를 쉽게 파악할 수 있습니다. [Composition] 패널의 빈 공간을 마우스 오른쪽 버튼으로 클릭하여 [Composition Flowchart]를 선택합니다. 여러 컴포지션 간의 관계, 레이어의 구성, 레이어에 적용된 모든 효과와 같은 중요 정보가 표시됩니다.

예제를 시작하기 전에 완성 파일을 열어 Composition Flowchart를 먼저 확인해보는 것도 좋습니다. 순서를 정리한 후에 학습을 시작하는 것도 좋은 학습 방법이 될 수 있습니다. 팀 프로젝트를 진행할 경우에는 팀원의 제작 프로세스를 한눈에 파악하기 위하여 Composition Flowchart를 꼭 확인해야 합니다.

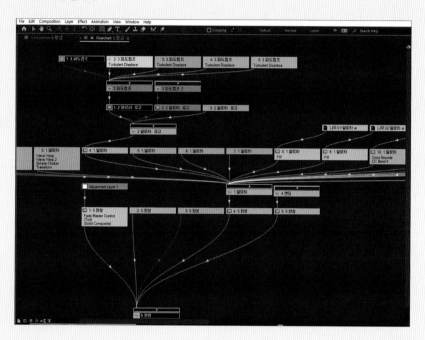

INDEX

추가 활용 예제 eBook

모션 그래픽을 조금 더 익히고 싶은 분을 위해 추가 활용 예제를 eBook, PDF 파일로 제공합니다. 예제 파일처럼 다운로드하여 모션 그래픽 디자인 실력을 쌓아보세요.

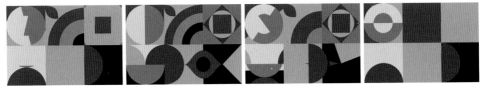

▲ 이징으로 리듬감을 살린 기하학 패턴 애니메이션

▲ 로고가 그려지듯 등장하는 로고 리빌 애니메이션

목차

eBook CONTENTS